北京市初任基层妇联干部培训参考教材

北京市妇女干部学校
全国妇联干部培训学院 ◎ 编

中国妇女出版社

图书在版编目（CIP）数据

北京市初任基层妇联干部培训参考教材 / 北京市妇女干部学校，全国妇联干部培训学院编. -- 北京 ：中国妇女出版社，2019.12

ISBN 978-7-5127-1823-4

Ⅰ.①北… Ⅱ.①北… ②全… Ⅲ.①妇女工作－北京－干部培训－教学参考资料 Ⅳ.①D442.81

中国版本图书馆CIP数据核字（2019）第285882号

北京市初任基层妇联干部培训参考教材

作　　者：北京市妇女干部学校　全国妇联干部培训学院　编
项目编辑：孔　姿
责任编辑：祝晓璠
封面设计：李　甦
责任印制：王卫东
出版发行：中国妇女出版社
地　　址：北京市东城区史家胡同甲24号　　邮政编码：100010
电　　话：（010）65133160（发行部）　　65133161（邮购）
网　　址：www.womenbooks.cn
法律顾问：北京市道可特律师事务所
经　　销：各地新华书店
印　　刷：三河市祥达印刷包装有限公司
开　　本：170×240　1/16
印　　张：16.25
字　　数：232千字
版　　次：2019年12月第1版
印　　次：2019年12月第1次
书　　号：ISBN 978-7-5127-1823-4
定　　价：39.80元

出版说明

为全面贯彻落实《2018—2022年全国干部教育培训规划》，落实《2018—2022年北京市干部教育培训规划》中“加强教材建设，开发一批适应干部履职需要和学习特点的培训教材和基础性知识读本”，落实《2019—2023年全国妇联干部教育培训规划》中关于“抓好课程、教材建设，创新教学方式”的要求，在北京市妇联的指导下，北京市妇女干部学校将编印北京市妇女干部教育培训系列基础教材，此次出版的《北京市初任基层妇联干部培训参考教材》是我校系列教材的第一本。

《北京市初任基层妇联干部培训参考教材》以提高初任妇联干部履职能力为切入点，制定了七个课程，分别是：新时代贯彻落实男女平等基本国策的新要求；新时代的家庭观；回顾历史，学习妇联章程；北京市妇联基本情况及重要工作概述；妇女权益保障法律法规概述；妇联家庭和儿童工作；社会工作在妇联工作中的应用。本书适用于初任妇联专职干部，以及各级兼职、挂职妇联干部的培训工作，希望能成为授课老师的基础教材、妇联干部的案头书、妇联干部的实用手册。

我校的教材开发工作是一个系统工作，本教材还存在着诸多不足。可喜的是，我们的教材建设工作得到了市妇联领导的积极鼓励，得到了全国妇联干部培训学院专家学者的大力支持，在此表示衷心的感谢！

欢迎各级妇联组织成员在使用本教材的过程中提出意见和建议，我们将认真听取并及时调整修订，使之不断完善和提高。

目录

第一讲　新时代贯彻落实男女平等基本国策的新要求

第一节　男女平等基本国策与社会性别主流化的关系…………002

一、男女平等基本国策的理论基础：马克思主义妇女观…………002

二、社会性别主流化的理论基础：社会性别理论…………003

三、马克思主义妇女观与社会性别理论的关系…………005

四、男女平等基本国策与社会性别主流化的关系…………006

第二节　新时代对落实男女平等基本国策的新要求…………010

一、新时代对男女平等的新认知…………010

二、新时代对落实男女平等基本国策的新要求…………016

第二讲　新时代的家庭观

第一节　如何深入学习和深刻理解习近平关于家庭的重要论述…026

一、关于家庭的地位作用："天下之本在家"…………026

二、关于家庭功能：三个"不可替代"…………027

三、关于对家庭应有的态度：三个"注重"…………035

四、关于家庭建设的政治方向：爱国爱家的家国情怀…………038

五、关于家国关系：家国一体…………039

六、关于家庭美德的价值导向：向上向善 …………………………… 040
七、关于优良家风的作用：利家、利国、利社会 …………………… 042
八、关于家庭教育：四个“第一” …………………………………… 043
九、关于家庭文明建设的核心要求：培育社会主义核心价值观 … 045
十、关于家庭责任：平等共担 ………………………………………… 046
十一、关于家庭与养老：孝老爱亲 …………………………………… 047
十二、关于家庭建设的重点：家之四维 ……………………………… 048
第二节　如何以新时代的家庭观统领做好妇联家庭工作 ………049
一、家庭建设中应重点考虑的问题 …………………………………… 049
二、妇联组织的家庭工作 ……………………………………………… 050

第三讲　回顾历史，学习妇联章程

第一节　妇联组织的历史沿革和体系架构 ………………………054
一、妇联组织的历史沿革 ……………………………………………… 054
二、妇联组织的体系架构 ……………………………………………… 062
三、妇联组织的调整规范 ……………………………………………… 063
第二节　妇联章程的完善过程 ……………………………………067
一、一大章程 …………………………………………………………… 067
二、二大章程 …………………………………………………………… 068
三、三大章程 …………………………………………………………… 068
四、四大章程 …………………………………………………………… 070
五、五大章程 …………………………………………………………… 070
六、六大章程 …………………………………………………………… 071
七、七大章程 …………………………………………………………… 071

八、八大章程 …… 072
九、九大章程 …… 072
十、十大章程 …… 073
十一、十一大章程 …… 073
十二、十二大章程 …… 074
第三节 关于执行章程的实践课题 …… 079
一、坚持妇女代表大会制度 …… 079
二、强化妇联执行委员会职能 …… 080
三、配好配强兼职妇联副主席 …… 081
四、创新妇联基层组织设置 …… 082
五、联系引导支持妇女自组织 …… 083
六、大力发展妇联团体会员 …… 083
七、做好妇联干部协管工作 …… 084
八、建设培养输送女干部基地 …… 084
九、探索妇联组织选举办法 …… 085
十、提升妇联干部履职能力 …… 086

第四讲 北京市妇联基本情况及重要工作概述

第一节 北京市妇联基本情况 …… 090
一、北京市妇联的历史沿革 …… 090
二、北京市妇联基层组织发展状况 …… 091
三、北京市妇联组织机构及主要职责 …… 093
第二节 北京市妇联主要工作 …… 100
一、整体工作思路 …… 100

二、推动七个方面重点工作 …… 101

第五讲　妇女权益保障法律法规概述

第一节　妇女权益保障法概述 …… 116
一、《中华人民共和国妇女权益保障法》的立法目的 …… 116
二、妇女权益保障法的基本原则 …… 117
三、保障妇女合法权益的机构和组织 …… 117
四、妇女的“四自”精神 …… 118
第二节　妇女的各项法律权益 …… 120
一、政治权利 …… 120
二、文化教育权益 …… 121
三、劳动和社会保障权益 …… 122
四、财产权益 …… 124
五、人身权利 …… 124
六、婚姻家庭权益 …… 126
第三节　侵害妇女权益的法律责任 …… 128
一、行政责任 …… 129
二、民事责任 …… 130
三、刑事责任 …… 131
第四节　反家庭暴力法 …… 133
一、家庭暴力的定义 …… 133
二、对家庭暴力的预防 …… 134
三、对家庭暴力的处置 …… 136
四、防治家庭暴力的重要制度 …… 137

第六讲　妇联家庭和儿童工作

第一节　家庭和儿童工作概述……………………………………144

一、家庭和儿童工作部成立概述……………………………………144

二、家庭和儿童工作的指导思想……………………………………145

三、家庭和儿童工作的基本原则与总体目标………………………146

四、家庭和儿童工作的主要职责与任务……………………………147

第二节　全国妇联家庭和儿童工作具体内容与措施………………149

一、实施家庭文明创建行动…………………………………………149

二、实施家庭教育支持行动…………………………………………151

三、实施家庭服务提升行动…………………………………………153

四、实施家庭研究深化行动…………………………………………157

第三节　北京市妇联家庭和儿童工作任务措施……………………159

一、和美计划——实施家庭文明创建行动…………………………159

二、润德计划——实施家庭教育支持行动…………………………162

三、暖心计划——实施家庭服务提升行动…………………………164

四、汇智计划——实施家庭研究深化行动…………………………167

第七讲　社会工作在妇联工作中的应用

第一节　社会工作与妇女工作………………………………………170

一、社会工作的定义与类型…………………………………………170

二、妇女社会工作概况………………………………………………173

三、妇女社会工作与妇女工作………………………………………177

第二节　社会工作价值观、原则在妇联工作中的应用…………192
一、社会工作专业价值观……………………………………192
二、社会工作专业价值观、原则在妇联工作中的应用…………200
第三节　社会工作方法在妇联工作中的应用……………………207
一、社会工作方法概述………………………………………207
二、个案工作在妇联工作中的运用……………………………208
三、小组工作在妇联工作中的运用……………………………221
四、社区工作在妇女工作中的运用……………………………232

参考文献……………………………………………………248

后　记………………………………………………………250

第一讲

新时代贯彻落实男女平等基本国策的新要求

把男女平等与人口、资源、环境等人类社会生存发展的基本问题放在同等重要位置，提升到基本国策的高度，是党和国家对男女平等、妇女发展与社会发展关系新的诠释与定位，是党和政府对新中国成立以来妇女发展问题在认识和实践上的高度概括和总结，是党和政府顺应历史潮流，向国际社会作出的庄严承诺和时代贡献。

第一节 男女平等基本国策与社会性别主流化的关系

一、男女平等基本国策的理论基础：马克思主义妇女观

妇女观作为人们对妇女总体的根本的看法和态度，与当时人们的认识水平和妇女地位的客观存在密切相关。在不同的历史阶段，由于妇女的社会作用和社会地位不同，人们对妇女的认识也就不尽相同，进而就有不同的妇女观。

马克思主义妇女观，是运用辩证唯物主义和历史唯物主义的世界观、方法论，对妇女社会地位的演变、妇女的社会作用、妇女的社会权利和妇女争取解放的途径等基本问题作出的科学分析和概括。马克思主义妇女观是马克思、恩格斯批判地继承空想社会主义对妇女问题的研究成果，并在无产阶级运动的实践中产生并不断发展完善的。其形成标志是1844年恩格斯出版的《家庭、私有制和国家的起源》。这部著作是马克思主义对妇女解放问题分析得最系统、最全面、最集中的代表著作，同时也完整地体现了马克思主义妇女观的精华。

马克思主义妇女观的核心观点认为：（一）妇女被压迫是人类历史发展到一定阶段的社会现象。妇女受压迫和男女不平等，不是自古就有的，也不会永远存在下去，它只是特定历史阶段的产物。随着社会的进步，人类社会一定会进入男女平等时代。（二）妇女作为人类社会的重要组成部分，其解放的程度是衡量普遍解放的天然尺度。没有妇女的完全解放，就不可能有人类的全面彻底解放。反之，没有人类的全面彻底的解放，也不可能有妇女的

解放。（三）参加社会劳动是妇女解放的一个重要先决条件。马克思主义历来认为，平等从来不是无条件凭空产生的。妇女要想与男子有平等的社会地位，就必须有同等的社会价值，发挥同样的社会作用。在家务劳动的社会价值不被承认甚至被贬低的社会环境下，妇女要想与男子有平等的社会价值就必须平等地参加社会公共劳动、创造社会价值、发挥社会作用。妇女如果没有同男性一样进行社会价值的创造，男女平等就只能是空谈。（四）妇女的解放是一个长期的历史过程，既不会一夜之间从天而降，也不可能只通过解决一两个问题就能全面实现。（五）妇女在创造人类文明、推动社会发展中具有伟大的历史作用。在人类历史的发展进程中，妇女始终作为一支伟大的力量存在而且发挥着伟大的作用。

对马克思主义妇女观的深刻理解，是建立在全面系统学习马克思主义的基础上，特别是要深入学习马克思主义的平等观、人权观和家庭观。从本质上来说，妇女问题归根到底是一个平等问题。无论是保障妇女权益，还是消除对妇女的歧视，归根到底还是要实现男女平等。同时，妇女问题也是一个人权问题，妇女的权利就是人权，这已经是国际共识。妇女解放的终极目标就是实现妇女作为人的全面而自由的发展。家庭问题也是认识、理解和解决妇女问题绕不开的话题，西方的女权主义者无论其流派如何，都把家庭问题和妇女的解放紧密地联系在了一起。马克思主义妇女观也认为妇女的解放和家庭问题的解决密不可分。

二、社会性别主流化的理论基础：社会性别理论

社会性别理论（Gender Theory）发端于美国20世纪60年代。该理论始发于女权主义运动的实践中，并后续成为对这一运动起重要指导作用的核心观念体系。其核心观点主要为：性别差异包括自然差异和社会差异；性别差异应更多从社会、文化的背景去理解；生理性别差异是稳定的，而社会性别差异和关系是能够变化的；社会性别观念的形成是一个社会化过程；社会性

别角色在社会性别文化中被固定和强化了，变成人们的一种社会期待，即社会性别角色定型。实现性别平等有待于建设一个平等的社会制度，创造一个平等的文化。

社会性别理论把两性关系作为最基本的社会关系，认为它是社会关系的本质反映。该理论从分析两性关系入手，发现社会关系和社会制度的根源和本质，从而将社会性别理论变成强有力的政治经济和社会文化的分析工具。社会性别理论的基本观点是，性别差异应该从社会和文化的背景去理解，生理上的性别差异是天生的、自然的，同时也是稳定的，而社会性别差异则与社会的文化背景有着非常密切的关联，它随着社会关系和文化的变化而变化。不同的时代、不同的社会条件、不同的文化传统和风俗习惯，甚至不同的地域都会造成不同的社会性别差异。人们成长的过程也是社会性别观念形成的过程。人在社会化的过程中，接受不同的性别文化就会形成不同的社会性别观念。

在不同的社会性别观念中，男人和女人在社会和在家庭中的角色是不同的，而且这种差异经过一代一代的持续认同而固化，成了社会公众的共同期待，这就是社会性别角色定型。

以男性为中心的传统社会性别观念，对男女两性都有着极为确定和固化的认知，这种认知对男女两性的社会分工、社会角色和社会责任进行了不同的分配，并且将这种社会角色的分配不断地合理化、正常化，这成为束缚男女两性发展的枷锁。男性中心文化，是在长期的男权社会中建立起来的，其核心的观点是：从社会地位的角度来看，男性中心文化坚定奉行男尊女卑；从社会权利的角度来看，男性中心文化一贯主张男主女从；从社会分工的角度来看，男性中心文化特别强调男外女内；从社会的见解角度来看，男性中心文化始终认为男高女低；从社会形象的角度来看，男性中心文化竭力塑造男强女弱。由此不难看出，男性中心文化就是歧视女性的文化。因此要实现真正的男女平等就必须解构传统的男性中心文化，建构以男女平等为核心价值取向的先进性别文化。

三、马克思主义妇女观与社会性别理论的关系

马克思主义妇女观与社会性别理论诞生于不同的时代和历史背景，彼此有各自不同的立场和分析的侧重点。在过去相当长的一段时间里，马克思主义妇女观的宣传、研究被弱化，也有个别人对马克思主义妇女观的指导地位产生了质疑，并对马克思主义妇女观与社会性别理论的关系存在着模糊的认识。因此，正确认识马克思主义妇女观与社会性别理论的关系十分必要。

马克思主义妇女观与社会性别理论之间既有联系又有区别。从联系的角度看，两者的出发点和目的都是在探寻如何实现妇女解放和男女平等，因而两者有着共同的愿景和追求。从区别的角度看，两者对下列问题有不同的看法：关于性别歧视的本质，马克思主义妇女观认为，对妇女歧视的本质是阶级压迫在男女两性社会关系上的反映，而社会性别理论则认为，对妇女的歧视是男女之间权力主体与权力客体之间的关系，是一种权力控制关系；关于歧视产生的原因，马克思主义妇女观认为，男女不平等是一种特定历史条件下的产物，其产生原因是私有制的存在，是由当时的经济社会条件决定的，而社会性别理论则认为，对妇女的歧视是由男性中心文化决定的，是由社会文化所决定的；关于分析工具和方法，马克思主义妇女观运用的是阶级分析的方法，而社会性别理论则是社会性别分析方法。由此不难看出，马克思主义妇女观与社会性别理论既不是截然对立的，也不是完全相同的，不能以社会性别理论替代马克思主义妇女观。

马克思主义妇女观是中国妇女解放和发展的指导思想，社会性别理论为分析和解决我国妇女问题提供了新的视角和方法；马克思主义妇女观是中国妇女运动和发展的指导思想，体现着妇女解放和发展的中国特色，社会性别理论是西方女权运动的理论基础，是当今国际社会认识妇女问题的基本共识；社会性别理论是西方妇女运动多年艰辛探索的结晶，也是国际妇女运

动的理论成果，马克思主义妇女观为中国共产党制定妇女运动方针，提供了科学的理论依据。我们应该在马克思主义妇女观的指导下，为中国妇女发展服务。

四、男女平等基本国策与社会性别主流化的关系

（一）男女平等基本国策

基本国策是一个国家为解决带有普遍性、全局性、长远性问题而确定的总政策。在整个政策体系中处于最高层次，规定、制约和引导着一般的具体法律政策的制定和实施，并为相关领域的政策协调提供依据。它的适用范围宽、稳定程度强，能够长时期起指导作用。

把男女平等与人口、资源、环境等人类社会生存发展的基本问题放在同等重要位置，提升到基本国策的高度，是党和国家对男女平等、妇女发展与社会发展关系新的诠释与定位，是党和政府对新中国成立以来妇女发展问题在认识和实践上的高度概括和总结，是党和政府顺应历史潮流，向国际社会作出的庄严承诺和时代贡献。

男女平等基本国策，是江泽民同志于1995年在北京召开的联合国第四次世界妇女大会欢迎仪式上首次提出的，他强调“我们十分重视妇女的发展与进步，把男女平等作为促进我国社会发展的一项基本国策”；2001年，国务院制定的《中国妇女发展纲要（2001—2010年）》将“贯彻男女平等的基本国策，推动妇女充分参与经济和社会发展，使男女平等在政治、经济、文化、社会和家庭生活等领域进一步得到实现”列入了《纲要》的总目标；2005年，修改后的妇女权益保障法第二条规定“实行男女平等是国家的基本国策”；2012年，党的十八大报告中明确指出“坚持男女平等基本国策，保障妇女儿童合法权益”；2017年，党的十九大报告中再次重申“坚持男女平等基本国策，保障妇女儿童合法权益”。我国提出男女平等基本国策既是对

联合国提出的“将性别意识纳入决策主流”的积极回应，也是新中国成立以来一系列保护妇女权益、促进男女平等规定的延续和升华，这对强化全社会男女平等的国策意识，更好地贯彻实施这一基本国策，起到了巨大的推动和保障作用。

在男女平等基本国策中，“男女平等”是国策特指的范畴和目标指向。“基本国策”规定了男女平等政策的地位、性质和功能。男女平等基本国策的内涵主要在于：在承认和尊重性别差异的前提下追求男女平等；将保障妇女实现发展的权利放到突出位置；给予妇女必要的政策倾斜与特殊权益保障；重视妇女在整个经济社会发展中的地位和作用；鼓励妇女在与男性的合作与协调发展中实现平等；从社会协调发展的高度来认识和解决妇女发展与男女平等问题。

男女平等基本国策的确立具有重大意义。从政治的角度看，把男女平等作为我国一项具有全面性、长期性的根本政策，是中国共产党在总结人类文明发展的普遍规律并结合我国国情的基础上作出的重大决策，是具有鲜明中国特色的制度安排；从理论的角度看，男女平等基本国策的提出，是我们党对妇女发展认识上的一次理论飞跃，是马克思主义妇女理论中国化的最新成果，是中国经济社会发展和新时代中国妇女事业发展的行动指南；从法律角度看，男女平等基本国策是新中国始终如一的宪法要求和法律的一项基本原则，其始终贯穿在以宪法为基础，以妇女权益保障法为主体，包括国家各种单行法律法规、地方性法规和政府各部门行政规章在内的一整套保护妇女权益促进男女平等的法律体系之中；从权利角度看，男女平等基本国策确认并保障了平等权是妇女的一项基本人权；从文化角度看，男女平等基本国策体现了社会主义先进性别文化的核心内容，其主要目的是要建设平等、和谐、文明的性别关系；从道德角度看，男女平等基本国策反映了社会主义核心价值观的本质要求。

（二）社会性别主流化

社会性别主流化也称为把社会性别平等意识纳入社会发展和决策的主流。1979年，联合国大会通过的《消除对妇女一切形式歧视公约》，要求缔约国“采取一切适当措施，包括制定法律，保证妇女得到充分发展和进步，其目的是为确保她们在与男子平等的基础上，行使和享有人权和基本自由”。1995年，联合国第四次世界妇女大会通过的《行动纲领》第189段指出，“在处理各级分享权力和决策方面的男女不平等现象时，各国政府和其他行动者应推行一项积极鲜明的政策，将性别观点纳入所有政策和方案的主流，以便在作出决定之前，分析对妇女和男子的影响”，由此正式将社会性别主流化确定为达成性别平等的全球性战略。此后联合国经济及社会理事会在1997年通过一致结论：社会性别主流化是把性别问题纳入主流的一个过程。它对任何领域各个层面上的任何一个计划行动，包括立法、政策、项目计划等对妇女和男人产生的影响进行分析。它是一个停止延续不平等的战略，把妇女和男人的关注、经历作为在政治、经济和社会各领域中设计、执行、跟踪、评估政策和项目计划的不可分割的一部分来考虑，以使妇女和男人能平等受益。它的最终目的是达到社会性别平等。社会性别主流化不是一个技巧问题，而要有结构上的变化。要在组织、项目等多层面上改变男女两性的关系，不是简单地让原来处于主流的人具有性别意识，而是要改变主流的结构，让妇女、妇女组织、有关项目进入主流。社会性别不仅是性别角色问题，也是价值观问题；不仅是现象、现实，也是权力关系。

（三）男女平等基本国策与社会性别主流化的关系

男女平等基本国策与社会性别主流化之间既有联系又有区别，我们既不能将二者完全割裂，也不能将二者完全混同，它们之间的联系与区别见表1。

表1　男女平等基本国策与社会性别主流化关系表

项目		社会性别主流化	男女平等基本国策
联系	本质	都是争取妇女解放的手段。	
	终极目的	为了改变女性不利的社会地位和家庭地位，最终实现男女两性平等自由地发展。	
	关注与行动的目标	均在政策范围内和决策领域。	
	产生影响的方式	都强调在政策和决策的最高层次产生影响或有所作为，并监督相关政策或决策的贯彻执行。	
区别	提出背景	以西方国家为主的，在国际妇女运动发展基础上，于20世纪80年代联合国系统内逐渐形成的推进性别平等和可持续发展的基本经验和共识。	是我们党和国家总结了近百年中国妇女运动与妇女发展的经验，由时任国家主席江泽民于1995年在北京召开的联合国第四次世界妇女大会上首次提出。
	约束力	由联合国推行的。联合国不是世界政府，它只能通过签署承诺合作，表决协调的柔性方式，来约束成员国。	由中国政府制定和颁布的，在我国具有强制性和权威性。
	关注重点	更多关注和侧重于具体的推动过程。从论证到实施评估全过程都要把性别平等意识纳入其中。严格地说，它并不是一个目标，而是实现社会性别平等的一种手段。	是国家调控两性关系的总政策，其与社会性别主流化相比，目标指向性更明确。
	政府与妇女组织的关系	在社会性别主流化推进过程中，政府是妇女组织的倡导和监督对象。	是自上而下政府的贯彻落实，妇女组织在旁协助政府具体推进执行和监督，两者之间是合作互动的关系。

第二节　新时代对落实男女平等基本国策的新要求

一、新时代对男女平等的新认知

党的十九大报告指出，经过长期努力，中国特色社会主义进入了新时代，这是我国发展新的历史方位。站在新的历史方位看待新时代的男女平等问题就必须有新的认知。

（一）男女平等：人类社会发展的必然要求

尊重和保障妇女权益、实现男女平等是人类进步的必然要求，是现代社会文明的重要尺度和标志。

在以歧视女性、男女完全不平等为重要特征的奴隶社会和封建社会，虽然在其法律中不可避免地涉及妇女的权利或义务问题，但有关这些问题的规定都是从维护当时的伦理纲常和统治秩序出发的，没有把着眼点放在如何保护妇女的权益方面。妇女在政治上无权，基本被排斥在社会政治生活之外；在经济上依附，没有财产所有权和继承权，没有独立的经济来源；在社会上无地位，被要求“在家从父、出嫁从夫、夫死从子”，没有独立的人格和身份，被剥夺了接受文化教育和参加社会活动的权利；在婚姻上不自主，必须听从“父母之命，媒妁之言”，而且要从一而终；在身心上受摧残，受到一夫多妻制的压迫和娼妓制度的迫害；在法律保护方面，苛责妇女、偏袒男子更是金科玉律，在当时的社会条件下，法律只是维护封建专制政治和封建家族统治的工具，是压迫、奴役妇女的枷锁，当然谈不到男女平等的问题。

到了资本主义社会，由于资产阶级倡导平等、自由、博爱，所以资本主义生产关系的形成，使妇女获得了一定的权利和自由，因而在其法律制度当中，注入了一些平等的因素。然而由于资产阶级革命的历史局限性，资本主义社会的建立并没有使妇女获得解放，男女不平等现象依然是当时社会的主流，有关歧视妇女的规定仍充斥在各种法律之中。例如《法国民法典》一方面确立了天赋人权原则，规定了尊重私有财产、在法律上人人平等；另一方面却明确规定妇女不能享有与男性一样的权利，而只是具有与未成年人、罪犯、精神病人一样的法律地位。《法国民法典》第二百二十九条、第二百三十条规定，夫得以妻与他人通奸为由诉请离婚，而妻只能以夫与他人通奸并在婚姻住所姘居为由诉请离婚。这种规定虽然赋予了夫妻均有离婚的权利，但丈夫和妻子提出离婚的条件却并不相同。丈夫提出离婚的条件较为宽松，而妻子提出离婚的条件则更为严格，这实际上是限制甚至剥夺了妻子提出离婚的权利。后来，随着妇女运动的兴起，特别是在第二次世界大战以后，一些资本主义国家迫于当时妇女在社会生产、生活中的作用不断增强，社会地位不断提高的客观形势，才不得不在一定程度上重视妇女的权益问题，从立法上逐步删除有关歧视女性的规定，并不断创制新的法律以保护妇女某方面的权益，甚至在一些发达的资本主义国家，还专门制定了协调男女两性社会关系、保护女性权益、反对性别歧视的专门性法律。

到了社会主义社会，尊重和保障妇女权益、实现男女平等更是天经地义的社会主张和法律要求。男女两性社会地位和法律地位的变化趋势表明，男女平等是人类社会发展的必然要求。

（二）男女平等：政治正确的时代要求

享有充分的人权，实现法律上和事实上的男女平等，是广大妇女和人类长期以来追求的崇高目标。但就当今世界来看，现代社会不仅未能使妇女实现享有充分人权这一理想，而且也未能使妇女平等地与男子分享现实的权利和利益，男女不平等的现象依然在全世界各个国家、各个领域不同程度地存在。这种情况不仅严重地阻碍着妇女的全面发展，而且也严重地阻碍着社会的和谐与进步，因此保障妇女人权、促进男女平等已成为当今世界不可阻挡的潮流。国际社会和世界各国都纷纷采取各种措施特别是法律措施以适应。

从国际社会来看，自1948年12月10日经联合国大会通过的、作为第一个人权问题国际文件的《世界人权宣言》开始，人权问题一直备受国际社会关注，妇女人权亦是其中的热点。为此国际社会通过了一系列的公约、宣言，如：《禁止贩卖人口及取缔意图赢利使人卖淫的公约》（1949年）、《对男女工人同等价值的工作付予同等报酬公约》（1951年）、《妇女参政权公约》（1952年）、《已婚妇女国籍公约》（1957年）、《消除对妇女歧视宣言》（1967年）、《在非常状态和武装冲突中保护妇女和儿童宣言》（1974年）、《消除对妇女一切形式歧视公约》（1979年）、《到2000年提高妇女地位内罗毕前瞻性战略》（1985年）、《维也纳宣言和行动纲领》（1993年）、《消除对妇女的暴力行为宣言》（1994年）、《北京宣言》和《行动纲领》（1995年）等。1952年联合国大会通过的《妇女参政权公约》，是国际社会首次在法律上承认妇女与男子享有平等的政治权利，其中包括选举权。这也是联合国第一次在国际文书中宣布各个成员国在男女平等原则上负有法律义务。1975年，联合国召开了第一次世界妇女大会，通过了《关于妇女的平等地位和她们的发展与和平的贡献的宣言》（简称《墨西哥宣言》）和《实现妇女年目标而制定的世界行动计划》。《墨西哥宣言》首次明确了男女平等的定义："男女的人的尊严和价值的平等以及男女权利、机会和责任的平等。"1979年，联合国大会通过了《消除对妇女一切形式歧视公约》，公约要求"缔约各国谴责对妇女一切形式的歧视，协议立即用一切适当办法，推行政策，消除对妇女的歧视。为此目的，承担：（a）男女平等的原则如尚未列入本国宪法或其他有关法律者，应将其列入，并以法律或其他适当方法，保证实现这项原则；（b）采取适当立法和其他措施，包括适当时采取制裁，禁止对妇女的一切歧视；（c）为妇女与男子平等的权利确立法律保护，通过各国的主管法庭及其他公共机构，保证切实保护妇女不受任何歧视；（d）不采取任何歧视妇女的行为或做法，并保证公共当局和公共机构的行动都不违背这项义务；（e）应采取一切适当措施，消除任何个人、组织或企业对妇女的歧视；（f）应采取一切适当措施，包括制定法律，以修改或废除构成对妇女歧视的现行法律、规章、习俗和惯例；（g）同意废止本国刑法内构成对妇女歧视的一切规定”。1993年的世界人权大会将“妇女人权”写进了《维也纳宣言和行动纲领》，1995年的第四次世界妇女大会通过的《北京宣言》，则重申了“妇女的权利就是人权”。这一系列的国际妇女人权宣言和公约构成了国际人权法发展的重要部分，它对妇女人权状况的改善作出了积极贡献。

随着国际妇女人权法发展与完善，世界各国也根据自己的具体情况制定了相应的法律以保障妇女的权益，如德国的《男女平权法》（1957年），日本的《妇幼保健法》（1965年）、《男女雇用机会平等法》（1972年），挪威的《男女平等地位法》（1978年），英国的《反对性别歧视法》（1975年），瑞典的《男女机会均等法》（1980年），法国的《男女职业平等法》（1983年），澳大利亚的《反对性别歧视法案》（1984年），芬兰的《男女平等法》（1987年），中国的《妇女权益保障法》（1992年），西班牙的《男女平等组织法》（2007年），法国的《男女真正平等法》（2014年）等。到目前为止，已经有143个国家在宪法中明确规定男女平等，并反对因性别不同而出现的歧视。

（三）男女平等：中国共产党的使命要求

以实现共产主义为奋斗目标的中国共产党，在建党之时便把领导妇女解放、争取男女平等作为自己的历史责任和使命。1921年，党的一大就对妇女问题进行了讨论。1922年，在党的二大中系统地提出了解放妇女、实行男女平等的革命纲领。并制定了关于妇女问题的第一个文件《关于妇女运动的决议》，其中表达了妇女运动是革命的一部分的思想，妇女解放伴随劳动解放进行，只有无产阶级获得了政权，妇女们才能得到真正的解放。中共二大决定党中央成立妇女部，第一位女中共委员向警予任部长。1923年，党的三大制定《关于妇女运动决议案》，提出全国妇女运动大联合和打倒军阀、打倒帝国主义等口号。1925年，党的第三次中央扩大执行委员会通过了《对于妇女运动之决议案》，提出了党领导妇女运动的三个原则。1928年，党的六大通过了《妇女运动决议案》。中国共产党认为，封建婚姻家庭制度是建立在男性掌握封建财产权基础之上依靠政权、族权、神权和夫权维护的一种制度。在此制度之下，男子受到政权、族权、神权的支配，而妇女在此之外还受到夫权的支配，成为这种制度的牺牲品。所有婚姻家庭问题的核心是妇女问题。因此，共产党的重要责任就是将所有在封建婚姻家庭制度支配下的男女群众，特别是妇女解放出来。在所有的改革中，妇女的解放是婚姻家庭制度废旧立新的关键。也因此，婚姻家庭制度的改革同各项社会民主改革的进行和妇女运动的进展紧密联系在一起。婚姻家庭革命与民主革命的目标一致，成为共产党改造我国社会的一部分。在苏区、抗日根据地和解放区中，婚姻家庭制度的改革同妇女运动的进展紧密地联系在一起。[①]1949年后，为了确保妇女在社会上和家庭中免受歧视，不仅完全否定和彻底废除了旧中国遗留的那些歧视、压迫、残害广大妇女的法律和司法制度，而且还及时地颁布了体现男女平等，保护妇女权益的新法律，以法律的形式对妇女的权益加以确认和保护。新中国的妇女立法使中国妇女的法律地位发生了历史性的改变。

（四）男女平等：始终如一的宪法要求

1949年后，我国先后制定了起临时宪法作用的《共同纲领》和“五四宪

---

① 李明舜，林建军.妇女法学 [M]. 北京：法律出版社，2015.48.

法”“七五宪法”“七八宪法”“八二宪法”。这个纲领和四部宪法，虽然因制定时的历史条件不同，其内容有很大的差异，但在坚持男女平等方面却是始终如一并不断丰富发展。

1949年9月29日，中国人民政治协商会议第一届全体会议选举了中央人民政府委员会，宣告了中华人民共和国的成立，并且通过了起临时宪法作用的《中国人民政治协商会议共同纲领》。1949年颁布的《中国人民政治协商会议共同纲领》，虽不是真正意义上的宪法，却起着临时宪法的作用。其第六条规定：“中华人民共和国废除束缚妇女的封建制度。妇女在政治的、经济的、文化教育的、社会的生活各方面，均有与男子平等的权利。实行男女婚姻自由。”

第一部《中华人民共和国宪法》于1954年9月20日在第一届全国人民代表大会第一次会议上通过，共4章106条，被称为“五四宪法”。“五四宪法”是一部较为完善的宪法，是在对新中国成立前夕由全国政协制定的起临时宪法作用的《共同纲领》进行修改的基础上制定的。这部宪法的第八十六条规定：“中华人民共和国年满十八岁的公民，不分民族、种族、性别、职业、社会出身、宗教信仰、教育程度、财产状况、居住期限，都有选举权和被选举权。但是有精神病的人和依照法律被剥夺选举权和被选举权的人除外。妇女有同男子平等的选举权和被选举权。”第九十六条规定：“中华人民共和国妇女在政治的、经济的、文化的、社会的和家庭的生活各方面享有同男子平等的权利。婚姻、家庭、母亲和儿童受国家的保护。”

第二部《中华人民共和国宪法》于1975年1月17日在第四届全国人民代表大会第一次会议上通过，共4章30条，被称为“七五宪法”。这部宪法的第二十七条规定：“妇女在各方面享有同男子平等的权利。婚姻、家庭、母亲和儿童受国家的保护。”

第三部《中华人民共和国宪法》于1978年3月5日在第五届全国人民代表大会第一次会议上通过，共4章60条，被称为“七八宪法”。这部宪法第五十三条规定："妇女在政治的、经济的、文化的、社会的和家庭的生活各方面享有同男子平等的权利。男女同工同酬。男女婚姻自主。婚姻、家庭、母亲和儿童受国家的保护。国家提倡和推行计划生育。"

第四部《中华人民共和国宪法》于1982年12月4日在第五届全国人大第五次会议上正式通过并颁布，被称为"八二宪法"。这部宪法的第三十四条规定："中华人民共和国年满十八周岁的公民，不分民族、种族、性别、职业、家庭出身、宗教信仰、教育程度、财产状况、居住期限，都有选举权和被选举权；但是依照法律被剥夺政治权利的人除外。"第四十八条规定："中华人民共和国妇女在政治的、经济的、文化的、社会的和家庭的生活等各方面享有同男子平等的权利。国家保护妇女的权利和利益，实行男女同工同酬，培养和选拔妇女干部。"

（五）男女平等：社会主义核心价值观的要求

党的十八大提出，倡导富强、民主、文明、和谐，倡导自由、平等、公正、法治，倡导爱国、敬业、诚信、友善，积极培育和践行社会主义核心价值观。富强、民主、文明、和谐是国家层面的价值目标；自由、平等、公正、法治是社会层面的价值取向；爱国、敬业、诚信、友善是公民个人层面的价值准则。自由、平等、公正、法治，是对美好社会的生动表述，也是从社会层面对社会主义核心价值观基本理念的凝练。它反映了中国特色社会主义的基本属性，是我们党矢志不渝、长期实践的核心价值理念。这其中平等指的是公民在法律面前一律平等，其价值取向是不断实现实质平等。它要求尊重和保障人权，人人依法享有平等参与、平等发展的权利。

二、新时代对落实男女平等基本国策的新要求

中国妇女十二大报告指出："把男女平等作为促进社会发展的一项基本国策，把促进妇女全面发展作为国家经济社会发展规划的重要内容，是中

国共产党的独特创造，是具有鲜明中国特色的制度安排。必须在出台法律、制定政策、编制规划、部署工作时充分考虑两性的现实差异和妇女的特殊利益，在保障和改善民生中关注妇女需求，让尊重和关爱妇女成为国家意志、公民素养和社会风尚，筑牢促进男女平等和妇女全面发展的政治保障、制度根基、物质基础、精神支撑。”

（一）落实男女平等基本国策必须坚持新发展理念

中国特色社会主义进入新时代，必然对我国的男女平等和妇女发展提出新要求。我们要以习近平新时代中国特色社会主义思想为指引，把以习近平同志为核心的党中央治国理政新理念、新思想、新战略贯穿在落实男女平等基本国策、促进妇女全面发展的全部工作中。

党的十九大报告强调，坚持新发展理念。发展是解决我国一切问题的基础和关键，发展必须是科学发展，必须坚定不移贯彻创新、协调、绿色、开放、共享的发展理念。

创新发展理念是引领中国女性发展和实现男女平等的巨大动力，理论创新引领着女性发展方向和男女平等的推进，制度创新是女性发展和男女平等的重要保障，科技创新为女性发展和男女平等增添助力，文化创新则为女性发展和男女平等优化环境。

协调发展理念有利于强调女性与经济社会之间协调发展，注重女性与男性之间平等和谐发展，要求补齐女性发展短板，增强发展的均衡性。同时强调要重视不同政策之间的协调性，保证男女平等贯彻始终且贯彻到方方面面。

绿色发展是以效率、和谐、持续为目标的经济增长和社会发展方式。女性在绿色发展中有更广阔发展空间，是绿色发展的受益者。

开放是国家繁荣发展的必由之路，也是中国实现男女平等的必由之路。中国实现男女平等的事业从来不是封闭的，必须顺应和引领国际妇女运动的潮流。要以构建人类命运共同体的情怀视野审视男女平等，实现男女平等要坚持统筹国内国际两个大局。

共享发展理念的核心就是一切为了人民。以其全民共享、全面共享、共建共享和渐进共享为内在要求。从女性发展和男女平等的角度看，共享发展理念，深刻揭示了男女平等基本国策的本质要求，整体优化了妇女发展的社会环境，充分调动了广大妇女参加中国特色社会主义建设的积极性，全面激发了实现男女平等的正能量。

（二）落实男女平等基本国策必须建立健全性别平等评估机制

要有效地贯彻男女平等基本国策、从源头保障妇女权益，就必须推进社会性别意识纳入决策主流，就必须从男女平等的视角，对法律、法规和政策进行科学的分析评估，在制定和实施法律法规政策的全过程中充分考量两性的现实差异和妇女的特殊利益。政策法规性别平等评估机制，着力于增强政策法规制定者和实施者的社会性别意识，将他们对性别平等的认同感转化为实际行动，把男女平等的价值理念体现在政策法规的制定和实施中，贯彻到依法治国、依法执政、依法行政的具体实践中，从源头上推进男女平等基本国策的落实。重点解决的就是促进男女平等基本国策在法律法规政策中的落实，发现和消除制度性的性别歧视，特别是预防那些我们积极推动制定的制度性措施在性别影响方面产生的负面效果，通过性别影响评估机制使先进的性别文化融入制度中，细化法律政策中保障妇女权益的原则条款，活化法律政策中保障妇女权益的“僵尸条款”，优化法律政策中保障妇女权益的中立条款，强化法律政策中保障妇女权益的保障条款，补充法律政策中保障妇女权益的未定条款，真正实现“在立法决策中充分体现性别意识，在改善民生中高度关注妇女需求，在社会管理中积极回应妇女关切，使男女平等真正体现到经济社会发展各领域、社会生活各方面”。实践证明，性别平等评估机制已经成为民主立法和科学立法的应有程序、先进性别理念的制度载体、促进男女平等的有效措施、防止性别歧视的重要屏障、妇联源头维权的崭新平台。

建立健全性别平等评估机制的核心是确立科学合理的评估标准。标准是科学、技术和实践经验的总结。标准的本质是统一，标准的任务是规范。建立统一、明晰、可操作的评估标准是确保法规政策性别平等评估目标实现的关键。制定性别平等咨询评估的标准，就是为了对性别平等咨询评估进行统一规范，发挥以下几方面的作用：一是发挥评估标准对性别平等咨询评估所具有的指引作用，标准通过对性别平等咨询评估目标的确定而成为性别平等咨询评估的依据，性别平等咨询评估只有按照评估标准的指引进行，才能保持正确的方向而不脱离既定的轨道；二是发挥评估标准对性别平等咨询评估所具有的预测作用，由于标准的存在，评估者有可能预见到自己将怎样安排自己的咨询评估工作，可以事先估计到将要开展的咨询评估工作会带来何种结果；三是发挥评估标准对性别平等咨询评估所具有的教育作用，制定、宣传、落实咨询评估标准的过程本身就是进行性别平等教育的过程，就是一个凝聚共识的过程，就是一个用既定目标吸引、教育、动员咨询评估主体的过程；四是发挥评估标准对性别平等咨询评估所具有的约束作用，标准咨询评估的工作指南和重要依据，因而性别咨询评估必须依评估标准办事；五是发挥评估标准对性别平等咨询评估所具有的评价作用，由于评估标准集中体现了性别平等咨询评估的指导思想，因而它就可以同时为咨询评估主体判断自己工作正确与否提供检验的标准。

建立健全性别平等评估机制既是贯彻落实男女平等基本国策的有效措施，也是推进依法治国的重要举措。它代表的是中国经验，是中国特色的社会性别主流化。性别平等评估机制保护的虽然是女性权益，但促进的是性别平等，保障的是我国社会公平；性别平等评估机制评估的虽然是性别影响，但弘扬的是社会主义先进文化，提升的是我国的国家形象；性别平等评估针对的虽然是某个具体规范，但提高的是立法水平和质量，加快的是我国法治建设；性别平等评估纠正的虽然是性别歧视，但推动的是整个社会的进步，彰显的是人类文明。

（三）落实男女平等基本国策必须强化国家特别是政府的主体责任

贯彻落实男女平等基本国策必须强化国家特别是政府的主体责任，防止男女平等问题妇女化，妇女问题妇联化。

男女平等问题是一个社会问题，因而保障妇女的合法权益，促进男女平等是全社会的共同责任。国家机关、社会团体、企业事业单位、城乡基层群众性自治组织，应当依照有关法律的规定，保障和维护妇女的权益，促进男女平等的实现。为了有效促进男女平等，国家在不断完善保护妇女权益的法律体系的同时，制定并实施了妇女发展纲要，不断健全工作机构，加大资金投入，加强社会动员，形成了以政府为责任主体的保障妇女人权、促进男女平等的国家机制，并取得显著效果。在保障妇女合法权益的国家机制中，各级政府作为国家法律的执行机关，在消除对妇女的一切形式歧视，预防和制止针对妇女的违法犯罪行为方面负有不可推卸的、极其重要的职责。我国法律明确规定了政府是保障妇女权益的主体，要求各级人民政府应当重视和加强妇女权益的保障工作，县级以上人民政府负责妇女儿童工作的机构，负责组织、协调、指导、督促有关部门做好妇女权益的保障工作，县级以上人民政府有关部门在各自的职责范围内做好妇女权益保障工作。各级人民政府作为妇女权益的主要责任主体，应当利用手中的行政权力和可支配的各种资源，发挥主导作用，将妇女发展目标纳入经济社会发展规划、纳入政府公共政策体系、纳入同级政府财政预算，统筹安排、同步推进，为妇女事业发展提供有力保障，为妇女权益的实现提供必要的条件，为权益受侵害的妇女提供必要的救济。

强调政府和其他国家机关在保障妇女权益、促进男女平等方面的主体责任，还必须防止和克服思想上和行动中存在的男女平等问题妇女化，妇女问题妇联化的认识误区和错误做法。妇联作为各族各界妇女为争取进一步解放与发展而联合起来的群团组织，是在中国共产党领导下的人民团体，是党和政府联系妇女群众的桥梁和纽带，是国家政权的重要社会支柱，“发挥桥梁纽带作用，当好得力助手，这是妇联组织的政治定位；代表和维护妇女权益、促进男女平等和妇女全面发展是妇联组织的基本职能；这些职能定位，概括起来就是引领、服务、联系”[①]。因此，贯彻落实男女平等基本国策一定要强化保障妇女权益、促进男女平等的国家责任特别是各级人民政府的主体责任，充分发挥妇联组织的促进、推动作用。

（四）贯彻落实男女平等基本国策必须补强妇女发展短板

贯彻落实男女平等基本国策必须补强妇女发展短板，促进妇女平等发展、协调发展和全面发展。长期以来，男女平等、尊重妇女的观念越来越深入人心，新时代的中国妇女与祖国共命运，与人民齐奋斗，展现了昂扬向上、奋发有为的新风貌，妇女发展水平全方位提升，男女平等基本国策的实施迈出历史新步伐。同时我们也看到，受现阶段生产力发展水平制约和长期历史文化影响，重男轻女、男尊女卑的落后观念尚未根除，男女平等在现实生活中远未真正实现。新时代贯彻落实男女平等基本国策必须补强以下妇女发展的“六不”短板：一是不平衡问题，即城乡之间、区域之间、不同群体之间的妇女发展还不平衡；二是不平等问题，即男女权利、机会、资源分配仍然不平等；三是不充分的问题，即社会对妇女潜能、才干、贡献的认识仍然不充分；四是不富裕的问题，即还有很多妇女处于绝对贫困或相对贫困状态；五是不安全的问题，即妇女往往成为违法犯罪等各种侵权行为首当其冲的受害者；六是不尊严的问题，即针对妇女的各种形式歧视严重损害着妇女的尊

---

① 习近平.习近平总书记同全国妇联新一届领导班子成员集体谈话时的重要讲话[N/OL].新华社，（2018-11-02）[2020-07-18].http://www.gov.cn/xinwen/2018-11/02/content_5336958.htm

严。上述妇女发展短板的彻底解决，才可能真正实现男女之间的地位、人格与尊严、权利和机会、责任和义务、结果与利益上的平等。

（五）落实男女平等基本国策必须弘扬社会主义的先进性别文化

贯彻落实男女平等基本国策必须弘扬社会主义的先进性别文化，为男女平等的实现提供精神动力和道德支撑。众所周知，文化是人类最本质的属性，是我们认识人类文明包括法律的基础。任何法律都是建立在一定文化基础上的，脱离特定的历史文化背景，就不可能真正理解法律。从这种意义上说，法律的生命深藏于文化之中，文化为法律政策的产生和发展提供了场景和条件，法律的运行也必须有文化的支持。

保障妇女权益、促进男女平等的法律制度都是以先进性别文化为基础的。所谓先进性别文化，指的是与社会发展相适应，有利于性别平等、公正、和谐发展的文化。当代中国先进性别文化就是有中国特色的社会主义先进性别文化。它包括两层含义：其一，是符合中国国情而又充分吸收世界优秀性别文化成果，反映、体现和代表性别文化发展及其规律的根本要求和总体趋势；其二，是促进和推动人类社会文明进步，体现社会主义时代精神的面向世界、面向现代化、面向未来的性别文化。它的核心内涵是男女平等，理论依据是马克思主义的妇女观。先进的性别文化提倡男女两性相互尊重、良性互动、和谐相处的性别关系。

保障妇女权益、促进男女平等的法律制度与先进性别文化之间在目标、核心价值方面是完全一致的。从法律上的男女平等到事实上的男女平等，最大的障碍就是现实生活中依然盛行男性中心文化。男性中心文化的核心要义就是，在社会地位方面强调男尊女卑，在社会权利方面主张男主女从，在社会分工方面强调男外女内，在社会见解方面认为男高女低，在社会形象方面塑造男强女弱。男性中心文化是男女平等的最大思想障碍，它不仅是女性自我束缚、自我迫害的利器，也是男权中心社会轻视女性、漠视女性权益的思想工具。因此，要彻底地实现男女平等，全面地平等地保障妇女人权，破除男尊女卑思想，创造有利于妇女解放，男女平等的思想文化氛围是极其重要的，我们必须充分认识到先进性别文化对男女平等的实现和社会发展所具有强大的助推作用，充分认识到建设和倡导平等、和谐、文明的先进性别文化的重要意义，使社会主流的性别文化成为促进性别平等的助力而不是阻力。否则，在一个男女不平等，女性形象被商品化，女性被性符号化，女性的身体价值观被扭曲，两性关系被庸俗化的文化氛围里，保障妇女权益、促进男女平等的制度就会在这种落后的性别文化中淹没、失效，从而绝难落到实处。在司法实践中，对于涉及妇女权益的案件，社会的道德判断往往比法律判断更关注，这就要求司法机关必须跳出单纯的法律规定，以更开阔的视野审视妇女权益问题，必须站在符合社会主义先进性别文化的道德的制高点上考虑法律责任的适用，做出完全符合男女平等法律要求的裁判，使其法律效果和社会效果完美地结合起来。如果背离了符合社会主义先进性别文化的道德的制高点，司法机关对法律责任的适用，不论是民事责任，行政责任的适用还是刑事责任的适用，都将背离保障妇女权益、促进男女平等法律制度的立法初衷。因此，妇女权益案件法律责任的适用必须站在道德制高点上，把一个案件的处理，扩大为对社会的舆论和价值取向予以正确的引导。因此，在贯彻落实男女平等基本国策过程中，一个长期的重要任务就是要树立马克思主义妇女观，倡导平等和谐的先进性别文化，彻底消除贬低女性人格尊严和社会价值、侵犯妇女平等权利、限制妇女平等机会的不平等的性别文化阻力。

第二讲

新时代的家庭观

这一讲的主要内容：一是如何深入学习和深刻理解习近平关于家庭的重要论述；二是如何以习近平关于家庭的重要论述统率新时代的家庭工作。

第一节　如何深入学习和深刻理解习近平关于家庭的重要论述

党的十八大以来，以习近平同志为核心的党中央高度重视家庭问题，高度重视家庭在国家治理、社会治理中的基础性地位和作用，习近平总书记多次发表重要讲话，作出重要指示，就注重家庭、注重家教、注重家风等，提出了一系列带有根本性、方向性、引领性的新思想、新论断、新要求。习近平总书记关于家庭的重要论述，是习近平新时代中国特色社会主义思想的重要组成部分，我们要深刻领会其时代背景、精神实质，深刻理解其政治意义、理论意义和实践意义，切实增强责任感、使命感，努力开创新时代家庭建设的新局面。

一、关于家庭的地位作用："天下之本在家"

习近平总书记高度重视家庭的地位和作用，2016年5月27日在中共中央政治局第三十二次集体学习时强调，"无论过去、现在还是将来，绝大多数人都生活在家庭之中。我们要重视家庭文明建设，努力使千千万万个家庭成为国家发展、民族进步、社会和谐的重要基点，成为人们梦想起航的地方"。在2016年12月12日会见第一届全国文明家庭代表时又明确指出，中华民族历来重视家庭。正所谓"天下之本在家"。

中华民族从五千年的历史中走来，形成了独特的社会结构与文化传统，呈现出一种家国同构的模式：家是国的基础，国是家的扩大，家更是"天下"这个共同体的基础。《礼记·大学》中就申明了："古之欲明明德于天下者，先治其国；欲治其国者，先齐其家；欲齐其家者，先修其身；欲修其身者，先正其心；欲正其心者，先诚其意；欲诚其意者，先致其知，致知在格物。物格而后知至，知至而后意诚，意诚而后心正，心正而后身修，身修而后家齐，家齐而后国治，国治而后天下平。”《孟子 · 离娄上》进一步阐释：“人有恒言，皆曰天下国家。天下之本在国，国之本在家，家之本在身。”到了东汉，荀悦在《申鉴 · 政体》中明确提出：“天下之本在家。”其原文是：“问明于治者其统近，万物之本在身，天下之本在家，治乱之本在左右，内正立而表定矣！”正是在这样的文化传承和社会结构中，逐步形成了修身、齐家、治国、平天下的伦理追求。齐家，就是治理家园的意思，这看起来是一人一家之事，实际上却是关系到治国、平天下的大事。“家齐而后国治”，想要拥有治国的才干，要先掌握治家的才能；想要达成治国的理想，要先完成治家的使命。这是社会稳定的根本，是能力进阶的顺序。因此，在不断推进国家治理体系和治理能力现代化的过程中，必须高度重视家庭的基础性地位和作用。

二、关于家庭功能：三个“不可替代”

婚姻是指为当时社会制度所确认的、男女两性共同生活互为配偶的结合；家庭则是指主要以婚姻关系、血缘关系为纽带而形成的，包含一定范围的亲属在内的社会生活单位。

婚姻本身兼具来自人类本能欲望的自然性和来自人类理性文明的社会性。人类从原始社会初期的杂乱性交状态过渡到蒙昧时代的群婚制，继而实行对偶婚制，最终在野蛮时代的中高级阶段交替时期，确立了与当时的生产力和生产关系相适应的一夫一妻制。此后一夫一妻制成为文明时代所特有的家庭形式。这个过程体现出，婚姻关系的产生与婚姻形式的演进是人类在自然选择规律与社会生产状况的共同作用下自觉限制两性关系的结果。

（一）婚姻家庭功能的传统认识

婚姻家庭自产生之时起，就在人类生活和社会发展过程中发挥着不可替代的重要职能，并以顽强的生命力绵延存续至今。具体而言，婚姻家庭对个人承担着满足性爱和精神慰藉职能的功能，对社会承担着人口再生产、组织经济生活和教育的职能。从而使个体获得经济上的保障与安全感，获得性的满足、情感的归属与寄托；使子女得到教育与社会化；使社会得以发展，种族得以繁衍。

婚姻家庭具有性爱职能。性“是人类的一个基本的生物需要”，满足这一基本的生理需求是人类的本能。婚姻家庭既有确认、维护性爱的保障功能，使人的性需求在婚内得到普遍的满足；又有限制、排斥婚外性爱的否定功能，使性爱控制在一定范围内，有利于避免性失控引起的社会混乱。

婚姻家庭具有精神慰藉职能。精神需求主要表现为幸福心理的追求、满足和痛苦心理的摆脱。前者，诸如性生理需求的满足、盼子愿望的实现、夫妻间的互敬互爱、天伦之乐的享受等，都能在家庭中得到很好的满足。后者，诸如生病、灾祸、遭遇挫折等，都能在家庭中得到安慰、帮助等。随着社会的发展、经济的发达，家庭的慰藉功能具有日益重要的价值。

婚姻家庭具有实现人口再生产的职能。人类和其他生物一样都有生有死，只有个体的生殖行为才能使人种繁衍、种族继替、人类社会继续存在和发展。而这种人类自身的再生产，自个体婚制形成以来，在微观上主要是通过婚姻家庭的生育行为实现的。虽然当今世界，性、生育与婚姻不断分离，但社会中绝大多数人仍然是在婚姻内生殖养育的。

婚姻家庭具有组织经济生活的职能。婚姻家庭自产生之时便在社会经济生活中起着重要的作用。在古代社会，家庭是组织生产和消费的基本单位。近现代以来，家庭组织生产的职能虽然逐步削弱，但家庭作为家庭成员长久共同生活的实体，为人们创造就业，带来收入，是生产的重要单元，同时作为消费单元，家庭对可持续发展产生直接影响。

婚姻家庭具有教育职能。家庭是社会融合的首要媒介，是保护和传输文化价值观、打造文化特征的重要工具。家庭是孩子的首任教育者，对每一代人的价值观和态度都产生着重要影响。家庭是非正式教育的场所，却是家庭成员寻求正式教育的出发点。教育过程始于家庭，又在更广大的社会得到延续。

习近平总书记在2016年5月27日中共中央政治局第三十二次集体学习时强调："无论时代如何变化，无论经济社会如何发展，对一个社会来说，家庭的生活依托都不可替代，家庭的社会功能都不可替代，家庭的文明作用都不可替代。"

（二）当前婚姻家庭的特点

婚姻家庭所承担的功能不可替代，并不是说这种功能是一成不变的，也并不是说婚姻家庭的形态是一成不变。数千年以来，人类在生理学和生物学方面的自然特征并无明显变化，而其婚姻家庭形态和婚姻家庭制度则因时空和社会背景的不同而呈现出不同的样态和特点。即使一夫一妻制本身，不同的时代也有不同的表现形式。比如说，在我们国家的旧社会，并没有真正实现一夫一妻制，实际上是一夫一妻多妾制。所以这个婚姻关系的产生和婚姻形式的演进是人类在自然选择规律与社会生产状况共同作用下所形成的结果。

在世界多极化、经济全球化、社会信息化、文化多样化深入发展的当今社会，人们对婚姻家庭的认识也必然发生变化，婚姻家庭也必然呈现新的特点。目前，无论是中国还是国际社会，婚姻家庭都呈现出了家庭生育少子化、家庭结构核心化、家庭规模小型化、家庭关系离散化、家庭价值多元化、家庭类型多样化、家庭传统功能弱化等特点。

1.在家庭生育少子化方面，根据联合国妇女署发布的《2019—2020年世界妇女进展：变动世界中的家庭》可知，全球15—49岁女性生育率下降，1970—1975年为4.7%，2015—2020年降至2.4%。在我国，国家统计局数据显示，在20世纪70年代开始施行计划生育政策后，中国人口出生率就处于下滑态势中。2014年后的“单独二孩”政策、“全面两孩”政策也没能力挽狂澜，2018年中国人口出生率为10.94‰，为1949年以来最低。

2.在家庭结构核心化方面，在全球范围内，超过1/3（38%）的家庭是核心家庭，即由夫妇和他们的子女构成。

3.在家庭规模小型化方面，在20世纪50年代之前，家庭户平均人数基本上保持在5.3人的水平上。随着经济社会发展和人口变化，家庭户平均规模开始缩小。《中国家庭发展报告》显示，20世纪80年代以来，家庭户平均规模缩小的趋势更加显著，1990年缩减到3.96人，2010年缩减到3.10人。根据国家统计局数据，2012年居民家庭户的平均规模为3.02人，2015年年底居民家庭户的平均规模更是降至2.72人，中国已是平均家庭规模较小的国家之一。

4.在家庭关系离散化方面，现代核心家庭最大的特点就在于家庭关系上的变革：工作与家庭的分离，家庭成员与亲属、社区的分离；家庭重心从亲子轴转向夫妻轴；从父系转向双系；家庭成员之间的关系越来越变得若即若离，亲密有间。

5.在家庭价值多元化方面，表现得尤为突出，不同的人对婚姻家庭的态度不尽一致，彼此之间甚至存在着严重的对立，去家庭化与再家庭化之间进行着激烈的争论。去家庭化论者主张扩大政府对家庭和个体的权力与责任，减少个体对家庭的依赖，弱化和减轻家庭的福利供给负担。家庭是父权制压迫的首要场所，批判桎梏依附之家庭。中国现代化启蒙运动中的“去家庭化”倾向，意味着“去等级化”和“去家长制”。而再家庭化论者则主张以家庭为单位的经济和生活逻辑，要求家庭承担更多的责任，强调重拾传统家庭价值观。不过随着福利国家以及女权主义的兴起，西方社会日益走向个体化，出现了所谓“婚姻的去体制化”现象，即对于婚姻关系中角色规范的约束进一步弱化，家庭更大程度上呈现为一种以个人选择和协商为特征的多样化的形式。中国奉行的是“家国同构”的模式，以和谐稳定、互助合作为基础的家庭理念一直是主流社会倡导的。如今传统家长制已经非常弱化，但家庭内部代际之间的互助合作依然普遍存在，只不过这种关系发生了倒置，年轻一代成了家庭关注以及资源投入的重心。

6.在家庭类型多样化方面，《2019—2020年世界妇女进展：变动世界中的家庭》表明，单身家庭已变得越来越普遍，已占到家庭总数的13%。80岁以上老人中女性占60%以上，且多独居。在一些地区，越来越多的女性选择不结婚。同居现象呈上升趋势。同居成为婚姻的前奏，离婚后的生活模式，或者是一个人的终身选择。中国社会由于城乡二元和流动人口的长期存在，还出现了留守家庭、流动家庭、拆分家庭、隔代家庭、农民工临时家庭等多种形式。

7.在家庭的传统功能方面，出现了弱化的倾向。如在生产、教育、养老和育儿功能方面，部分交托给市场雇佣形式来替代，如雇佣保姆、月嫂和家政工，部分功能外包给社会或者政府的专门机构，都对婚姻的传统功能带来冲击。在人口生产功能方面，现代生物技术（人工生殖、代孕、冻卵）为人类的生育提供了更多的可能性，尽管这些可能性由于伦理的原因而被规定为违法，但现实中不同程度地存在。在精神慰藉和性爱功能方面，人工智能技术（性爱机器人、智能陪护者等）对生育和亲密关系形式造成冲击。在我国，个人对家庭还有很大的依赖性，而老龄化、人口流动、独生子女或者少子化等趋势，使得养老、育儿等传统家庭功能也面临严峻挑战。

（三）目前国际社会对家庭的作用与功能的认识

1948年12月10日，联合国大会通过的《世界人权宣言》第十六条第三款向全世界宣告“家庭是自然的和基本的社会单元，并应得到社会和国家的保护”。1989年12月8日的第44/82号联合国大会决议宣布1994年为“国际家庭年”，这反映了国际社会对家庭问题的日益认可和关注。1994年庆祝“国际家庭年”的活动强调了家庭在以人为本的可持续发展中发挥的作用，提高了人们在发展过程中重视家庭问题必要性的认识。1994年10月18—19日，联合国在联大期间召开国际家庭大会，赞同必须在“国际家庭年”之后采取后续行动和长期行动。1997年12月12日的第52/81号联合国/联合国大会决议以及1999年12月17日的第54/124号联合国/联合国大会决议都认可了在“国际家庭年”之后采取后续行动的有关目标，以及在2004年庆祝“国际家庭年”10周年的重要性。

在2004年12月6—9日，关心家庭和发展问题的各国政府、政府间组织和非政府组织的代表以及来自世界各地的专家和学者齐聚中国三亚，参加了世界家庭峰会，庆祝“国际家庭年”10周年。经过3天的审议，与会代表本着人类文明、人权和可持续发展的精神，本着促进以家庭为中心的发展，支持家庭实现千年发展目标的宗旨，与会代表通过了《三亚宣言》。《三亚宣言》强调了家庭是自然的、基本的社会单元，并应得到社会和国家的保护。认为家庭是社会融合、保留和传递价值观的首要媒介，它提供了家庭成员，尤其是婴儿和儿童成长所需的，在情感、经济和物质方面的支持，并向年老体弱者和残疾人的关怀；家庭是生产的重要单元，家庭为人们创造就业，带来收入。作为消费单元，家庭对可持续发展产生直接影响；家庭对于实现世界和平、安全、正义、团结、宽容、统一和繁荣均具有重要意义；家庭在实现千年发展目标的进程中发挥着根本作用。并从家庭与人权、家庭与贫困、家庭与教育、家庭与性别平等、家庭与健康、家庭与环境、家庭与社会融合和保护、家庭与信息和传播技术、家庭与发展伙伴关系等方面的作用进行申明。

（四）我国当前婚姻家庭的特点

当前我国婚姻家庭领域的主流是好的，婚姻自由，一夫一妻，男女平等，保护妇女、儿童、老人合法权益已成为社会共识和绝大多数人的基本行为规范。但同时存在着以下令人不安的倾向性的现象，需要引起重视和警惕。

1.要警惕个人主义在婚姻家庭领域泛滥

个人主义作为一种以个人为中心对待社会或他人的思想，其核心的内容就是一切从个人需要出发，反对统一的社会价值标准，其发展到极端，就会为了个人利益而不择手段地损害社会和他人。在婚姻家庭领域，婚姻既是个人的事情，也不是个人的事情，它必须有两人的合法结合才能构成，而亲属则是以血缘、婚姻为纽带所产生的社会关系，无论是在婚姻间还是在一定范围亲属组成的家庭间，彼此之间都必须有集体主义精神，通过付出、奉献和履行责任才能和睦相处，才能使家庭充满温暖，婚姻保持稳定；否则，个人主义盛行，以自我为中心，一事当前先考虑满足自我愿望，那等待他们的往往是亲属的冷漠、婚姻的破裂。然而现实生活中，个人主义在婚姻家庭领域的泛滥已成趋势，姑且把未成年人的“小皇帝现象”放在一边，仅就从赡养老人来说，有不少纠纷就是子女强调自己的条件、自己的能力、自己的获得、自己的好恶、自己的吃亏、自己的负担、自己的忙碌等引起的。如果多少能够站在对方的角度，能够从自己应尽的赡养义务出发，还会把父母推来推去吗？就是很自私地把自己考虑得太多了，亲情也就疏远了，就是只想自己合适了，结果大家都不合适了。从这个意义上来说，个人主义害死人，个人主义是婚姻家庭冲突、纠纷乃至解体的罪魁祸首。

2.要警惕市场经济规则在婚姻家庭领域泛滥

婚姻家庭是一个伦理实体，在这个实体中遵循的应当是互相尊重、敬老爱幼、互相帮助的伦理道德，而不是等价交换的市场规则，更不是弱肉强食的竞争关系。然而，随着市场经济的发展，市场经济规则不仅在经济领域发挥着主导作用，在其他领域包括婚姻家庭领域也产生了无处不在的渗透力，目前不仅夫妻财产关系要讲契约、约定，就连人身关系也要忠诚协议，有些父母子女之间的抚养、赡养中也充斥着等价交换的味道。不仅离婚时对财产分割你争我夺，就连代表着“家”的房子也要通过最市场的方式——竞价拍卖来确定最终的得主。人们更多地去关注婚姻家庭财产的市场价值，却把这种财产的感情纽带彻底抛弃了。人们在处理这种财产关系时，也往往遵循有利于资产拥有者或者实际占有者的原则；当婚姻家庭财产牵扯到其他人时，保障交易安全又成了首要考虑。上述种种情况实际上是市场经济规则在婚姻家庭的普遍适用。

3.要警惕财产关系在婚姻家庭领域反客为主

婚姻家庭领域中有人身关系也有财产关系，但归根到底最基本和起决定作用的应该是人身关系，是因为有了婚姻，有了夫妻身份才有了夫妻财产，所以婚姻家庭领域中人身关系是本，财产关系是末。从这个意义上来说，是人身关系决定财产关系。正因为如此，在婚姻家庭领域的财产关系要适用特别的规定。合同法就明确规定：“本法所称合同是平等主体的自然人、法人、其他组织之间设立、变更、终止民事权利义务关系的协议。婚姻、收养、监护等有关身份关系的协议，适用其他法律的规定。”物权法也规定：“其他相关法律对物权另有特别规定的，依照其规定。”然而在现实生活中甚至在司法实践中，财产关系的附属性却荡然无存，我们看到财产关系已经反客为主，不仅可以决定婚姻的开始，而且左右了婚姻的结局，这种情况在某种意义上来说并不是社会的进步，而是一种倒退。这一点也需要警惕。

4.婚姻的稳定问题要引起高度关注

国家统计局和民政部的数据显示，中国结婚率出现五连降。从2013年开始，中国的结婚率逐年下降——2013年全国结婚率为9.9‰，2014年为9.6‰，2015年为9‰，2016年降到8.3‰，2017年再降到7.7‰，2018年中国结婚率只有7.2‰，创下2013年以来的新低。而中国的离婚率已经连续15年攀升。从近几年的数据看，2016年有415.82万对夫妻离婚，2017年是437.40万对，2018年虽然比2017年有所下降，为380.1万对，但在上半年曾经达到近

200万对的峰值。

三、关于对家庭应有的态度：三个“注重”

家庭如此重要，那么我们应该对家庭采取什么样的态度呢？习近平总书记谆谆教导我们必须重视家庭建设，注重家庭、注重家教、注重家风。

我们要重视家庭建设，首先必须清楚什么是家庭建设。家庭建设的内涵十分丰富，从不同的角度来看就有不同的内容。家庭建设从建设主体角度看有内部关系建设，也有外部支持系统建设。从建设的手段看有法治的手段，也有道德的手段。从建设的内容来看就更多，《三亚宣言》指明了家庭与人权、家庭与贫困、家庭与教育、家庭与性别平等、家庭与健康、家庭与环境、家庭与社会融合和保护、家庭与信息和传播技术、家庭与发展伙伴关系等九个方面内容。所以家庭建设是一个非常庞大、庞杂的系统。

习近平总书记之所以反复强调要注重家庭建设，就是因为在实现稳定与繁荣的社会方面，家庭、经济和政府之间是一种共生关系。运转良好的市场和国家需要家庭来生产劳动力，购买商品和服务，缴纳税款，培养有生产力的社会成员。而家庭的贡献并不是无限地有弹性，让企业和公共部门无限地从中汲取养分，否则可能会给家庭及其个人成员带来可怕的后果。因此，我们必须重视建设家庭、支持家庭。

重视家庭建设、支持家庭发展，重点在于习近平总书记强调的三个“注重”，即注重家庭、注重家教、注重家风。注重家庭，要求党和政府、全社会以及家庭成员都必须注重，但最关键的落实责任主体是党和政府；注重家教、注重家风则更多是对家庭成员、党和政府、全社会提出的，主要是包括党政领导干部在内的全社会的每一个家庭成员。

重视家庭建设，最重要的落实我国法律对婚姻家庭的保护。我国宪法第四十九条第一款规定，婚姻、家庭、母亲和儿童受国家的保护。这一规定表明，国家要对婚姻家庭予以保护。这样，宪法关于国家要保护婚姻家庭的规定要求我国的婚姻家庭的立法、司法都必须遵守并加以贯彻。也就是说，是否有利于婚姻家庭的保护，是我国婚姻家庭立法司法必须首要考虑的因素，所有的婚姻家庭立法和司法，都必须以保护婚姻家庭作为最高标准。在立法过程中，一系列制度的设立，都必须以维护和保障婚姻家庭的幸福美满以及婚姻家庭的和谐、稳定、安全为出发点和落脚点，例如在结婚制度中，结婚程序的设立和结婚条件的要求都应该有利于婚姻的成立，对婚姻的效力要更多地尊重当事人的意愿，尽量减少无效婚姻的范围。在设立处理家庭关系的规则时，应当更多考虑婚姻家庭作为一个共同体的利益，设立相应的规范要有利于这个共同体的存续和稳定。在离婚制度中，既要保障当事人的离婚自由，同时必须反对和防止轻率离婚。在法律责任部分，一定要对破坏婚姻家庭关系的行为予以禁止，让破坏婚姻家庭关系的行为人承担相应的法律责任。

落实我国法律对婚姻家庭的保护，还要正确处理婚姻安全与交易安全之间的关系，最大限度降低婚姻当事人的婚姻风险。婚姻家庭是社会的细胞，不是隔绝于社会的封闭体。这就必然会产生婚姻家庭内部发生的财产关系和与第三人发生的外部财产关系。在特定的情形下，婚姻安全与交易安全就会产生冲突。这就要求我们在处理夫妻财产问题特别是夫妻债务问题时，必须平衡交易安全与婚姻安全这两种价值目标之间的冲突。交易安全固然重要，婚姻安全也不容小觑，维护婚姻安全、降低婚姻风险对于保护婚姻，维护家庭稳定、社会和谐具有重要意义。因此，中国法学会婚姻法学研究会的立法建议中提出了要把夫妻共同债务限定在“夫妻双方共同合意所负的债务；夫妻因共同生活、共同经营所负的债务；夫妻因共同侵权所负的债务；夫妻因被监护人侵权所负的债务”，并且在债务清偿方面为婚姻家庭画定安全线，以避免发生“24条”那样由于重视交易安全而忽略了婚姻安全而给女性造成重大不利的情况。

落实我国法律对婚姻家庭的保护，要求司法中处理离婚纠纷要立足挽救危机的婚姻。在离婚纠纷案件中，危机婚姻不断向死亡婚姻转化，许多家庭面临解体，未成年人、妇女、老人的合法权益常遭到无可奈何的损害。针对问题，徐州市贾汪区法院自2013年末开始探索在离婚纠纷案件中适用“感情冷静期”工作机制进行疏导和调解，成效初显。2015年8月，该院出台《徐州市贾汪区人民法院关于适用“感情冷静期”处理离婚纠纷案件的实施意见》，经过4年的实践与探索，该院形成比较完备的“感情冷静期”工作机制，取得了较为满意的效果。2017年2月18日，最高人民法院在福建泉州召开全国部分法院家事审判方式和工作机制改革推进会，贾汪区法院关于冷静期工作机制的发言引起了最高院相关领导和最高院家事法官的关注。

落实我国法律对婚姻家庭的保护，要正确处理家庭制度与家庭视角之间的关系，避免家庭政策之间发生矛盾而损害家庭成员利益。家庭建设是社会建设的重要组成部分。家庭建设既需要婚姻家庭法律制度的完善，也需要关注相关法律政策制定中的家庭视角，防止出现家庭政策之间的矛盾。这就要求我们在关注家庭本身的同时，必须具有家庭视角，将家庭视角纳入社会立法、社会政策和社会服务的政策依据。2014年，在珠海召开的世界家庭峰会上通过的《珠海宣言》明确建议，将与家庭相关的议题以主流议题方式纳入2015年后发展议程，并在经济、社会、环境政策和其他层面纳入行动计划。

落实我国法律对婚姻家庭的保护，要从完善社会治理体系、提升社会治理能力的角度加强和促进家庭建设。加强和促进家庭建设是完善社会治理体系、提升社会治理能力的重要基础性工作。有关涉及家庭的社会领域立法重点应该加强家庭建设支持系统，逐步形成多样化的家庭服务内容、多层次的家庭服务体系、多元化的投入保障体系，支持和保障家庭功能的有效发挥；促进家庭成员全面、平等发展，为家庭成员特别是妇女在激烈的社会竞争中平衡工作与家庭，提升自我发展的能力，制定更加有利的政策，创造更多有利的机会；促进家庭优质发展，提高家庭发展能力，增进家庭发展活力，建设平等、和睦、文明的家庭关系，不断巩固社会基础，优化社会治理。

四、关于家庭建设的政治方向：爱国爱家的家国情怀

习近平总书记在2016年12月12日会见第一届全国文明家庭代表时强调，中国人历来讲求精忠报国，革命战争年代，母亲教儿打东洋、妻子送郎上战场，社会主义建设时期，先大家后小家、为大家舍小家，都体现着向上的家庭追求，体现着高尚的家国情怀。习近平总书记在2018年11月2日和新一届全国妇联班子成员集体谈话时重申，要注重家庭、注重家教、注重家风，认真研究家庭领域出现的新情况、新问题，把推进家庭工作作为一项长期任务抓实抓好。要坚持以社会主义核心价值观为统领，引导妇女既要爱小家，也要爱国家，带领家庭成员共同升华爱国爱家的家国情怀、建设相亲相爱的家庭关系、弘扬向上向善的家庭美德、体现共建共享的家庭追求，在促进家庭和睦、亲人相爱、下一代健康成长、老年人老有所养等方面发挥优势、担起责任。要引导妇女带动家庭成员，发扬尊老爱幼、男女平等、夫妻和睦、勤俭持家、邻里团结等中华民族传统美德，抵制歪风邪气，弘扬清风正气，以好的家风支撑起好的社会风气。

习近平总书记上述的重要讲话，指明了新时代中国家庭建设的政治方向，即爱国爱家的家国情怀。古人讲："知责任者，大丈夫之始也；行责任者，大丈夫之终也。"责任和担当，乃是家国情怀的精髓所在。古人把家国情怀作为一种非常高尚的情操，曹植写的"今日赴国难，视死忽如归"，文天祥写的"臣心一片磁针石，不指南方誓不休"，就是精忠报国的体现。陆游写的"王师北定中原日，家祭无忘告乃翁"，到死都惦记着国家统一。这就是一个人的境界。具有家国情怀的人，一定要明确自己的责任，对家庭的责任，对国家的责任，这是对家庭成员而言的。家国情怀还有对国家管理者的要求，古人对修齐治平的要求，则是对那些平天下、治国家的人而言的。这些人也要有家国情怀，也要先齐家，先把家庭治理好。总之，家国情怀体现了对家庭的责任感，要求实现家国同构，注重爱家与爱国的一体性，强调

国家、民族利益高于家庭利益和个人利益。我们新时代的家庭建设一定要按照爱国爱家这个正确的政治方向去建设。

五、关于家国关系：家国一体

习近平总书记在会见第一届全国文明家庭代表时强调，家庭是社会的细胞。家庭和睦则社会安定，家庭幸福则社会祥和，家庭文明则社会文明。我们要认识到，千家万户都好，国家才能好，民族才能好。国家富强，民族复兴，人民幸福，最终要体现在千千万万个家庭都幸福美满上，体现在人民生活不断改善上。我们还要认识到，国家好，民族好，家庭才能好。只有实现中华民族伟大复兴的中国梦，家庭梦才能梦想成真。广大家庭都要把爱家和爱国统一起来，把实现家庭梦融入民族梦之中，心往一处想，劲往一处使，用我们4亿多家庭、13亿多人民的智慧和热情汇聚起实现“两个一百年”奋斗目标、实现中华民族伟大复兴中国梦的磅礴力量。

中国古代政治的根本特征是家国高度一体化的伦理政治，即以伦理秩序为政治本体所建构而成的家国同构的政治管理结构，家是国的缩影，国是家的放大。梁启超先生在《中国史界革命案》中说：“二十四史非史也，二十四姓之家谱而已。”即所谓“家国一体”“家国同构”，国家基于亲缘关系而成立，一切社会关系皆由血亲关系导生。我国早在西周时期就把家国紧密地结合在一起。汉代以后，中华民族逐渐形成了追求统一、反对分裂的“大一统”意识，形成了家国一体、忠孝合一的国家—家庭—个人价值观体系。《礼记》言：“忠臣以事其君，孝子以事其亲，其本一也。”为国尽忠的责任奉献与在家尽孝的道德实践在价值实现上是一致的。家国一体要求人们爱国、爱家，更是把自己放在家国统一的环境之下去思考问题，因而更加关注国家的发展，这不仅仅是为了自己，更是为了国家。“国”是“家”的延伸，“家”和“国”在多数情况下是利益同向的。不过，“国”既不是卢梭所指的个人之间的契约式集合，也不是家庭之间的契约式集合，更不等同于各个小家。“家”和“国”的利益有时也会发生冲突。深明大义的人往往会将国家、民族的利益置于最高的位置，家庭、个人利益要为之让步。林则徐说：“苟利国家生死以，岂因祸福避趋之。”千百年来，深明大义的人，也是以国家民族大义为重的人，他们是中华民族的脊梁。故而，齐家治国情怀还表现为把个人、家庭利益和国家、民族利益结合的同时，又将国家、民族的利益置于最高地位；在国家、民族的利益与家庭、个人的利益发生冲突的时候，要取国家、民族的利益而舍家庭、个人的利益。

六、关于家庭美德的价值导向：向上向善

习近平总书记高度重视弘扬家庭美德，在十九大报告中强调要深入实施公民道德建设工程，推进社会公德、职业道德、家庭美德、个人品德建设，激励人们向上向善、孝老爱亲，忠于祖国、忠于人民。在和新一届全国妇联班子成员集体谈话时，习近平总书记进一步明确：“要注重家庭、注重家教、注重家风，认真研究家庭领域出现的新情况、新问题，把推进家庭工作作为一项长期任务抓实抓好。要坚持以社会主义核心价值观为统领，引导妇女既要爱小家，也要爱国家，带领家庭成员共同升华爱国爱家的家国情怀、建设相亲相爱的家庭关系、弘扬向上向善的家庭美德、体现共建共享的家庭追求，在促进家庭和睦、亲人相爱、下一代健康成长、老年人老有所养等方面发挥优势、担起责任。要引导妇女带动家庭成员，发扬尊老爱幼、男女平等、夫妻和睦、勤俭持家、邻里团结等中华民族传统美德，抵制歪风邪气，弘扬清风正气，以好的家风支撑起好的社会风气。”

习近平总书记对家庭美德的强调，不仅列举了包括尊老爱幼、夫妻和睦、母慈子孝、兄友弟恭、耕读传家、勤俭持家、知书达礼、遵纪守法、家和万事兴、男女平等、邻里团结等家庭美德的具体表现，而且将向上向善归纳为家庭美德的核心。向上向善，指明了弘扬家庭美德的价值追求，正是铭记在中国人心灵中的向上向善的追求，成了支撑中华民族生生不息、薪火相

传的重要精神力量，是家庭文明建设的宝贵精神财富。向上，体现了人往高处走的积极心态和奋发进取的精神意志；向善，则体现了人之为人的人性光辉，我们只有不断向善，才能摒弃兽性，成为纯粹和高尚的人。我们追求向上向善，就必须遏制我们的贪念。我们追求向上向善，就是要倡导忠诚、责任、亲情、学习、公益的理念，推动人们在为家庭谋幸福、为他人送温暖、为社会作贡献的过程中提高精神境界，培育文明风尚。

家庭是伦理实体，家庭建设中要弘扬家庭美德，就需要道德来调整。在全面推进依法治国的背景下，如何处理家庭建设中法治和德治的关系呢？首先必须克服两种错误的认识：一种是片面强调“法治”，希望婚姻家庭法律制度无微不至，希望婚姻家庭法律制度能够解决所有问题，列出所有答案。另一种观点则强调“德治”“法不入家门”，认为婚姻家庭是私人领域，是与法律无涉的特区，应由道德来调整，反对法律介入其中，认为法律介入婚姻家庭领域是“法律道德主义”，而法律道德主义是“残酷与虚伪”的，强烈主张“把道德的东西还给道德”。

实际上，家庭领域中的法治保障与道德规范必须有机结合，缺一不可。习近平总书记强调指出，法律是成文的道德，道德是内心的法律。法律和道德都具有规范社会行为、调节社会关系、维护社会秩序的作用，在国家治理中都有其地位和功能。法安天下，德润人心。法律有效实施有赖于道德支持，道德践行也离不开法律约束。法治和德治不可分离、不可偏废，国家治理需要法律和道德协同发力。婚姻家庭的伦理属性，决定了婚姻家庭制度的完善必须坚持依法治国与以德治国的有机结合。婚姻家庭领域的法律制度必须反映社会主义道德的要求，为弘扬社会主义的伦理道德提供制度上的保障。社会主义核心价值观、情与理应寓于法律规范中，形成操作性比较强、可执行、可裁判的规则。

处理好法律与道德的关系，其核心就是要处理好法理与民意的关系。我们“必须坚持一手抓法治、一手抓德治，大力弘扬社会主义核心价值观，弘扬中华传统美德，培育社会公德、职业道德、家庭美德、个人品德，既重视发挥法律的规范作用，又重视发挥道德的教化作用，以法治体现道德理念、强化法律对道德建设的促进作用，以道德滋养法治精神、强化道德对法治文化的支撑作用，实现法律和道德相辅相成、法治和德治相得益彰”。

七、关于优良家风的作用：利家、利国、利社会

习近平总书记反复强调家风的重要性：“家风是社会风气的重要组成部分。家庭不只是人们身体的住处，更是人们心灵的归宿。家风好，就能家道兴盛、和顺美满；家风差，难免殃及子孙、贻害社会，正所谓‘积善之家，必有余庆；积不善之家，必有余殃’。”“广大家庭都要弘扬优良家风，以千千万万家庭的好家风支撑起全社会的好风气。特别是各级领导干部要带头抓好家风。”“在培育良好家风方面，老一辈革命家为我们作出了榜样。每一位领导干部都要把家风建设摆在重要位置，廉洁修身、廉洁齐家，在管好自己的同时，严格要求配偶、子女和身边工作人员。”“所有党员、干部都要戒贪止欲、克己奉公，切实把人民赋予的权力用来造福于人民。要把家风建设摆在重要位置，廉洁修身，廉洁齐家，防止‘枕边风’成为贪腐的导火索，防止子女打着自己的旗号非法牟利，防止身边人把自己‘拉下水’。”“我们着眼于以优良党风带动民风社风，发挥优秀党员、干部、道德模范的作用，把家风建设作为领导干部作风建设重要内容，弘扬真善美、抑制假恶丑，营造崇德向善、见贤思齐的社会氛围，推动社会风气明显好转。”

“家风”又称门风，指的是家庭或家族世代相传的风尚、生活作风，即一个家庭中的风气。家风作为一个家庭、家族代代相传沿袭下来的体现家庭、家族成员精神风貌、道德品质、审美格调和整体气质的家庭、家族文化风格，它是家庭成员集体认同的，是每个家庭成员成长的精神支撑和价值引导。优良的家风所形成的向上向善的道德氛围，对家庭成员所起的影响是

“浸润式”的，是终身受益的。良好的家风不仅是保持家庭幸福、恩泽后世的源头活水，而且是弘扬社会正气的基础性力量，是国家兴盛的文化保障。

八、关于家庭教育：四个“第一”

教育是国家发展的基石。只有一流的教育，才有一流的国家实力，才能建设一流国家。教育事关民族兴旺、人民福祉和国家未来。家庭教育涉及千家万户，关乎群众切身利益。家庭教育问题，是习近平总书记念兹在兹的牵挂，在各种不同的场合反复强调要“注重家教”。“希望大家注重家教。家庭是人生的第一个课堂，父母是孩子的第一任老师。孩子们从牙牙学语起就开始接受家教，有什么样的家教，就有什么样的人。家庭教育涉及很多方面，但最重要的是品德教育，是如何做人的教育。也就是古人说的‘爱之不以道，适所以害之也’，‘爱之不以道，适所以害之也’。青少年是家庭的未来和希望，更是国家的未来和希望。古人都知道，养不教，父之过。家长应该担负起教育后代的责任。家长特别是父母对子女的影响很大，往往可以影响一个人的一生。中国古代流传下来的孟母三迁、岳母刺字、画荻教子讲的就是这样的故事。我从小就看我妈妈给我买的小人书《岳飞传》，有十几本，其中一本就是讲‘岳母刺字’，精忠报国在我脑海中留下的印象很深。作为父母和家长，应该把美好的道德观念从小就传递给孩子，引导他们有做人的气节和骨气，帮助他们形成美好心灵，促使他们健康成长，长大后成为对国家和人民有用的人。[①]广大家庭都要重言传、重身教，教知识、育品德，身体力行、耳濡目染，帮助孩子扣好人生的第一粒扣子，迈好人生的第一个台阶。要在家庭中培育和践行社会主义核心价值观，引导家庭成员特别是下一代热爱党、热爱祖国、热爱人民、热爱中华民族。要积极传播中华民族传统美德，传递尊老爱幼、男女平等、夫妻和睦、勤俭持家、邻里团结的

---

① 习近平.在会见第一届全国文明家庭代表时的讲话[M].北京：人民出版社，2016.

观念，倡导忠诚、责任、亲情、学习、公益的理念，推动人们在为家庭谋幸福、为他人送温暖、为社会作贡献的过程中提高精神境界、培育文明风尚。”

家庭是每个人生活的第一个环境，家庭教育是每个人接受时间最早、内容最广泛、影响最大的教育，是学校教育和社会教育的基础，因此我们必须把家庭教育工作作为一项重大而紧迫的战略任务，以对国家和民族负责、对历史负责的态度，高度重视家庭教育工作。2004年，在我国三亚召开的世界家庭峰会所通过的《三亚宣言》明确指出：“教育是一项基本人权，是实现可持续发展的关键所在。学习始于诞生之时，始于家庭。”“家庭是非正式教育的场所，是家庭成员寻求正式教育的出发点。应该支持家庭发挥在这方面的作用。”“家庭是孩子的首任教育者，家庭对每一代人的价值观和态度都产生着重要影响。教育过程始于家庭，又在更广大的社会得到延续。而教育能否得到有效开展则取决于家庭、政府、私营机构、非政府组织和联合国的共同努力。”“家庭也是保护和传输文化价值观、打造文化特征的重要工具。”

注重家庭教育，要着力解决目前家庭教育领域存在各类突出问题：家庭教育领域存在着不全面、不均衡的问题；有些地方政府更多关注未成年人是否有学上的问题，而对家庭教育不够重视，家庭教育尚未争得应有地位，缺乏从国家战略层面认识家庭教育；社会关注的更多是青少年、未成年人的教育，而对其他家庭成员的家庭教育关注不够，忽视了家长的自身成长，家庭教育被窄化；家庭教育还没有纳入基本公共服务体系；家庭教育与学校教育、社会教育缺乏有机结合，同时存在家庭教育学校化或变为学校教育的附庸，现在的家庭教育主要是为学校服务的，监督完成学校的任务；现代的家庭教育理论研究不够；家庭教育服务领域乱象丛生，主管机构不明确，人员专业性不足，市场缺乏准入机制，只有游击队没有正规军；家庭教育理念落后，缺乏教育的大视野，方向上出现了偏差，使育才教育替代了育人教育，家长过分注重书本、技能教育，过早把竞争引入了家庭教育，对孩子的家庭教育更多集中在智力投入，而关注教育未成年人学会生活、学会做人不够；居家处事的作用没被重视；对孩子存在过度保护、过度溺爱，过度的关注保护演化成为管制；社区在支持家庭教育方面的作用发挥不够，家庭教育缺乏有效的社会支持系统；家庭教育书本化现象比较严重；家庭教育缺乏法治教育的内容，忽视了法治意识的培养；流动儿童的家庭教育碎片化；家庭教育责任出让的问题，很多父母把自己教育子女的责任交给老师，交给他人。

九、关于家庭文明建设的核心要求：培育社会主义核心价值观

习近平总书记对于家庭文明建设提出了明确具体的要求："各级党委和政府要充分认识家庭文明建设的重要性，负起领导责任，切实把家庭文明建设摆上议事日程。工会、共青团、妇联等群众团体要结合自身特点，积极组织开展家庭文明建设活动。各方面要满腔热情关心和帮助生活困难的家庭，帮助他们排忧解难。精神文明建设工作部门要发挥统筹、协调、指导、督促作用，动员社会各界广泛参与，推动形成爱国爱家、相亲相爱、向上向善、共建共享的社会主义家庭文明新风尚。""以培育社会主义核心价值观为主要内容，继续积极探索，广泛深入地开展家庭文明建设活动，以好的家风，支撑起好的社会风气。"

新时代的家庭文明建设工作，要坚持以社会主义核心价值观为主要内容，以促进家庭和睦、促进亲人相亲相爱、促进下一代健康成长、促进老年人老有所养为目标，以充分发挥妇女在弘扬中华民族家庭美德和树立良好家风中的独特作用为着力点，大力弘扬中华民族家庭美德，广泛传播好家风好家训，把家庭建设成为践行社会主义核心价值观的坚强阵地，使富强、民主、文明、和谐获得共识，使自由、平等、公正、法治深入人心，使爱国、敬业、诚信、友善成为准则，为国家发展、民族进步、社会和谐提供源源不断的动力和坚实基础。

十、关于家庭责任：平等共担

关于家庭责任，习近平总书记强调："要加强家庭建设，教育引导人们自觉承担家庭责任……"[①]"男性也不能当甩手掌柜，要同妻子分担养老育幼等家庭责任，共担家务劳动。"[②]习近平总书记的重要论述，强调了家庭责任的重要性，体现了男女平等的时代精神。

落实家庭责任，要强调家庭成员对家庭、对家人的义务感、责任感，反对极端的利己主义。极端的利己主义，就是在家里只要是有财产、有权利、有利益，就极力主张我的就是我的，你的也是我的。而面对债务、责任，则极力主张你的是你的，我的也是你的。这种极端自私思想，是家庭冲突、纠纷的根源。

落实家庭责任，要强调家庭成员特别是夫妻间的平等，特别是承担家庭责任方面的男女平等共担。之所以要强调男女平等共担，是因为我们过去是主张男主外、女主内的，传统思维中更多是女性来承担家庭责任。在倡导男女平等的今天，必须强调男女平等共担。

关于男女平等问题，习近平总书记多次强调要坚持男女平等基本国策，要求在出台法律、制定政策、编制规划、部署工作时，充分考虑两性的现实差异和妇女的特殊利益。要求把中国发展进步的历程同促进男女平等发展的历程更加紧密地融合在一起。主张要推动妇女和经济社会同步发展，积极保障妇女权益，努力构建和谐包容的社会文化，创造有利于妇女发展的国际环境，共建共享一个对所有妇女、对所有人更加美好的世界。

---

① 习近平.习近平强调推动老龄事业全面协调可持续发展[N/OL].人民网，(2016-05-29)[2020-07-18].http://cpc.people.com.cn/n1/2016/0529/c64094-28387539.html?from=singlemessage&isappinstalled=1

② 习近平.习近平同全国妇联新一届领导班子集体谈话[N/OL].新华社，(2013-11-01)[2020-07-18].http://politics.people.com.cn/n/2013/1101/c1024-23397065.html

之所以强调婚姻家庭中的男女平等，就是因为每个婚姻家庭都是具体的，每个婚姻当事人的利益都是现实和真切的。如果在具体的婚姻关系当中、在日常生活当中、在最亲近的人群当中都得不到平等，都感受不到公正，那么，他对这个社会的感受不会是美好的。如果我们在处理所有婚姻关系的时候，都能以夫妻平等，特别是实质性的平等为标准，那么失衡的利益关系就会得到纠正，那些因为受到不公正待遇而愤懑的心就会因得到慰藉而平复。

追求男女平等的愿望是美好的，但落实男女平等的婚姻家庭制度保障却是复杂的。由于婚姻家庭立法涉及私人自治与国家干预的合理界定、法律制度与伦理道德的相互支持、内部关系与支持系统的不同建构、婚姻安全与交易安全的权衡取舍、家庭制度与家庭视角的彼此呼应、人身关系与财产关系的主次定位、个人权利与家庭责任的和谐平衡等诸多问题和矛盾，而在解决这些问题和矛盾过程中始终坚守男女平等的基本理念和立法初心是困难的，就需要排除影响男女平等实现的各种障碍。特别是要排除男性中心文化对实现男女实质平等的不利影响，解构传统的男性中心文化，建构以男女平等为核心价值取向的先进性别文化。同时要排除现实婚姻家庭生活中妇女弱势地位所带来的不利影响。

十一、关于家庭与养老：孝老爱亲

习近平总书记在2019年春节团拜会上的重要讲话中指出："古人讲，'夫孝，德之本也'。自古以来，中国人就提倡孝老爱亲，倡导老吾老以及人之老、幼吾幼以及人之幼。我国已经进入老龄化社会。让老年人老有所养、老有所依、老有所乐、老有所安，关系社会和谐稳定。我们要在全社会大力提倡尊敬老人、关爱老人、赡养老人，大力发展老龄事业，让所有老年人都能有一个幸福美满的晚年。"

"羊有跪乳之恩，鸦有反哺之义"，人更应有尽孝之念。孝老爱亲，为人之本。百善孝为先，这是人间真情的永恒旋律，是中华民族的传统美德，帝王以孝治天下，做人则以孝为根本，一个“孝”可以说贯穿整个中华民族的历史。

“孝”是中国伦理思想的核心内容，是传统道德规范和家风的基础，还有可操作的具体规定，“孝”讲究“三养”，即能养：尽孝道必须关心父母的健康，让双亲吃饱穿暖，及时医治父母的疾病；色养：不单要满足父母的物质需要，父母晚年精神上的愉悦也极其重要；显养：在外要堂堂正正做人，忠君报国，积极进取，要让双亲为儿女自豪、骄傲。

当前，我们要警惕婚姻家庭领域中的老少失衡。在中央电视台的《今日说法》栏目中有几期关于老年人问题。有的是干涉父母再婚，有的是不赡养父母，有的是抢夺父母的财产，有的是虐待殴打父母，五花八门想都想不到的事情引人深思。相较于当下父母对子女的宠爱有加，老年人的生活似乎缺少了基本的温暖。在这个已经步入老龄化的时代，老年人的问题应引起高度的关注，我们在关心下一代的同时，也要呼吁“关心上一代”。

十二、关于家庭建设的重点：家之四维

“礼义廉耻，国之四维，四维不张，国乃灭亡。”这是管子提出的治国纲纪准则。新时代的家庭建设，也必须有自己的纲纪准则，这个纲纪准则就是习近平总书记提出的：“共同升华爱国爱家的家国情怀、建设相亲相爱的家庭关系、弘扬向上向善的家庭美德、体现共建共享的家庭追求。”这其中，“爱国爱家的家国情怀”是新时代家庭建设的政治方向，“向上向善的家庭美德”是新时代家庭建设的道德标准，“相亲相爱的家庭关系”是新时代家庭建设的情感要求，“共建共享的家庭追求”是新时代家庭建设的主体途径。

第二节　如何以新时代的家庭观统领做好妇联家庭工作

一、家庭建设中应重点考虑的问题

（一）家庭建设中的价值取向与核心理念，主要涉及家庭领域中的个人主义与家庭主义、家庭领域中的权利本位与义务本位、家庭领域中的性别歧视与男女平等、家庭领域中的儿童优先与孝老爱亲等价值取向问题和工作理念问题。

（二）家庭建设中的私人自治与国家干预，主要分析西方国家从家庭自治和父权夫权支配发展到国家干预和个人主义相结合的过程和特点，我国从中有所借鉴。

（三）家庭建设中的法治保障与伦理道德，主要是如何处理法治与德治的关系，正确认识和发挥婚姻家庭中的情、理、法的不同作用。

（四）家庭建设中的内部关系与支持系统，主要是正确处理民事法律规范和社会法规范的关系，要为弱势家庭成员提供多重保护。婚姻家庭既是私人的，也是国家和社会的。因此婚姻家庭的幸福既需要家庭及其成员的共同努力，同时也需要国家和社会的有力支持。

（五）家庭建设中的人身关系与财产关系，主要是正确处理人身与财产之间的关系，最大限度保障家庭成员在婚姻家庭中的身份利益，决不能让财产关系反客为主。

（六）家庭建设中的制度建设与家庭视角，主要是正确处理家庭制度与家庭视角之间的关系，避免家庭政策之间发生矛盾而损害家庭成员利益。

二、妇联组织的家庭工作

全国妇联自成立以来，始终将家庭工作作为妇联工作的重要内容，围绕党和国家工作大局，立足妇联组织职能定位确定家庭工作任务，不断推动家庭工作创新发展，在促进家庭文明建设方面发挥了独特作用。同时采取有效措施服务家庭、服务妇女，支持妇女发展和家庭发展。

（一）妇联家庭工作的重点

新中国成立初期的妇联家庭工作以支持和帮助妇女从家庭走向社会为重点；改革开放后的妇联家庭工作以儿童少年为工作重点；市场经济条件下的妇联家庭工作以服务精神文明建设为重点；新时代的妇联家庭工作以实现中国梦、加强党的建设为重点。

（二）妇联家庭工作的特殊性

1.从围绕中心服务大局的角度看，妇联的家庭工作必须服务国家治理、社会治理，为社会和谐稳定服务，为社会文明建设和党风廉政建设服务，以良好的家风涵养良好的社会风气和党风。

2.从妇联组织的基本职能的角度看，妇联的家庭工作必须服务和推动妇女的解放与发展，促进男女平等的实现，为妇女走出家庭参加社会劳动或者推动社会认识和肯定家庭劳动的社会价值。

3.从发挥妇女在家庭建设中的独特作用角度看，妇联家庭工作要总结梳理妇女在家庭中各种身份角色的独特作用。

4.从与妇联其他工作的关系角度看，必须把妇联家庭工作融入妇联的其他工作之中，妇联的其他工作也必须深化到家庭领域。

（三）妇联家庭工作的新举措

2019年5月15日，全国妇联启动“家家幸福安康工程”（以下称“工程”）。

1．“工程”的指导思想

以习近平新时代中国特色社会主义思想为指导，全面贯彻党的十九大和十九届二中、三中、四中全会精神，以推动社会主义核心价值观在家庭落地生根，培养担当民族复兴大任时代新人为根本任务，以发挥妇女“两个独特”作用、以小家庭的和谐共建大社会的和谐为主线，聚焦人民群众对家庭建设的新需求新期盼，把握家庭领域出现的新情况新问题，以家庭文明、家庭教育、家庭服务、家庭研究为重点，统筹和创新推进妇联家庭工作，助力家庭发展及社会建设，夯实家庭在国家发展、民族进步、社会和谐中的重要基点作用，为决胜全面建成小康社会、实现“两个一百年”奋斗目标和中华民族伟大复兴的中国梦作出积极贡献。

2．“工程”的基本原则

（1）立足当前和着眼长远相结合。“工程”实施既要紧紧围绕推动社会主义核心价值观在家庭落地生根、培养担当民族复兴大任时代新人这一根本任务，又要聚焦当前人民群众对不断提高家庭生活质量的热切追求和期盼，立足妇联职能，彰显工作优势，协助解决家庭领域面临的突出问题，使广大家庭拥有更多的获得感和幸福感。

（2）继承传统和创新深化相结合。“工程”实施既要巩固深化妇联组织多年来常态化开展并取得良好实效的家庭工作特色品牌，又要进一步改革拓展，创新推出体现时代特点、满足家庭需求的工作举措，使妇联家庭工作在继承中创新，在创新中发展。

（3）示范带动和上下联动相结合。“工程”实施既要全国妇联层面做好顶层设计、统筹谋划、系统部署以及示范带动工作，又要指导推动各级妇联组织因地制宜、创新推进，形成异彩纷呈的工作格局，做到目标一致、上下联动、久久为功、持续推进，力争取得显著的社会效益，提高群众的参与率和满意度。

（4）内部统筹和外部整合相结合。“工程”实施既要加强妇联内部的工作统筹，形成工作合力，又要加强外部联动，争取政府项目，整合社会力量，创新机制模式，推动工作不断取得新的突破。

3.“工程”的总体目标

力争到2023年，妇联家庭工作呈现新的局面：

（1）全社会重视支持家庭建设的氛围进一步浓厚，爱国爱家、相亲相爱、向上向善、共建共享的社会主义家庭文明新风尚进一步弘扬。

（2）促进家庭教育的法律政策进一步完善，适应城乡发展、满足家长和儿童需求的家庭教育指导服务体系基本形成。

（3）巾帼家政、巾帼健康和婚姻家庭服务能力不断提升，家庭公益项目的规模和社会效益不断拓展。

（4）聚焦家庭领域形成一批有价值的理论与实践研究成果，为指导家庭建设实践和推动出台有利于家庭建设的公共政策提供理论与实践依据。

4.“工程”的四大行动

“工程”的四大行动是：实施家庭文明创建行动，实施家庭教育支持行动，实施家庭服务提升行动，实施家庭研究深化行动。

第三讲

回顾历史，学习妇联章程

党的十八大以来，以习近平同志为核心的党中央高度重视党的群团工作。2015年1月8日，党中央下发了《中共中央关于加强和改进党的群团工作的意见》。2015年7月6日至7日，党中央在北京召开了党的历史上首次群团工作会议，习近平总书记在会议上发表了重要讲话。这次会议认真分析研究新情况，重点解决一些群团组织不同程度存在的“机关化、行政化、贵族化、娱乐化”等脱离群众问题。习近平总书记特别强调，要切实保持和增强党的群团工作的政治性，要切实保持和增强党的群团组织的先进性与群众性。

习近平总书记为什么要特别强调切实保持和增强党的群团工作的政治性和群团组织的先进性、群众性呢？妇联组织如何保持和增强妇联工作的政治性和妇联组织的先进性、群众性呢？回顾妇联历史、学习妇联章程，我们将会得到许多重要启示。

第一节 妇联组织的历史沿革和体系架构

一、妇联组织的历史沿革

任何组织的产生及发展都有其特定的历史背景。中国共产党自成立之日起就高度重视妇女解放与妇女组织建设。中华全国妇女联合会作为党和政府联系妇女群众的桥梁、纽带，其建立健全与中国共产党的引领指导、亲切关怀密不可分，是在中国共产党的领导下有步骤地进行，是中国共产党培育起来的妇女群众组织。回顾中国妇女运动的历史，中华全国妇女联合会成立前在中国共产党的历史上有十件大事影响巨大。

一是成立临时中央妇女机构。中国共产党于1921年7月23日在上海召开全国第一次代表大会，宣告成立。随后共产党决定帮助改组上海中华女界联合会，作为临时的中央妇女机构。1921年12月，《新青年》刊登上海中华女界联合会的《改造宣言》《纲领》和《章程》。该会原则上赞同“两性一体”，在提出教育平等，言论自由，职业平等，要求女性有选举权、遗产权和其他权利的同时，也争取女工和童工的人权，动员他们共同加入抵抗军阀、财阀的运动，与帝国主义者斗争，与国外妇女团体联合。1922年7月，中国共产党第二次全国代表大会通过《关于妇女运动的决议》，这是中国历史上首次以政党名义提出的妇女运动决议案，表明中国共产党对妇女运动的高度重视。

二是成立妇女委员会、设立妇女部。1923年6月，中共三大决定设立妇女委员会，以组织女党员，指导全国妇女运动。由向警予担任中央妇女部部长。

1925年1月，中共四大决议案指出：应注意吸收女党员，各地党部亟应设立妇女部，注意给予女党员有关妇女运动理论的指导和训练。同时，还应注意利用国民党妇女部与无党派的妇女团体，加强宣传和组织工作。

1928年中共六大通过的《妇女运动决议案》规定，在党组织内设立妇女委员会，领导根据地妇女工作。

三是成立妇女生活改善委员会。1932年4月，中华苏维埃共和国颁布《妇女生活改善委员会组织纲要》，提出城市苏维埃、区政府直至中央政府设立妇女生活改善委员会，其宗旨是使劳动妇女能够切实享有苏维埃政府对妇女权利的保障，取得与男子同等的权利，消灭封建旧礼教对妇女的束缚，使她们在政治和经济上得到真正的解放，以领导她们积极参加革命。

妇女生活改善委员会的性质不是苏维埃政府的行政职能部门，而是联系政府和妇女群众进行调查研究及向政府提供政策建议的协调咨询机构。具体任务是调查妇女的生活，具体规划改善妇女生活的办法，向人民委员会或各级政府主席团会议提议，经会议通过后发生效力。在组织建制上规定，自城市苏维埃、区政府直至中央政府都须设立妇女生活改善委员会，只有乡苏维埃不设立。妇女生活改善委员会在中央隶属人民委员会，省以下隶属主席团，委员会主任及成员由人民委员会及各级政府主席团任命。妇女生活改善委员会委员由3—5人组成，一般由党的妇女委员会书记及群众团体的妇女部主任兼任。

四是建立女工农妇代表会议制度。为更好地吸收基层妇女参加苏维埃工作，1933年根据地建立了女工农妇代表会议制度。苏区中央局根据各地经验于1932年1月、1933年3月先后颁布《劳动妇女代表会议组织及工作大纲》《关于女工农妇代表大会的组织暨工作大纲》，规范女工农妇代表大会的地位、组织结构和工作方式。女工农妇代表会议在乡和区两级设立，主要由党、团召集。城市女工农妇代表会议按职业召集开会，在全城市区域范围内则由工会负责召集开会；乡村女工农妇代表会议在乡苏维埃范围内由妇女生活改善委员会召集或由党支部的妇女运动干部直接召集。区、乡基层劳动妇女代表会议定期召开会议；县、省、中央女工农妇代表会议不是常设组织，根据需要临时召集。1932年后，各根据地普遍建立了女工农妇代表会议，并召开了省级劳动妇女代表大会。女工农妇代表会议作为一种组织形式，有效地扩大了共产党在女工农妇女中的影响，团结和动员更多的妇女参与根据地建设。这是中国妇女代表大会制度的雏形。

五是建立健全各级党委领导下的妇女部和妇女运动委员会。为适应全面抗战的新形势，1937年9月，中共中央组织部颁布《妇女工作大纲》（以下称《大纲》），确定了妇女工作的基本任务、路线、斗争纲领、工作策略及妇女群众组织的原则等。《大纲》提出以动员妇女力量参加抗战、争取抗战胜利为基本任务；明确妇女工作路线是经过统一战线的活动与组织，将各阶层妇女团结在党的周围，并特别注意发动和组织劳动妇女；确立总目标是从争取抗战民主自由中争取男女在政治上、经济上、文化上的平等，改善与提高妇女地位，反对一切封建束缚与压迫。《大纲》还根据不同阶级妇女的要求，指出必须以统一战线的策略去发动与组织各阶层妇女。在不同区域采取不同的斗争方略，如在沦陷区要发动妇女群众参加与帮助发展游击战争；在抗战区要发动妇女参加抗战，组织各种妇女团体，进行慰劳救护、救济难民、参加警戒、侦察敌情、运输等；在后方则主要是组织与训练妇女群众、参加国防生产等工作。《大纲》将争取民族解放与推动妇女解放有机结合，通过动员妇女参加民族解放运动来提高妇女的觉悟和地位，为抗战初期共产党领导下的妇女运动指明了方向。

为更好地开展妇女工作，1939年2月，中共中央书记处发表《中共中央关于开展妇女工作的决定》，要求全党纠正一切对妇女工作的轻视、忽视与消极的态度，重视妇女群众在抗战中的重要作用，建立健全各级党委领导下的妇女部和妇女运动委员会，使之成为各级党委内最重要的工作部门之一。1939年3月，中共中央妇委发表《关于目前妇女运动的方针和任务的指示信》，要求各级党委必须设立妇女部。在中共中央和中央妇委的敦促下，中共中央北方局、南方局、东南局、陕甘宁边区党委先后成立妇委，广东、江苏、河南、浙江、湖北、安徽等省妇委或妇女部相继建立，妇女运动的领导机构逐步健全。

六是成立边区妇女生产合作社。1943年3月8日，由中央妇委蔡畅、康克清、张琴秋和陕甘宁边区妇联白茜、王友兰等人在延安发起成立边区妇女生产合作社。这是陕甘宁边区妇委的一个部门，主要工作是组织延安各机关、学校的妇女干部进行棉毛纺织生产。合作社吸收股份、发放原料工具、收购和推销成品、向妇女儿童提供日常用品等。合作社受到延安妇女干部的欢迎，还未正式开业就有800多人报名，一个月后有2300人到合作社领活，私人入股达80%。1944年，合作社下设生产部、缝纫部、妇幼卫生部、骡马店、食品部、门市部等，社员扩大到4800人，仅半年就盈利370余万元。合作社成为推动妇女生产的有效组织，也成为妇女交往的场所。在纺织互助中，妇女创造出多种形式的变工互助组织，提高了劳动效率。私人入股集资的民办纺织合作社大量涌现，许多承办人都是普通农妇。晋绥根据地张秋林创办的秋林合作社，组织妇女变工互助，仅4个月就代收标准布600多匹，使230个股份每股获红利120元。这是妇女组织及妇女兴办经济实体的有效尝试与成功实践。

七是妇联会以团体会员加入农会。1947年7月17日至9月，中央妇委召开妇女工作会议，提出将妇女组织统一于农会领导下，妇联会以团体会员的身份加入农会，农会妇女部负责人如为党员，应参加同级党委或列席会议。各级农民代表会及农会必须吸收妇女参加，党委应将妇女工作列入议程，定时讨论检查。

八是中共中央召开妇女工作会议。1948年9月20日至10月6日，中共中央在西柏坡召开妇女工作会议。出席会议的有各个解放区妇女代表、从国统区辗转而来的女干部和知名民主人士的妇女以及军队的妇女代表，党中央有关单位的列席代表，共100余人。刘少奇、朱德、周恩来出席会议并作重要报告。朱德提出，随着革命政权在城市建立，妇女工作的范围应涵盖城市女工，要关注女工生活状况，帮助实现她们的利益和要求。刘少奇在会议闭幕式讲话中提出，作为党联系妇女群众的纽带桥梁，妇女组织必须长期存在，同时把起草新婚姻法工作交给中央妇委。

九是中共中央发布“四八”决定。1948年12月20日，中共中央发布《中国共产党中央委员会关于目前解放区农村妇女工作的决定》（以下称《决定》）。《决定》认为根据中国妇女目前的具体情况，妇女群众需要有单独的组织。妇女代表会议是更广泛、更民主地联系妇女群众的最好的组织形式，各地各级均应有此种组织。村级妇女代表会议是这种代表会议的基础组织。妇女代表会议代表应由妇女群众民主选举产生，代表会议选出委员会主持日常工作。在新解放的地区，应根据群众需要以及“觉悟程度”，逐步建立妇女组织，但必须“以劳动妇女为基础”。这种妇女代表会议的组织形式一直延续至今。可见，早在新中国成立前党中央就强调妇女组织的先进性。

《决定》要求县级以上各级党委应建立健全妇委组织，区以下通过支部领导妇女工作，并要有专人负责。各级妇委接受同级党委领导，并可向党委提出建议，以指导及推动妇女工作。

《决定》指出，为适应全国革命发展的需要，集中妇女的战斗力量，解放区妇女团体应当联合全国一切反对美帝国主义、反对封建主义、反对官僚资本主义的妇女，共同为驱逐美帝国主义、推翻国民党统治、建立统一的新民主主义人民共和国而奋斗。为此决定由解放区妇女团体发起，于1949年春季召开全国妇女代表大会，成立全国民主妇女联合会。中央妇女工作会议和“四八”决定，为中国妇女第一次代表大会的召开和全国统一的妇联组织的建立做了组织上和思想上的准备。

根据1948年9月中共中央妇女工作会议的倡议，12月5日，解放区妇联筹委会发出通告，邀请全国民主妇女团体派代表参加全国妇女代表大会筹备工作，得到各解放区妇女联合会和国统区民主妇女团体和妇女界民主人士的响应。1949年1月12日，第一次全国妇女代表大会筹备委员会成立，蔡畅被推选为主任，邓颖超、李德全为副主任，张琴秋为秘书长。各解放区普遍召开县级和省级妇女代表会议，选举出席全国妇女代表大会的代表。同时，成立了地方性的民主妇女联合会或民主妇女联合会筹备会。国统区妇女也克服困难选出了出席大会的代表。

十是中国妇女第一次全国代表大会召开。1949年3月24日至4月3日，中国妇女第一次全国代表大会在北平中南海怀仁堂举行。大会开幕时，到会正式代表411人，候补代表21人，列席旁听者160余人。代表来自东北、华北、西北、华东、中原5个解放区，国统区以及边疆各省与海外各地。在妇女代表中，有民兵英雄、支前模范、子弟兵母亲、女劳模，有城市女工、农村妇女、女干部、解放军女战士、女知识分子和各个岗位上的职业妇女，有中共党员、各民主党派和各种不同宗教信仰的妇女。这次大会是有史以来中国妇女第一次全国规模的盛大会议，也是解放区妇女与国民党统治区进步妇女的大会师。毛泽东为大会题词："为增加生产，为争取民主权利而斗争。"朱德、刘少奇、周恩来、任弼时也为大会题词。国际民主妇联为大会发来了贺电。

大会主席团由蔡畅、邓颖超、李德全等55人组成，蔡畅为总主席。党中央和其他各界代表30人出席会议。蔡畅致开幕词后，中共中央委员董必武，中共华北局代表周扬，民主人士李济深、沈钧儒、马叙伦、郭沫若、柳亚子以及各界代表致辞祝贺。邓颖超作《中国妇女运动当前的方针任务报告》，蔡畅作《世界民主妇女运动的现状及其任务报告》，李德全作《国民党统治区民主妇女运动报告》，康克清作《关于儿童保育工作的发言》，刘亚雄作《关于城市妇女工作中的几点体验的发言》，分别总结了在解放区和国统区开展妇女工作的成就与经验。

大会指出当前中国妇女运动的总任务是：把反对帝国主义、封建主义、官僚资本主义的斗争进行到底，完全肃清国民党反动残余势力，建设统一的人民民主共和国，完成新民主主义革命。

大会决定成立中华全国民主妇女联合会，并选举产生了51名执行委员、21名候补执行委员。大会通过了《中华全国民主妇女联合会章程》，规定中华全国民主妇女联合会是全国妇女运动的领导机构。

作为团体会员加入中华全国民主妇女联合会的有：中国解放区妇女联合会（筹委会）及各省、市、县妇女联合会，中国妇女联谊会，中华妇女节制会、中华基督教女青年会。中华全国民主妇女联合会以全国妇女代表大会为最高权力机关，执行委员会为全国代表大会闭会期间最高权力机关，选举组成常务委员会，执行执委会议决议，并处理日常会务。全国城乡的地方性妇女组织则以妇女代表会议为主要形式，是中华全国民主妇女联合会的基层组织。

1949年4月4日，中华全国民主妇女联合会举行第一届第一次执委会议，选举何香凝、宋庆龄为名誉主席，蔡畅为主席，邓颖超、李德全、许广平为副主席，区梦觉为秘书长，曾宪植为副秘书长。

中国妇女第一次全国代表大会的召开与中华全国民主妇女联合会的成立，是中国妇女参加反对帝国主义、封建主义和官僚资本主义斗争的胜利成果，标志着各族各界妇女在中国共产党领导下实现了前所未有的大团结。

学习历史、回顾历史，显而易见：

结论一：没有中国共产党就没有中华全国妇女联合会！中华全国妇女联合会与中国共产党生死与共、唇齿相依。正如有学者分析：从历史发展的脉络看，妇联组织与共产党有着天然的依存关系。土地革命之后，共产党领导的中央妇委肩负着党的群众工作特别是妇女工作的职责，群众工作和妇女工作属于党的工作系统，是阶级解放与民族解放事业中的重要组成部分。当时的群众工作、妇女工作与中国共产党的工作呈现出一体化的特点。作为中国共产党的妇女工作机构，中央妇委在贯彻党的思想路线、确定妇联工作的大政方针方面发挥了重要的作用。中华全国民主妇女联合会成立后，中央妇委的领导蔡畅、邓颖超等和一部分工作人员同时兼任全国民主妇联的领导职务，直至1958年中央妇委被撤销，两个机构基本上处于合署办公的状态。此后，从形式上看妇联组织由中国共产党内的机构变为党外机构，成为群众（人民团体）组织，由中国共产党直接领导改为间接领导，但因中国共产党内不再设立妇女部门而政府也没有专门的妇女机构，实际上妇联承担着处理各种妇女事务和促进妇女发展的职能。因此妇联组织仍在国家政治体系之内，与中国共产党保持着直接领导与被领导的传统习惯。全国妇联所反映的问题直接向中央书记处报告。如果说妇女解放运动为全国民主妇联组织诞生提供了合法性基础的话，中国共产党的妇女工作机构则提供了一种合理性保障，这是历史发展的顺势而为。

结论二：妇联工作是党领导下的妇女工作的一部分。党和政府历来高度重视妇女工作。妇女工作从本质上讲是党和政府的工作，解决妇女问题说到底是党和政府的职责。妇联工作是党领导下的妇女工作的一部分，妇联组织是党领导下的妇女组织的一部分，是党和政府联系妇女群众的桥梁和纽带。妇联工作不能等同于党的妇女工作，妇联工作不是党的妇女工作的全部，妇联作为党领导下的妇女群众组织，要协助党和政府做好妇女工作，而不可能代替党和政府去做妇女工作。在党的群众工作中、在党的群团工作中、在党的妇女工作中，妇联组织与妇联工作永远都是“配角”。

结论三：自觉接受中国共产党的领导是中华全国妇女联合会的铁律。必须严格按照习近平总书记的要求：“要始终把自己置于党的领导之下，在思想上政治上行动上始终与党中央保持高度一致，自觉维护党中央权威，坚决贯彻党的意志和主张，严守政治纪律和政治规矩，经得住各种风浪考验，承担起引导群众听党话、跟党走的政治任务，把自己联系的群众最广泛最紧密地团结在党的周围。”

二、妇联组织的体系架构

2018年11月2日，中国妇女十二大审议通过的《中华全国妇女联合会章程》规定：妇女联合会实行全国组织、地方组织、基层组织和团体会员相结合的组织制度。中华全国妇女联合会由全国组织、地方组织、基层组织和团体会员构成。依据十二大妇联章程，妇联组织的体系架构自上而下有六个层级：全国妇联—省（市）级妇联—地（市）级妇联—县（市）级妇联—乡镇（街道）级妇联—村（居）社区妇联。

（一）全国组织

妇女联合会的最高领导机构是全国妇女代表大会和它所产生的中华全国妇女联合会执行委员会。

全国妇女代表大会闭会期间，中华全国妇女联合会执行委员会贯彻执行全国妇女代表大会的决议，讨论并决定妇女工作中的重大问题和人事安排事项。

中华全国妇女联合会执行委员会的全体会议选举主席一人、专兼职副主席若干人、常务委员若干人，组成常务委员会。中华全国妇女联合会常务委员会是执行委员会闭会期间的领导机构。

中华全国妇女联合会常务委员会下设书记处，由常务委员会推选第一书记和书记若干人组成，主持日常工作。

（二）地方组织

妇女联合会在省、自治区、直辖市，设区的市、自治州，县（旗）、自治县、不设区的市和市辖区等建立地方组织。

地方各级妇女联合会的领导机构是地方各级妇女代表大会和它所产的执行委员会。

地方妇女联合会常务委员会是执行委员会闭会期间的领导机构。

（三）基层组织

妇女联合会在乡镇、街道，行政村、社区，机关和事业单位、社会组织等建立基层组织。

乡镇、街道，行政村、社区应当建立妇女联合会。

机关和事业单位、社会组织建立妇女委员会或妇女工作委员会。

在居住分散的农村山区、牧区，农、林、渔场，非公有制经济组织，专业市场等女性相对集中的地方应建妇女组织，组织形式从实际出发灵活设置。

三、妇联组织的调整规范

为适应国家政治经济社会变化的情况与妇联工作的发展，妇联组织的体系架构及具体设置，经历了不断调整、不断完善、不断规范的历史进程。

中国妇女第一次全国代表大会审议通过的《中华全国民主妇女联合会章程》共7章18条，文字简短，组织设置以团体会员形式加入，没有形成全国纵横交错的组织体系与网络。一大章程第二章《会员》规定：本会会员以团体会员为限，各省（市）或地区的民主妇女联合会，或其他民主妇女团体，凡赞成本会决议与章程，申请加入本会，经全国代表大会批准，或执行委员会先行批准，经代表大会追认者，均得为本会会员。

第三章《组织》规定：全国妇女代表大会为本会之最高权力机关。执行委员会为全国代表大会闭会期间的最高权力机关。执行委员会互选主席一人，副主席若干人，常务委员十七人组成，执行执行委员会决议诸事项并处理日常会务。常务委员会得设秘书长一人，由常务委员互选之，必要时得聘请副秘书长，协助秘书长工作。常务委员会设以下各部、处，必要时得增设部或各种委员会。

组织部：管理本会会员及干部事宜，并与其他妇女团体和有关组织取得联系。

宣传教育部：管理有关宣传教育事宜，并推动妇女文化运动。

生产事业部：推进并举办各种妇女生产事业。

妇女儿童福利部：推进并举办妇婴卫生、儿童保育及有关妇女福利的事业。

国民党区工作部：管理国民党区的妇女运动事宜。

国际工作部：管理与国际民主妇女运动及华侨妇女的联系事宜。

秘书处：管理总务、秘书、财务等日常行政工作。

以上各部处得设部长、处长一人，副部长、副处长一至二人，部长由常务委员互选之，副部长及正副秘书长由常务委员互选或聘请之。

中国妇女第三次全国代表大会审议通过的《中华人民共和国妇女联合会章程》规定了全国妇联组织自下而上的整体架构。第一次规定按照国家的行政区划建立地方各级妇女联合会。第一次以基层组织、地方各级组织、全国领导机关分列第二章、第三章、第四章。尤其是重视基层的组织建设。第一次，也是妇联历史上唯一的一次规定了基层妇女代表大会代表的政治条件及其义务与权力，提出“妇女代表固定联系选举自己的妇女群众”第一次规定全国、省级、直辖市与县级妇女代表大会分别每四年、三年、二年举行一次。

中国妇女第四次全国代表大会审议通过的《中华全国妇女联合会章程》着眼于加强基层的妇联工作，规定：工交、财贸、科研、文教、卫生以及农场、林场、牧场、渔场等单位或系统的女工委员会、职工家属委员会或妇女委员会等妇女组织，是当地妇女联合会的团体会员。

中国妇女第五次全国代表大会审议通过的《中华全国妇女联合会章程》重视加强基层妇代会建设，第一次，也是妇联历史上唯一的一次明确了基层妇女代表会的四项具体任务：一是鼓励和组织妇女学习政治文化科学技术，积极参加生产劳动；二是为妇女儿童办好事，维护妇女儿童合法权益；三是开展“三八”红旗手（集体）和“五好”家庭活动；四是配合有关部门对妇女进行计划生育和妇幼保健的宣传教育工作。

中国妇女第六次全国代表大会审议通过的《中华全国妇女联合会章程》对基层妇代会的组建要求更加具体，规定：农村的村民委员会、乡镇企业、农林牧渔场，城市的居民委员会、街办企业设立妇女代表会。妇代会、妇委会按居住区域、单位，由成年妇女选若干代表或委员组成，推选主任一人、副主任若干人，负责日常工作。妇代会、妇委会一般三年改选一次。代表、委员任职期间如有变动，可以补选。在居住分散的农村山区、牧区、农、林、渔场，妇代会的组织形式应从实际出发，适应生产结构的变化灵活掌握。

中国妇女第七次全国代表大会审议通过的《中华全国妇女联合会章程》把党政机关、教科文卫系统妇女委员会由团体会员调整为妇联基层组织。

中国妇女第九次全国代表大会审议通过的《中华全国妇女联合会章程》规定社区可以建立妇联。

中国妇女第十次全国代表大会审议通过的《中华全国妇女联合会章程》规定有条件的行政村可以建立妇联。

中国妇女第十一次全国代表大会审议通过的《中华全国妇女联合会章程》将“妇女联合会实行地方组织和团体会员相结合的组织制度”，修改为“妇女联合会实行全国组织、地方组织、基层组织和团体会员相结合的组织制度”。

中国妇女第十二次全国代表大会审议通过的《中华全国妇女联合会章程》规范完善了地方组织、基层组织的相关规定：一是根据地方组织建设发展的新情况，充分覆盖新型组织形态，第二十一条删除“按照国家的行政区划”的表述，将原来第二十条部分内容调整到第二十一条，表述为：妇女联合会在省、自治区、直辖市，设区的市、自治州，县（旗）、自治县、不设区的市和市辖区等建立地方组织。二是落实中央对群团组织的要求，反映妇联改革实践成果，第二十五条明确规定妇女联合会在乡镇、街道、行政村、社区、机关和事业单位、社会组织等建立基层组织。三是在第二十六条增写乡镇、街道，行政村、社区应当建立妇女联合会的内容，并统一基层妇联换届时间，删除执委会举行的次数，对基层妇联是否设常委会不作限定，表述为：乡镇、街道，行政村、社区妇女代表大会，每五年举行一次。妇女代表大会选举产生执行委员会，执行委员会全体会议选举主席一人、专兼职副主席若干人，必要时可选举常务委员若干人。

第二节 妇联章程的完善过程

习近平总书记在党的群团工作会议上的重要讲话特别强调，要切实保持和增强党的群团工作的政治性和群团组织的先进性、群众性。既无“门槛”又无“围墙”的妇联组织怎样保持和增强政治性、先进性、群众性呢？

《中共中央关于加强和改进党的群团工作的意见》明确要求群团组织要“坚持依法依章程独立自主开展工作”。学习妇联章程，回顾妇联章程修改完善的历史过程，自然会得出答案。

章程在《现代汉语词典》中的解释为“书面写成的组织规程或办事条例”。妇联章程自然是妇联组织的组织规程或办事条例，是妇联工作的准则、大法，具有权威性、制度性、执行力，是各级妇联组织工作实践经验的总结，是各级妇联组织开展工作、加强自身建设的重要依据和行动规范。妇联组织要“坚持依法依章程独立自主开展工作”，作为妇联的领导干部就必须认真学习妇联章程，并以此作为切实保持和增强妇联工作的政治性和妇联组织的先进性、群众性的行动准绳。妇联章程的制定及修订须经党中央批准、全国妇女代表大会审议通过后方能生效。从妇联一大章程到妇联十二大章程，从1949年到2019年，历时70年，妇联章程经历了11次修改，不断调整、不断完善、不断规范，不断强化妇联工作的政治性与妇联组织的先进性、群众性。

一、一大章程

1949年3月24日至4月3日，中国妇女第一次全国代表大会在北平召开。大会通过了妇联的第一个章程，即《中华全国民主妇女联合会章程》。一大章程比较简单，框架共7章18条：

第一章总则2条，未提接受中国共产党的领导。

第二章会员2条，规定中华全国民主妇女联合会实行团体会员制，各省（市）或地区的民主妇女联合会以团体会员的身份参加全国组织。

第三章组织7条，提出“以民主集中制为原则”。仅仅规定全国妇女代表大会、执委会、常委会及其工作机构的设置，没有涉及地方及基层组织。

第四章会期2条，提出“全国代表大会每二年举行一次”“执行委员会每半年举行一次，如有执行委员五分之三的提议得召开临时会议”。

第五章纪律2条，规定会员如有违反章程及决议者，执行委员会有权制止并议处。

第六章经费1条，规定由募捐、兴办生产事业或收会费等办法解决。国家财政不承担。

第七章附则2条。

二、二大章程

1953年4月15日至4月23日，中国妇女第二次全国代表大会在北京召开。大会通过了妇联的第二个章程。二大章程与一大章程相比，内容没有大的改变，文字有所减少。框架由7章18条修改为6章18条，删除了“会期”一章。

第三章组织部分增加为9条，内容增写“本会组织系统为三个层级：全国民主妇女联合会、省（市）县（市）民主妇女联合会及乡（镇）、街道妇女代表会”；规定“全国代表大会每三年举行一次”；规定成立书记处。

三、三大章程

1957年9月9日至9月20日，中国妇女第三次全国代表大会在北京召开。大会通过了妇联的第三个章程。三大章程与二大章程相比，框架虽然仍为6章，但内容增加了，由18条增加为28条，文字篇幅增加了一倍多，在某些原则问题上实现了重大的历史性突破。妇联三大章程与妇联一大、二大章程相比，有了本质上的变化，开始在文字表述及实质内容方面体现妇联工作的政治性及妇联组织的先进性、群众性。

第一次将“中国共产党领导”写入总则，强化了妇联组织的政治性。这7个字一直保留在妇联历届章程中，直至目前的妇联十二大章程。

第一次明确提出，中华人民共和国妇女联合会的性质是妇女群众组织，强调了妇联组织的群众性。“群众”二字自此写入妇联历届的章程中，直至目前的妇联十二大章程。

第一次明确规定中华人民共和国妇女联合会实行代表联系群众的制度。

第一次将“坚持群众路线，密切联系群众，为妇女群众服务”等内容写入总则。

第一次与党和国家的中心任务相适应，明确规定中华人民共和国妇女联合会六个方面的具体任务，彰显了妇联组织的先进性。

第一次明确规定中华人民共和国妇女联合会的组织原则是民主集中制。

第一次明确规定“按照国家的行政区划建立地方的各级妇女联合会”。

第一次以“妇女联合会的基层组织”“妇女联合会的地方各级组织”“妇女联合会的全国领导机关”为题，分别单列为第二章、第三章、第四章。

第一次规定各级妇女代表大会代表的产生办法。第一次也是唯一一次规定基层妇女代表大会代表的政治条件及其义务与权利，提出“妇女代表固定联系选举自己的妇女群众”。规定全国、省级、直辖市与县级妇女代表大会，分别每四年、三年、二年举行一次。

第一次将“妇女联合会的团体会员”单列为第五章。第一次规定了可作为妇女联合会团体会员的对象及审批程序，包括企业中的妇女组织。

四、四大章程

1978年9月8日至9月17日，中国妇女第四次全国代表大会在北京召开。大会通过了妇联的第四个章程。四大章程与三大章程相比，框架由6章28条，减少为5章15条，文字篇幅减少了三分之一。将基层组织与团体会员合为一章，删除“附则”一章，增写“任务”一章。

第一次明确中华全国妇女联合会是党联系妇女群众的桥梁。

第一次将“妇女联合会的任务”规定为8条，并单列为第一章。增写“用马列主义、毛泽东思想武装妇女”“宣传和执行新时期的总任务”“教育妇女遵守和捍卫新宪法并监督宪法的实施”等内容。

第一次提出地方各级妇女联合会接受同级党委领导、接受上级妇联的业务指导，以此强化党对妇联组织的领导。

第一次规定了团体会员的义务与权利。规定工交、财贸、科研、文教、卫生以及农场、林场、牧场、渔场等单位或系统的女工委员会、职工家属委员会或妇女委员会等妇女组织，是当地妇女联合会的团体会员。

五、五大章程

1983年9月2日至9月12日，中国妇女第五次全国代表大会在北京召开。大会通过了妇联的第五个章程。五大章程与四大章程相比，框架由5章15条，增加为7章31条。将“基层组织”与“团体会员”分列二章，增加了第七章“干部”内容。

第一次明确中华全国妇女联合会是党联系妇女群众的纽带。

第一次，也是唯一一次明确基层妇女代表会的四项具体任务，强调重视基层妇代会建设。

第一次增设干部一章，提出“各级妇联要重视妇联干部培训工作”。

六、六大章程

1988年9月1日至9月6日，中国妇女第六次全国代表大会在北京召开。大会通过了妇联的第六个章程。六大章程与五大章程相比，框架仍为7章31条，以“妇女代表会、妇女委员会、团体会员”为题列一章，恢复了“经费”一章。

第一次明确中华全国妇女联合会是党和政府联系妇女群众的桥梁和纽带。从“桥梁”到“纽带”，再到“桥梁”与“纽带”并用；从党联系妇女群众的桥梁、纽带，再到党和政府联系妇女群众的桥梁和纽带，这个表述上的变化真实地反映了妇联组织不断增强政治性的客观过程。

第一次增写“妇女联合会的基本职能是代表和维护妇女利益，促进男女平等”。

第一次规定在乡镇、街办企业建立基层妇女组织。

第一次明确规定各级工会女职工委员会均是妇联的团体会员，明确规定党政机关、科教文卫等事业单位妇女委员会是妇联的团体会员。

恢复了经费一章，增加了财产的内容。第一次明确规定，妇联的行政经费和业务活动经费，主要由政府拨款，在各级财政支出中专项列支。可以兴办经济实体，可以接纳捐献和赞助。第一次明确规定，国家交各级妇联占有、使用的不动产和妇联兴办的实体受法律保护，任何个人和单位不得侵占。这是历史性的突破。

第一次规定，“妇联应经常向各条战线推荐优秀干部”，赋予了妇联组织推优的权力。

七、七大章程

1993年9月1日至9月6日，中国妇女第七次全国代表大会在北京召开。大会通过了妇联的第七个章程。七大章程与六大章程相比，框架由7章31条增加为8章32条，将“团体会员”单列一章。

第一次明确提出“妇女联合会实行地方组织和团体会员相结合的组织制度”，强调妇联团体会员工作的重要性。

第一次提出“吸收优秀妇女人才到妇女联合会工作”。

八、八大章程

1998年8月31日至9月5日，中国妇女第八次全国代表大会在北京召开。大会通过了妇联的第八个章程。八大章程与七大章程相比，框架由8章32条增加为10章36条，增写了“会徽”与“附则”二章。

第一次明确规定妇联组织实行差额选举制度，与党的选举制度相同。

第一次增写了地方各级妇联执委会的工作内容。

第一次明确规定“县以上妇女联合会主席、副主席任职时间一般不超过两届”。

九、九大章程

2003年8月22日至8月26日，中国妇女第九次全国代表大会在北京召开。大会通过了妇联的第九个章程。九大章程与八大章程相比，框架由10章36条增加为10章40条。

第一次在“总则”中增写了中华全国妇女联合会“是国家政权的重要社会支柱”的重要表述，进一步拓展了妇联组织在国家政权及社会建设中的职能与作用。

第一次明确规定“各级妇女联合会要成为培养和输送女干部的重要基地”。这是开创历史的突破，赋予妇联组织协助党做好培养选拔女干部工作的重要职责。

第一次明确规定社区可以建立妇联。

第一次规定“各级妇女联合会主席、副主席人选需征求上一级妇女联合会的意见，选举结果报上一级妇女联合会备案”。

十、十大章程

2008年10月28日至10月31日，中国妇女第十次全国代表大会在北京召开。大会通过了妇联的第十个章程。十大章程与九大章程相比，框架由10章40条增加为10章43条。

第一次将“中华全国妇女联合会以宪法为根本的活动准则，依照法律和章程独立自主地开展工作”写入总则。将深入贯彻落实科学发展观，高举中国特色社会主义伟大旗帜，推进社会主义经济建设、政治建设、文化建设、社会建设和生态文明建设，为建设富强民主文明和谐的社会主义现代化国家而奋斗写入总则。将推动科学发展，促进社会和谐，宣传马克思主义妇女观和男女平等基本国策，参与社会管理和公共服务，培养、推荐女性人才等作为重要任务写入章程。

第一次规定有条件的行政村可建立妇女联合会，规定在社会组织中可建立妇女委员会或妇女工作委员会，规定在非公有制经济组织等领域和单位，妇女组织形式应从实际出发灵活设置的内容。

第一次明确规定：“妇女联合会应承担对下一级妇女联合会主席、副主席的协助管理职责。”

依据十大修改后的妇联章程，2010年1月修订了加强妇联基层组织建设的五个条例和一个规定：《妇女联合会农村基层组织工作条例》《妇女联合会城市街道、社区基层组织工作条例》《妇女联合会机关、事业单位基层组织工作条例》《妇女联合会团体会员工作条例》《妇女联合会选举工作条例》《妇女联合会执行委员会委员替补、增补及常务委员会委员增补的规定》。

十一、十一大章程

2013年10月28日至10月31日，中国妇女第十一次全国代表大会在北京召开。大会通过了妇联的第十一个章程。十一大章程与十大章程相比，框架由10章43条增加为10章44条，重点完善了“总则”和“任务”部分，使其与党中央保持高度一致，凸显了妇联工作与妇联组织的政治性、先进性、群众性。

总则部分增写“坚定不移地走中国特色社会主义妇女发展道路”“实现中华民族伟大复兴的中国梦”。

任务部分突出团结动员妇女在中国特色社会主义“五位一体”总体布局中发挥作用，将团结、动员妇女“投身改革开放和社会主义现代化建设，推动科学发展，促进社会和谐”修改为“投身改革开放和社会主义经济建设、政治建设、文化建设、社会建设和生态文明建设，在中国特色社会主义伟大实践中发挥积极作用”。

突出贯彻落实男女平等基本国策，将“宣传男女平等基本国策”修改为“落实男女平等基本国策”。

增写了“加强妇女之家建设”“倾听妇女意见，反映妇女诉求”“践行社会主义核心价值观”“宣传表彰优秀妇女典型”“推动全社会为妇女儿童和家庭服务”等内容。

将“加强与社会各界的联系”修改为“加强与女性社会组织和社会各界的联系”。

组织制度部分将“妇女联合会实行地方组织和团体会员相结合的组织制度”修改为“妇女联合会实行全国组织、地方组织、基层组织和团体会员相结合的组织制度”。

第一次规定“全国组织”“地方组织”和“基层组织”都必须设“兼职”副主席。

十二、十二大章程

2018年10月30日至11月2日，中国妇女第十二次全国代表大会在北京召开。大会通过了妇联的第十二个章程。十二大章程与十一大章程相比，框架由10章44条增加为10章47条，修改54处，其中政治性修改30处，条文性修改16处，文字性修改8处，新增5条，删除2条。

（一）总则部分

1.将习近平新时代中国特色社会主义思想作为妇联组织的行动指南。将习近平新时代中国特色社会主义思想写入妇联章程“总则”第三段。

2.增写妇联组织政治建设的内容。将“坚持中国共产党的领导”与“贯彻党的基本理论、基本路线、基本方略”写入妇联章程“总则”第三段。增写妇联章程“总则”第四段，强调中华全国妇女联合会自觉坚持党中央集中统一领导，增强“四个意识”，坚定“四个自信”，做到“两个坚决维护”，强调保持和增强政治性、先进性、群众性等内容。

3.调整充实妇联组织使命。将党的十九大确立的中国特色社会主义重大战略安排，作为妇联组织的使命和奋斗目标写入“总则”第三段，表述为：团结、引导广大妇女坚定不移地走中国特色社会主义妇女发展道路，在统筹推进“五位一体”总体布局和协调推进“四个全面”战略布局中发挥积极作用，为实现“两个一百年”奋斗目标、实现中华民族伟大复兴的中国梦而奋斗。

4.充实新时代妇联组织总任务。落实习近平总书记关于群团工作和妇女工作的重要指示精神，全面体现新时代党对妇联组织的新要求，增写妇联组织的总任务作为“总则”第五段，表述为：中华全国妇女联合会在新时代担负着团结引导各族各界妇女听党话、跟党走的政治责任，以围绕中心、服务大局为工作主线，以联系和服务妇女为根本任务，以代表和维护妇女权益、促进男女平等和妇女全面发展为基本职能。

（二）条文部分

1.增写思想政治引领任务。贯彻党中央对群团组织加强思想政治引领、提高凝聚力的要求，根据《全国妇联改革方案》，将“组织引导妇女学习贯彻习近平新时代中国特色社会主义思想和党的路线方针政策，用中国特色社会主义共同理想凝聚妇女”作为第一章任务的第一条，以此凸显其首要性与重要性。

2.增写家庭工作任务。新时代党中央对妇女工作的要求和妇联改革方案都赋予妇联组织在家庭建设方面的新任务。根据妇联家庭工作的重点，在第一章“任务”中增写了第六条，表述为：教育引导妇女践行社会主义核心价值观，弘扬中华优秀文化，组织开展家庭文明创建，支持服务家庭教育，传承中华民族家庭美德，树立良好家风，推动形成家庭文明新风尚。

3.调整充实原有任务内容。贯彻习近平总书记重要讲话精神，充分发挥妇女和妇联组织独特作用，在第一章“任务”第二条中增写“注重发挥妇女在社会生活和家庭生活中的独特作用”；将第三条修改为“代表妇女参与管理国家事务、管理经济和文化事业、管理社会事务，参与民主决策、民主管理、民主监督，参与有关法律、法规、规章和政策的制定，参与社会治理和公共服务，推动保障妇女权益法律政策和妇女、儿童发展纲要的实施”；在第八条增写“推进现代化建设”；在第九条增写“积极参与一带一路建设，推动构建人类命运共同体”等内容。

4.调整充实组织制度规定。根据《中共中央关于加强和改进党的群团工作的意见》中“工会、共青团、妇联受同级党委和各自上级组织双重领导”的要求，第一次在第十条增加一款，表述为：妇女联合会的地方和基层组织接受同级党组织和上级妇女联合会双重领导；根据基层工作现状，考虑各地情况差异，为了给基层工作留有更大的空间，将第十一条第二款妇女联合会基层组织领导机构的产生方式，由“妇女代表大会”修改为“妇女大会或妇女代表大会”。

5.充实规范地方组织、基层组织和团体会员内容。根据近年来地方组织建设发展的实际情况，为充分覆盖新型组织形态，第二十一条删除“按照国家的行政区划”的表述，将原来第二十条部分内容调整到第二十一条，表述为：妇女联合会在省、自治区、直辖市，设区的市、自治州，县（旗）、自治县、不设区的市和市辖区等建立地方组织；落实中央对群团组织加强基层组织建设的要求，吸纳妇联改革实践成果，第二十五条明确规定妇女联合会在乡镇、街道、行政村、社区、机关和事业单位、社会组织等建立基层组织；在第二十六条增写乡镇、街道，行政村、社区应当建立妇女联合会的内容，并统一基层妇联换届时间，删除执委会举行的次数，对基层妇联是否设常委会不作限定，表述为：乡镇、街道，行政村、社区妇女代表大会，每五年举行一次。妇女代表大会选举产生执行委员会，执行委员会全体会议选举主席一人、专兼职副主席若干人，必要时可选举常务委员若干人；为增强团体会员对妇联组织的认同，加强规范团体会员的行为，在第三十二条增写团体会员遵守妇联章程的义务。

6.调整充实妇女联合会干部章节的内容。贯彻党中央对干部队伍建设的新要求，落实群团组织改革中干部管理新精神，对这一章的内容作了相应修改。在第三十四条增写新时期好干部标准和忠诚干净担当的内容，在第三十六条增写增强群众工作本领、反对“四风”、严守政治纪律和政治规矩等内容；反映妇联改革要求，体现干部队伍结构变化，增写第三十五条，表述为：妇女联合会应拓宽干部来源渠道，吸收各方面优秀人才到妇女联合会工作，优化干部队伍结构，增强广泛性、代表性，建设专职、挂职、兼职相结合的符合群团组织特点的高素质干部队伍；在第三十六条中强调对干部政治坚定的要求，表述为：带头学习贯彻习近平新时代中国特色社会主义思想，在政治立场、政治方向、政治原则、政治道路上同党中央保持高度一致，坚决执行党的基本路线和方针政策；根据中央党的群团工作会议精神，在第三十八条中赋予地方及乡镇、街道妇女联合会主要负责人参加或列席同级党委有关会议的权利。

一部妇联章程的修订史，就是妇联工作、妇联组织不断增强政治性、先进性、群众性的自我改进、自我完善、自我提升的发展过程。

妇联章程是妇女运动历史的再现，是妇联组织发展的缩影，是妇联工作经验的结晶，是妇联组织加强自身建设的依据，是妇联组织与妇联工作政治性、先进性、群众性的集中体现，是妇联干部遵守政治纪律、政治规矩的准绳。各级妇联干部必须认真学习研究妇联章程，强化章程意识，依据章程开展工作。

第三节　关于执行章程的实践课题

学习妇联章程需要关注的内容很多，执行章程需要研究的问题也很多。早在2013年10月，习近平总书记同全国妇联十一届领导班子座谈时就明确要求妇联组织要“把联系和服务广大妇女作为工作生命线”。习近平总书记指出“妇联组织还存在覆盖不到、覆盖不全的问题，特别是在一些新兴领域、一些新分化组合的妇女群体中，覆盖还需要跟进，通过立体化、多层面的组织体系最广泛地把妇女吸引过来、凝聚起来”，要“让广大妇女在身边就能找到妇联组织、得到及时帮助，随时随地、实实在在感受到妇联组织的存在和关心，引导广大妇女增强信任感和归属感，主动向妇联组织靠拢，把妇联组织当作可以信赖和依靠的地方”。习近平总书记在党的群团工作会议上的讲话，从梳理问题入手，用大量篇幅批评了群团组织存在着“机关化、行政化、贵族化、娱乐化”等脱离群众的问题，提出了“下决心进行纠正”的一系列具体举措。中共中央关于加强和改进党的群团工作的意见明确要求，各级党委要加强领导，切实解决群团工作与群团组织脱离群众问题。如何落实习近平总书记重要讲话精神与中央文件要求，更好地联系与服务广大妇女群众？从执行妇联章程、加强妇联组织建设的角度，本文提出以下10个问题进行思考。

一、坚持妇女代表大会制度

妇联章程规定：各级妇女联合会的最高领导机构是各级妇女代表大会和它所产生的各级妇女联合会执行委员会。能否坚持妇女代表大会制度，是妇联组织健全与否的重要标志。将各方面有能力、有热情的优秀女性选为妇女代表大会的代表，不仅提升了妇女代表的整体水平，而且凝聚了妇女人才，增加了妇女工作力量。从全国情况看，省一级、市一级基本上都能够按期召开妇女代表大会，乡镇一级情况不容乐观。根据对一些省份的调查，乡镇妇联组织建设薄弱的普遍原因是因为妇女代表大会制度坚持得不好。有40%多的乡镇不能如期召开妇女代表大会，有的是因为干部配备不到位，有的是因为筹备工作不到位，有的是因为经费不到位，导致妇女代表大会一拖再拖。有的地方党委不履行民主程序，直接任命妇联主席。按照规定，党委只能任命妇联主席候选人，要提交妇女代表大会或妇联执委会进行选举后方能任职。召开妇女代表大会是妇女群众参与妇联事务、行使民主权利的制度保证，新形势下更是妇联组织有进性、群众性的重要体现。

要在坚持与健全妇女代表大会制度上下功夫。各级妇联组织要从本地妇女工作的实际出发探索实行妇女代表任期制、妇女代表大会年会制、妇女代表大会常任制等。

要在坚持与健全妇女代表联系群众制度上下功夫。各级妇联组织要从本地妇女工作的实际情况出发，探索建立妇女代表基层联系点制度、妇女代表监督与被监督制度、妇女代表履职述职信息平台（公共邮箱、短信、微信群发）等。

需要深入研究的问题：妇女代表大会召开的时间；妇女代表大会的代表构成（名额、构成、能力）；如何发挥妇女代表的作用。

二、强化妇联执行委员会职能

妇联章程明确规定：各级妇女联合会执行委员会是各级妇联组织的领导机构。定期召开妇联执委会是妇联组织重要的工作制度。现实情况看，基层妇联坚持执委会工作制度仍需要加强，有的往往以联席会、工作会代替执委会。

需要深入研究的问题：如何加强执委会自身建设、强化执委会职能、发挥执委会及执委作用；能否探索建立执委基层联系点、执委群众接待日、执委信息发布制、执委工作报告制、执委提交提案制等，充分发挥执委会的人才资源、信息资源和工作资源，更好地联系与服务广大妇女群众。

三、配好配强兼职妇联副主席

习近平总书记在党的群团工作会议上的讲话中提出“群团干部要多采取兼职的方式，工会、共青团、妇联组织的领导班子可以增加兼职比例，平常由精干的专职干部抓，需要议事或者有重大工作时大家都来出主意、出力气”。中共中央在关于加强和改进党的群团工作的意见中提出“工会、共青团、妇联负责人中基层一线代表人士的兼职比例应该适当增加”，“选好配强基层群团组织负责人，更多采用兼职、聘用等方式吸引优秀社会人才加入群团工作队伍”。

妇联组织配备兼职副主席，既不占编制，又不占职数，更不需要开支，好处很多。

（一）有利于优化结构

适量配备兼职副主席，针对妇联领导班子由于职数有限等原因出现的年龄、学历、经历、能力上的局限，从优势互补的角度配备兼职副主席，有利于从整体上提高妇联领导班子的科学化水平。

（二）有利于争取资源

鉴于目前体制，妇联组织资源有限与妇女群众需求无限的矛盾日益突出。从党和政府管人、管事、管钱的部门，从与妇女群众切身利益密切相关的单位，选拔优秀女性担任妇联兼职副主席，有利于协调沟通、争取支持，提高妇联组织解决妇女群众实际问题的能力。

（三）有利于培养干部

妇联章程明确规定“各级妇女联合会应成为培养选拔和输送女干部的重要基地”，要求“吸收各方面优秀人才到妇女联合会工作”。配备兼职副主席，既是“吸收各方面优秀人才到妇女联合会工作”的有效途径，更是培养和输送女干部的重要手段。一方面兼职副主席可以利用自己的工作岗位更好地为妇联组织做事、为妇女群众服务，另一方面兼职副主席可以在为妇联组织做事、为妇女群众服务的工作中增强性别意识，增强对基层的感情，提高做群众工作、做社会工作的能力。这完全符合习近平总书记和中央的要求。

四、创新妇联基层组织设置

习近平总书记在党的群团工作会议上的讲话中指出：“群众流动频繁、分布不断变化，群团组织设置必须及时调整。”同时明确要求“工会、共青团、妇联要探索以多种方式构建纵横交织的网络化组织体系，做到哪里有群众、哪里就要有自己的组织，怎么有利于做好工作、就怎么建组织”。按照总书记的要求，必须打破依靠党组织、依托行政单位建立妇联组织的传统模式，巩固现有组织架构，突破行政区划局限，探索新的组织设置，解放思想，树立凡是有利于联系妇女群众的，凡是有利于服务妇女群众的，凡是妇女群众需要的，凡是妇女群众愿意的，凡是妇女群众欢迎的组织形式都是合理的这样的意识。大胆地改、大胆地创。工作思路要宽，要敢于打破行政区划界限、打破城乡设置界限、打破群体分类界限，在“活”字上想办法、动脑筋、下功夫，一切从实际出发，灵活处理妇联基层组织设置出现的新情况、新问题，建立打破地域界限、城乡界限、行业界限、领域界限的专业型、互助型、生产型、生活型、复合型的覆盖广大妇女群众、深受广大妇女群众欢迎的妇女组织。由“纵向到底、横向到边”向“纵向无底、横向无边”转变，努力将妇联组织“像毛细血管一样延伸到社会各领域”，最大程度地将妇女群众组织起来、动员起来、凝聚起来，最广泛、最紧密地团结在党的周围。

当前应在六个方面加强并探索：大力推进社区建立妇联；大力推进社会组织建立妇联；大力推进非公有制经济组织建立妇联组织；积极探索异地建立妇联组织；积极探索新兴领域建立妇联组织；积极探索跨地区、跨领域建立妇联组织。

五、联系引导支持妇女自组织

随着社会结构的新变化和妇女群体的新需求，一些以妇女为主体，以某种共同需求、兴趣爱好、公益服务、交友娱乐或人文关怀为纽带，自发成立、自主发展、自我运作，没有在民政部门正式登记注册的非正式的妇女自组织应运而生。各具特色的妇女兴趣小组和文体队，各种妇女理事会、妇女议事会等妇女群众自发成立的民间妇女组织，特别需要妇联组织关心、指导、帮助。

六、大力发展妇联团体会员

妇联章程规定：“凡在民政部门注册登记的以女性为主体会员的各类为社会、为妇女服务的社会团体，自愿申请，承认本章程，经中华全国妇女联合会或当地妇女联合会同意，可成为妇女联合会的团体会员。”全国妇联历来高度重视团体会员工作。自妇女五大以来，历届妇联章程都将团体会员列入妇联组织制度的内容，作为妇联横向组织的基本形式。从妇女五大、六大章程“实行代表联系群众的制度和团体会员制度”，到妇女七大至十大章程“实行地方组织和团体会员相结合的组织制度”，再到妇女十一、十二大章程“实行全国组织、地方组织、基层组织和团体会员相结合的组织制度”，都把团体会员写入其中。目前全国妇联团体会员18个，分别是中华全国总工会女职工委员会、中华基督教女青年会全国协会、中国女企业家协会、中国女科技工作者协会、中国女法官协会、中国女检察官协会、中国女摄影家协会、中国女医师协会、中国女画家协会、欧美同学会妇女委员会、中国市长协会女市长分会、中国老区建设促进会妇女工作委员会、中国人才研究会妇女人才专业委员会、中国旅游协会妇女旅游委员会、中国城市规划协会女规划师委员会、中华全国工商业联合会女企业家商会、中华全国律师协会女律师协会、中华护理学会。

七、做好妇联干部协管工作

妇联十大章程第一次规定“妇女联合会应承担对下一级妇女联合会主席、副主席的协助管理职责”。妇联组织如何履行好协管职责？1991年11月15日，中组部印发《关于干部双重管理工作若干问题的通知》，对中央各有关部门党组（党委）协助地方党委管理干部的职责确定了6条，对主管方也提出了明确具体的要求。上级妇联对下级妇联领导班子的干部配备，尤其是主席、副主席的人选，要提前介入，加强沟通，敢于坚持，善于争取，主动协助，积极配合党组织配好配强妇联领导班子。

八、建设培养输送女干部基地

妇联九大章程第一次规定：“各级妇女联合会要成为培养和输送女干部的重要基地。”妇联组织充分发挥培养和输送女干部重要基地的作用，是党中央赋予妇联组织的政治任务与政治责任。一要大力宣传叫响“基地”，要理直气壮地广泛宣传“各级妇女联合会要成为培养和输送女干部的重要基地”，是党中央赋予妇联组织的重要职责。要及时发现、及时总结、加大宣传、加大推广妇联组织在这方面的工作经验与先进典型。二要积极争取成为“基地”。要大力争取党委及组织部门的重视与支持，主动配合有关方面做好培养选拔女干部工作。一方面要积极主动向党组织推荐优秀妇女干部，另一方面要积极推动有关方面健全相关制度。习近平总书记在党的群团工作会议上的讲话中，对如何加强群团干部的培养选拔及其管理，作出了一系列带有导向性的明确而又具体的重要指示，对于如何培养选拔女干部有着重要的指导意义。三要身体力行践行“基地”。各级妇联领导干部要打消顾虑、排除杂念，积极配合党委组织部门，深入实际，调查研究，反映问题，多提建议，努力推动培养选拔女干部的工作。

九、探索妇联组织选举办法

党章规定：“党的各级代表大会的代表和委员的产生，要体现选举人的意志。选举采用无记名投票的方式。候选人名单要由党组织和选举人充分酝酿讨论。可以直接采用候选人数多于应选人数的差额选举办法进行正式选举。也可以先采用差额选举办法进行预选，产生候选人名单，然后进行正式选举。”

妇联章程套用党章的文字对妇联组织选举办法进行规定：“妇女联合会各级执行委员会的产生，要充分体现选举人的意志。选举采用无记名投票方式，可以直接采用候选人数多于应选人数的差额选举办法进行正式选举；也可以采取差额选举办法进行预选，产生候选人名单，然后进行等额选举。”

习近平总书记在党的群团工作会议上的讲话中提出，“群团干部有不同于党政干部的特点，应该采用符合群团组织特点的干部管理模式”“群团工作人员使用上应该不拘一格”“群团干部要多采取兼职的方式”“群团工作人员中相当数量的同志可以是流动性的，从各行各业挑选优秀同志来干，干三年五年后回原单位去，关系都不要转过来，就在原单位管理”。妇联章程规定：各级执行委员会是各级妇女联合会的领导机构。各级执行委员会的委员自然是各级妇联的领导干部，是当然的群团干部，而且是群团的领导干部，研究其产生办法，必须按照习近平总书记的要求，认真思考群团干部的特点，探索群团干部的管理模式。

妇联干部既然不同于党政干部，其产生办法亦应不同，既要符合中央要求，又要符合自身特点。学习党章，党的选举办法的核心要求是要体现选举人的意志。妇联组织群众性的特征，要求其实行的选举办法也必须充分体现选举人的意志。

妇联组织应该加强对选举办法具体操作程序的研究，不能简单地、机械地完全照抄照搬党的做法。一是增加候选人酝酿程序。妇联组织的选举办法，应增加“候选人名单要由妇联组织和选举人充分酝酿讨论”的规定，重点在“酝酿讨论”。二是将差额预选纳入酝酿阶段。可以按照更大的差额比例提出候选人预选人名单，在大会前由妇联组织和选举人进行充分酝酿讨论，确定等额候选人名单后，提交大会进行正式选举。酝酿讨论期间，可以在适当范围内，通过媒体等进行公示，更加广泛地听取各方面的意见。三是分层次确定会议选举方式。全国妇联和各地妇联的选举可以采取无记名投票方式。妇联基层组织的选举方式，可以从实际出发，在征求选举人同意的前提下简化程序，采取举手表决或鼓掌通过等妇女群众认可的方式进行。

十、提升妇联干部履职能力

习近平总书记在党的群团工作会议上的讲话和中央关于加强和改进党的群团工作的意见都对群团干部提出了新的更高的要求。《意见》第一次提出：“加强群团工作学科建设，群团工作研究列入国家哲学社会科学研究规划。”习近平总书记在讲话中提出“深入把握党的群团工作规律”，坚持“党领导群团工作的基本制度”“群团组织职能必须与时俱进”“群团组织设置必须及时调整”，“群团干部有不同于党政干部的特点”，“群团干部要由知群众、懂群众、爱群众的人来当，要有做群众工作的本领和经验，懂得群众的语言和习惯，熟悉群众的愿望和心声，善于运用新形势下群众工作方式方法”。

新时代为群团组织、妇联组织，群团干部、妇联干部带来了新的发展机遇，提出了新的更大挑战。任务繁重、提升紧迫，唯一途径就是加强学习、加强锻炼。加强学习是提升妇联干部履职能力基础的基础。首先必须重视学习。妇联工作专职干部不多，工作任务繁重，每天忙忙碌碌，很难集中大块时间学习。要强化学习意识，合理安排时间，正确处理工作与学习的关系，注意在工作中学习，在学习中工作。其次必须善于学习。学习必须讲究方法，学习既要重视阅读，重视思考，重视研究，重视积累，又要重视理论联系实际，从自己正在做的事情出发，解决工作中的问题，切忌脱离实际。最后必须广泛学习。妇联组织的性质、妇联工作的特点、妇女群众的需求，决定了妇联干部必须是博学多才的杂家。妇联干部要了解妇联工作的大局，就必须了解党和国家的大局；妇联干部要了解党和国家的大局，就必须学习研究国计民生的大政方针、法律政策，学会依法依规依政策代表和维护妇女权益、促进男女平等和妇女全面发展。

第四讲

北京市妇联基本情况及重要工作概述

妇联基层组织是妇联工作的基础和活力的源泉，北京市妇联全面推进妇联基层组织建设，围绕改革、发展、稳定的大局，以改革的精神研究新情况、新问题，探索适应新时代中国特色社会主义发展的新的组织形式。

第一节　北京市妇联基本情况

一、北京市妇联的历史沿革

（一）北京市妇联成立的历史背景

早在抗日救亡运动中，全国各地的妇女就纷纷组织成立了妇女救国会，以“天下兴亡，匹妇有责”的响亮口号，团结广大妇女，奔走呼号，支援抗战。她们组织妇女准备军鞋、军粮等军需物资，照顾伤病员，并以隐蔽的身份参加各种爱国活动，为挽救危难中的祖国作出了不可磨灭的贡献。1949年3月24日至4月3日，中国妇女第一次全国代表大会在北平中南海怀仁堂举行，宣布成立中华全国民主妇女联合会。

（二）北京市妇联的成立

平津战役期间，1949年1月19日，傅作义在《北平和平解放协议》上签字的次日，中共北平市委就发出通知，决定成立中共北平市委妇女工作委员会。1949年2月，在中共北京市委的领导下，北京市各界妇女组织了“北京市民主妇女联合会筹委会”。同年11月26—29日，北京市第一届妇女代表大会在中法大学举行，何香凝、李德全、邓颖超以及北京市市长聂荣臻莅临并讲话，大会宣布正式成立“北京市民主妇女联合会”（1957年后改称“北京市妇女联合会”），通过《北京市民主妇女联合会章程》。在12月2日召开的第一次执委会上，选举张晓梅为主席。

（三）北京市妇联的工作成绩

1949年11月，北京一夜之间封闭了所有妓院，彻底摧毁了迫害妇女千年的娼妓制度。市妇联抽调人员与相关部门共同组成北京市妇女生产教养院，指挥部就设在八大胡同中的韩家潭胡同，配合政府教育改造妓女。

——参与改造发展妇女手工厂，组织恢复北京传统手工艺挑补花，组织妇女开展军服的拆洗缝纫。

——发动妇女群众投身到轰轰烈烈的土地改革、“三反五反”、抗美援朝、资本主义工商业改造等政治运动中。特别是在抗美援朝运动中，发起成立了“北京市妇女界抗美援朝保家卫国委员会”，全市各界妇女5万人举行了爱国游行，订立爱国公约，号召妇女捐献“北京妇女号”飞机。

——开展妇女识字扫盲运动，组织妇女参加扫盲识字班。

——1950年婚姻法颁行后，掀起宣传贯彻婚姻法热潮，通过戏剧、秧歌、宣传画、读报组等形式宣传婚姻自由、一夫一妻和男女权利平等的婚姻制度。

——1953年，选举法颁布后，妇女拥有了选举权和被选举权，广泛动员妇女参加普选。

——1958年后，动员大批家庭妇女走出家庭走向社会，积极参加社会生产劳动，涌现出一大批种田女能手、技术革新女能手和先进生产者。

20世纪60年代起，配合党和政府合理安排劳动力、调整托幼组织、改革婚姻陋俗、医治妇女病，使妇女工作在调整中逐步前进。“文革”十年，妇联组织遭到严重破坏，妇女工作陷于瘫痪。党的十一届三中全会后，北京市的妇女工作明确了以经济建设为中心，团结带领妇女投身首都“两个文明”建设，依法维护妇女儿童的合法权益的工作重点。

二、北京市妇联基层组织发展状况

妇联基层组织是妇联工作的基础和活力的源泉，北京市妇联全面推进妇联基层组织建设，围绕改革、发展、稳定的大局，以改革的精神研究新情况、新问题，探索适应新时代中国特色社会主义发展的新的组织形式。

“文化大革命”期间，北京市各级妇联组织建设陷于停顿，1973年年底，妇联组织开始逐步恢复，至1974年8月底，全市18个区、县相继召开妇女代表大会，选举产生区、县妇女委员会，建立区、县妇联。全市公社以上各级妇女组织配备专职妇女干部。

20世纪八九十年代，各级妇联组织加强自身改革，在组织机构上进行大胆探索，条块结合、纵横交错的工作网络和妇女代表制、团体会员制等多种组织形式并存的新格局初步建立。

1990年年底，全市城乡建立妇代会10096个，占应建总数的99.4%，乡镇企业中建立妇代会1900个，街、乡镇妇联421个，城乡建立妇女委员会124个。

1998年，共有妇联组织341个，基层妇代会10035个。其中，机关、事业单位妇委会402个，乡镇企业妇委会1044个，厂矿企业女职工委员会849个，妇女联谊组织24个。

2008年，北京市妇联所辖18个区县妇联，街道妇联131个，乡镇妇联185个，社区（居委会）妇代会2377个，农村妇代会3930个。全市党政机关妇委会395个，事业单位妇委会235个，8个民主党派和台联、侨联、工商联分别建立了妇委会，市及18个区县都建立了工会女职工委员会，全市有各类妇女联谊组织15个，研究会5个，民间自办女性组织61个，其他城乡社区妇女组织2194个。

2010年，北京市妇联完成了2646个社区、3944个农村共6590个“妇女之家”和1958个“姐妹驿站”的建设，在全国率先实现了全覆盖，实现了“有人干事、有阵地做事、有钱办事”。妇女之家为全市妇女、儿童提供维护权益、创业就业、家庭建设、困难帮扶等基本服务，打造“一区一品”“一镇一品”“一家一品”的“妇女之家”特色品牌，在综治维稳、志愿服务等方面发挥不可替代的独特作用，取得广泛的社会认可度。

三、北京市妇联组织机构及主要职责

（一）北京市妇联的主要职责

北京市妇联是中共北京市委领导下的北京市各族各界妇女的群众团体组织，是党和政府联系妇女群众的桥梁和纽带。北京市妇联在改革中适应新形势新任务的需要，按照自身的性质，积极探索并建立区别于党政机关、符合妇联组织特点、充满生机和活力的运行机制。其机关主要责任是：

1.坚持正确的政治方向，团结教育首都各族各界妇女以及各类妇女组织贯彻执行国家有关方针、政策、法律、法规及本市的有关规定，同党中央在思想上、政治上、行动上保持高度一致。

2.紧密围绕市委和市政府的中心任务开展工作，团结、动员全市妇女群众投身改革开放和首都的两个文明建设，积极促进首都经济发展和社会进步。

3.宣传马克思主义妇女观和男女平等的思想，教育、引导妇女树立正确的世界观、人生观、价值观，弘扬“自尊、自信、自立、自强”精神，积极开展对妇女的教育培训。

4.代表妇女参与国家和社会事务的民主管理和民主监督；关注并加强研究涉及妇女切身利益的热点、难点问题，及时向市委和市政府反映社情民意，提出对策建议；参与研究制定有关妇女儿童的法律、法规和政策。

5.坚持为妇女儿童服务、为基层服务，加强与社会各界的联系，协调推动全社会为妇女儿童办实事。

6.负责指导市妇联机关所属企事业单位及女性团体的工作。

7.指导区县妇联依据《中华全国妇女联合会章程》和妇女代表大会的任务，开展妇女儿童工作；联系团体会员并给予工作指导。

8.加强同香港、澳门特别行政区，台湾及海外侨胞妇女的联谊；拓展同世界各国妇女和妇女组织的友好交往，增进了解和友谊，开展国际合作。

9.承担北京市妇女儿童工作委员会的日常工作。

10.承办市委、市政府交办的其他事项。

（二）北京市妇联组织机构

1.北京市妇联领导机构

根据章程，地方各级妇女联合会的领导机构是地方各级妇女代表大会（每五年举行一次）和它所产生的执行委员会。地方妇女联合会常务委员会是执行委员会闭会期间的领导机构。

改革后，北京市区两级妇代会代表、执委、常委中各族各界、各行各业劳动妇女和知识女性中的优秀妇女代表比例分别达到了80%、40%、20%的要求，妇联组织的广泛性、代表性得到增强。

2.北京市妇联机关

北京市妇联机关有办公室、组织部、宣传部、联络部、基层组织建设部、妇女发展部、权益部、家庭儿童部、社会工作部、机关党委（党建工作部）、市妇儿工委办等11个部室，其工作职能分别为：

办公室：负责机关政务工作；负责文电、会务、机要、档案等机关日常运转工作；承担信息、统计、议案、提案、安全保密信息公开等工作；承担重要事项的组织和督查工作；负责机关及所属单位财务，资产管理等工作；负责妇女工作重大问题的调查研究；承担综合性文稿的起草工作。

组织部：负责机关和所属单位的干部人事、工资、机构编制、队伍建设、离退休人员管理服务等工作；负责市妇联领导机构的日常服务管理工作，承担协助管理区妇联领导班子和领导机构的具体工作；配合有关部门做好培养选拔女干部工作；负责妇女人才工作；负责制定妇联系统干部教育培训规划并组织实施。

宣传部：负责宣传党的妇女工作方针政策，宣传马克思主义妇女观和男女平等基本国策，宣传妇女和妇联工作；调查研究妇女思想状况，开展妇女思想教育工作；负责网络及新媒体建设，承担网上引导、动员妇女群众工作，监测、研判、应对涉及妇联和妇女的重要舆情；配合开展群众性精神文明创建工作；组织本市“三八”红旗奖章的评选表彰工作。

联络部：负责与各民主党派、台联、侨联、工商联及非公有制经济、民族宗教等女性代表人士的联谊工作；负责与港澳台地区女同胞、海内外女侨胞及有关社团的交流交往工作；负责市妇联外事管理和国际交流交往工作。负责指导北京市妇女国际交流中心业务工作。

基层组织建设部：负责指导基层组织建设、阵地建设、机制建设和队伍建设；联系指导社会各界妇女组织；负责指导基层妇联组织换届工作；负责妇女代表大会代表；直接联系妇女群众工作。

妇女发展部：负责组织、协调、指导全市农村妇女开展“双学双比”活动和城镇女职工开展“巾帼建功”活动；负责开展“三八”绿色工程及科普活动和技能培训；负责开展生态文明建设和绿化美化活动；协助有关部门负责失业、失地妇女的创业、再就业和女大学生创业就业工作；负责协助做好对口支援工作；负责组织实施妇女“两癌”检查；配合政府部门开展妇女小额贷款工作；负责指导北京市三八服务中心业务工作。

权益部：指导、推动各级妇联依法维护妇女儿童权益工作；负责参与有关维护妇女儿童权益的法律、法规、规章和政策的制定和完善工作；负责妇女法制宣传教育，为妇女提供法律帮助；负责处理日常群众来信来访工作；开展平安家庭创建；参与禁毒、防艾、防拐、反邪教、多元调解及特殊妇女群体服务等综治维稳工作；推动社会化维权机制建设，完善基层妇女维权服务队伍建设。

家庭儿童部：负责家庭与儿童工作；组织指导推动和谐家庭创建活动和家庭文化建设等工作，指导各级妇联配合有关方面开展家庭教育活动；参与研究拟订有关儿童保护方面的法律法规和政策，协助推动儿童发展规划实施；组织指导各级妇联开展有益于儿童身心健康的活动，宣传儿童优先理念；建设儿童宣传活动阵地，协调资源发展儿童公益事业。

社会工作部：负责统筹协调妇联组织参与社会建设工作；承担“枢纽型”社会组织具体业务职责，协调指导各区、各有关单位开展妇女社会组织建设工作；负责妇联系统社会工作人才队伍建设工作；负责妇联组织社会服务工作；负责妇女工作领域政府购买社会服务工作；负责巾帼志愿服务工作；推动建立困难妇女儿童帮扶救助机制工作。负责指导北京市妇女儿童社会服务中心业务工作。

机关党委（党建工作部）：负责机关和所属单位的党群工作；承担市妇联党组落实党建工作责任制、履行党风廉政建设主体责任的具体工作。

市妇儿工委办：负责承担市妇女儿童工作委员会的日常工作；协调和推动政府有关部门开展妇女儿童权益的维护和保障工作；制定并实施妇女儿童发展纲要、规划及有关的法律法规；组织开展专题调研；指导、督促和检查区妇女儿童工作；实施妇女儿童项目工作；负责北京市妇女儿童工作先进集体和先进个人评选工作。

3.北京市妇联事业单位

北京市妇联共有6个事业单位，分别是北京妇女研究中心、北京市妇联信息中心、北京市妇女儿童社会服务中心、北京市妇女干部学校、北京市妇女国际交流中心、北京市三八服务中心。其主要工作职责如下：

北京妇女研究中心：开展有中国特色妇女/性别理论和现实问题的研究；组织开展马克思主义妇女观及男女平等基本国策等相关领域的研究与交流；培养妇女理论和妇女问题研究人才。

北京市妇联信息中心：负责妇联机关电子政务及办公系统的建设与维护；负责北京妇女信息的收集、编辑、公布和上报；负责妇联信息系统及北京妇女网站的建设、维护、技术保障与培训等工作；负责组织开展面对妇联干部和广大妇女的信息化普及宣传工作。

北京市妇女儿童社会服务中心：承担为本市妇女、儿童提供综合维权、家庭教育、创业就业、婚姻家庭、教育培训、家政信息、帮扶救助、社会文化等方面的有关服务工作。

北京市妇女干部学校：负责全市妇联系统干部培训工作；以提高全市妇女干部综合素质为服务方向，开展全市妇联干部岗位培训、基层妇联干部业务培训，不断提高妇联干部教育培训工作科学化水平。加强培训基地建设、信息建设、教材建设、制度建设，发挥培训先导作用。

北京市妇女国际交流中心：承担同相关国际组织、世界各国、各地区妇女组织友好交往的事务性工作；主办或承办以妇女为主题的展览、演出等对外文化交流活动。

北京市三八服务中心：发挥示范引领作用，为社会提供优质的巾帼家政服务；参与制定巾帼家政服务行业标准，规范、统一巾帼家政服务流程，推动家政服务诚信化、品牌化、标准化、职业化；负责巾帼家政管理人员和家政服务人员的培训；为单亲母亲等特殊困难群体提供公益性家政技能培训；构建巾帼家政服务信息平台，提供巾帼家政服务动态、政策咨询、择业指导、就业信息、服务监督、维权服务等。

4.北京市妇联协调机构

北京市妇女儿童工作委员会：委员会的组成由市政府批准。委员会设主任一名，常务副主任一名，副主任若干名。目前委员会有36个成员单位，委员由市委、市政府主要职能部门的负责人组成。其主要职责是：（1）组织、制定、实施北京市妇女儿童发展规划及维护和保障妇女儿童的合法权益；（2）协调政府有关部门调查、研究、解决全市妇女儿童发展中的重点、难点问题；（3）对市属成员单位落实妇女儿童规划指标情况进行督促检查；（4）指导区及成员单位开展妇女儿童工作。办公室设在北京市妇联。

巾帼建功活动协调领导小组：“巾帼建功”活动是在全国城镇妇女

中开展“学政治、学文化、学科学、学技术、学管理，比思想、比质量、比服务、比成绩、比贡献”竞赛活动的简称。1991年，为了配合国家实施“八五”计划，更广泛地动员城镇妇女提高素质，在各自岗位上建功立业，全国妇联和国家教委等12部委共同发起“巾帼建功”活动。北京市“巾帼建功”活动协调领导小组有23家成员单位，组长由主管市妇联的市委副书记担任，协调领导小组办公室设在北京市妇联发展部。

双学双比活动协调领导小组：“双学双比”活动是在农村妇女中开展“学文化、学技术、比成绩、比贡献”竞赛活动的简称。1989年3月，按照党中央关于全党动员、加强农业、大办农业的指示，全国妇联联合农业部、林业部等12个部委发出《关于在全国各族农村妇女中深入开展学文化、学技术、比成绩、比贡献竞赛活动的通知》，“双学双比”活动由此展开。“双学双比”活动提高了广大农村妇女的科技文化水平，帮助一大批妇女脱贫致富，极大地调动了农村妇女创业的积极性。北京市“双学双比”竞赛活动协调领导小组有20家成员单位，组长由主管农业的副市长担任，协调领导小组办公室设在北京市妇联发展部。

首都和谐家庭创建活动协调小组：家庭和谐是社会和谐的基石。首都和谐家庭创建活动以家庭和谐为切入点，推进社区和谐，促进社会和谐，是和谐社会“首善之区”和首都家庭文明建设的重要载体。妇联从20世纪50年代就开始评选“五好家庭”；1996年，根据党的十四届五中全会关于“把社会主义精神文明建设提高到更加突出的地位”和“普遍进行创建文明家庭活动”的精神，北京市妇联、首都文明办在全市联合开展“五好文明家庭”创建活动，同年成立了首都五好文明家庭创建活动协调小组；根据时代发展的要求，2007年，“首都五好文明家庭”更名为“首都和谐家庭”，首都五好文明家庭创建活动协调小组也相应更名为首都和谐家庭创建活动协调小组。组长由主管首都精神文明建设的副市长担任，有21家成员单位。协调小组办公室设在北京市妇联家庭儿童部。

5.基层妇联组织

（1）纵向组织

北京市四级妇联组织健全，市妇联辖区妇联16个，乡镇（街道）妇联329个（街道148个、乡镇181个），村（社区）妇联6787个（社区3079个、村3708个）。

（2）横向组织

市级妇女工作委员会80个（其中市直机关72个、统战系统8个）。

市级团体会员20个，分别是：北京市女领导干部联谊会、北京市女法官协会、北京市女检察官协会、北京市女警察协会、北京市女律师联谊会、首都女教授协会、北京幼儿园女园长协会、北京市妇女对外交流协会、北京市港澳台侨妇女联谊会、首都女新闻工作者协会、北京基督教女青年会、北京市工商联女企业家商会、北京市女企业家协会、北京市妇女菁英企业商会、北京市总工会女职工委员会、北京市女建筑师协会、首都女金融家协会、北京市女医师协会、北京市女美术家联谊会、北京妇女乒乓球俱乐部。

主管的社会组织18个，其中社会团体8个，分别是：北京妇女理论研究会、北京市法学会妇女法学研究会、北京市家庭教育研究会、北京市婚姻家庭研究会、北京妇女儿童发展基金会、北京巧娘手工艺发展促进会、北京市家庭建设促进会、北京市大众读书会，基金会1个，民办非企业单位9个。

在“四新”（新领域、新业态、新阶层、新群体）领域建立妇女组织2782个。其中，在非公经济组织中建立2166个妇女组织，在新社会组织中建立149个妇女组织，在产业园区、商务楼宇、专业合作社等新兴领域建立467个妇女组织。

（3）工作阵地

截至2020年6月，全市共建立“妇女之家”8383家，其中区级“妇女之家”1家，乡镇（街道）“妇女之家”253家，村（社区）“妇女之家”6817家，新领域新业态新阶层新群体“妇女之家”1312家。

第二节　北京市妇联主要工作

一、整体工作思路

北京市妇联以习近平新时代中国特色社会主义思想为指导，全面贯彻党的十九大和十九届二中、三中、四中全会精神，在北京市委和全国妇联的坚强领导下，按照北京市第十四次妇代会工作部署及“一二三四”工作思路，把牢政治性先进性群众性的根本属性，履行引领服务联系的职责使命，以“巾帼同心建小康　砥砺奋进作首善”为主题，以收官“十三五”、谋篇“十四五”为契机，坚持各项工作的高标准谋划、高质量推进、高水平落实，着力自上完善制度机制、向下优化基层工作模式，树立首善意识，坚持首善标准，打造首善妇联，在推动新时代首都妇女工作创新发展、推进首都治理体系和治理能力现代化中努力探索形成妇联系统的“北京经验”。

“一二三四”工作思路即：坚持一条主线，把联系和服务广大妇女作为妇联组织的生命线和根本任务。履行两项基本职能，分别是思想政治引领，突出政治性要求的政治职能和妇联章程赋予的代表和维护妇女权益，促进男女平等的基本职能。明确三个定位，从党和政府的角度，妇联组织是党和政府联系妇女群众的桥梁和纽带，国家政权的重要社会支柱，党开展妇女工作最可靠、最有力的助手；从妇女群众需求的角度，妇联组织是可信赖依靠的“妇女之家”；从妇联组织自身发展的角度，是建设学习型、服务型、创新型的首善妇联组织。围绕四个领域创新，从组织建设工作、家庭文明建设工作、参与社会治理创新工作和交流交往工作四个方面开展工作。

妇联在工作中扮演的角色是“五者一人”。妇联组织是妇女思想的引导者，是妇女权益的维护者，是妇女发展的促进者，是妇女生活的美化者，是妇女需求的服务者，是妇女身边的知心人。

二、推动七个方面重点工作

（一）思想政治引领

政治性是妇联组织的灵魂。提高政治站位，牢记妇联组织是党领导下的人民团体，自觉将思想政治引领贯穿于妇联各项工作。特别是作为首都的妇联组织，要始终牢记“看北京首先要从政治上看”的要求，牢记坚持党的领导这一根本保证，牢记习近平总书记对北京重要讲话精神这一根本遵循，紧紧抓住坚持和完善党的领导制度体系这个关键和根本，自觉在思想上、政治上、行动上同以习近平同志为核心的党中央保持高度一致，切实增强“四个意识”，坚定“四个自信”，坚决做到“两个维护”和“三个一”“四个决不允许”，坚决把维护习近平总书记党中央的核心、全党的核心地位落到实处，确保妇联工作的正确政治方向。以党的政治建设为统领，全面加强妇联党的建设，在不忘初心、牢记使命主题教育中，锤炼妇女干部，团结妇女群众，通过加强妇联组织自身建设、树立妇联组织良好形象，赢得妇女群众的拥护，从而为夯实党执政的群众基础作贡献。这方面工作，北京市妇联主要有以下重点内容。

1.开展各类主题宣传教育活动

以“巾帼心向党 · 扬帆新征程”“巾帼心向党 · 建功新时代”等为主题，广泛开展“百千万巾帼大宣讲”“党史故事接力传播”“首都女性十二大精神宣讲”等形式多样、生动鲜活的宣传教育活动。

2.依托新媒体传播党的声音，弘扬时代主旋律

2018年12月26日，北京市妇联首都女性融媒体联盟成立。联盟的成立是北京市妇联深入贯彻落实党的十九大报告中对坚持正确的舆论导向、高度重视传播手段建设和创新，以及中国妇女十二大报告中将新时代妇联组织改革进行到底的具体要求，整合媒体资源，团结引领广大女性听党话跟党走，凝聚女性媒体人奋进力量，引导广大妇女姐妹大力弘扬伟大精神的重要举措。目前，北京市妇联拥有“三网”（北京妇女网、北京妇女网英文网、首都女性网）、“三微”（微博、微信、微视产品）、“两号”（北京女性政务头条号、腾讯企鹅号）等多种媒体，形成了定位区分、内容衔接、功能互补、和谐联动的工作格局。

首都女性融媒体联盟是由传统媒体、重点网站、新媒体领域的女性管理者、知名媒体人、网红和网络大V、网络安全专家等组成的联盟，旨在以融平台、融内容、融产品为原则，集中推动妇联组织与主流媒体、重点网站及新媒体的深度融合，在传统媒体领域拓展妇联宣传工作覆盖面，在新媒体领域促进新技术、新形态在妇联宣传工作中的应用。

3.开展北京市三八红旗奖章（集体）评选表彰活动

北京市三八红旗奖章（集体）评选表彰由北京市妇女联合会、北京市人力资源和社会保障局、北京市总工会三部门主办，每两年举办一次，每次评选出300个北京市三八红旗集体、600名北京市三八红旗奖章获得者，以鼓励表彰近两年来各行各业涌现出的首都优秀女性和集体，是北京市妇联给予首都优秀女性群体的最高荣誉。同时，在评选过程中，北京市妇联会运用各类媒体加大对先进典型的宣传，发挥先进个人和先进集体的引领示范作用。

（1）北京市三八红旗手（集体）评选条件的衍化

北京市三八红旗手（集体）的评选条件随着社会的发展有所不同，并深深地打上了时代的印记，大致分为三个阶段。

第一阶段：1979年1月，为贯彻落实党的十一届三中全会精神，动员广大妇女积极投身经济建设和改革开放，以优异成绩迎接中华人民共和国成立30周年，根据全国妇联在国庆前夕命名表彰万个三八红旗集体、三八红旗手的活动精神，经北京市委批准，市妇联于三八妇女节，表彰了1200个三八红旗手和三八红旗集体，个人占85%，集体占15%。其评选条件是：①认真学习。在揭批林彪、“四人帮”的斗争中表现突出，在完成生产劳动、科学研究或其他工作任务方面成绩显著者。在重大路线斗争中表现不好的不得参加评选。②评选三八红旗集体的条件，可参照大庆、大寨式先进集体的条件或财贸“双学”标准，以及各行业评选先进集体的具体条件。

第二阶段：1982年10月，在全面落实党的十二大精神，促进社会主义物质文明和精神文明建设，促进“三个根本好转”之际，北京市委办公厅北京办发〔1982〕53号文件转发了市妇联党组《关于一九八三年表彰“三八”红旗手（集体）和“五好”家庭的意见》。在这个文件中，第一次全面地规定了评选三八红旗手的条件：①热爱党，热爱祖国，热爱社会主义，热爱集体，敢于扶植正气，抵制歪风，遵纪守法，团结同志者；②热爱本职工作，艰苦创业，在社会主义物质文明建设中作出突出贡献者；③刻苦学习政治、文化、科学技术，业务等方面有优异成绩者；④用共产主义思想处理好婚姻家庭关系，在教育子女、计划生育等方面起模范带头作用者；⑤文明礼貌，整洁卫生，讲究社会主义公德，在社会主义精神文明的建设中作出突出贡献者；积极为妇女儿童服务，或在维护妇女、儿童合法权益方面作出显著成绩的妇女干部、各级妇女组织和热心人士，并规定了三八红旗集体的比例不超过评选总数的15%。

第三阶段：90年代初，为实现国民经济发展十年规划和“八五”计划，动员全市妇女争做“四有”“四自”新女性，在本职岗位上争创一流成绩，1991年10月，北京市妇联、北京市总工会联合发出了关于评选1991年度北京市三八红旗手（集体）的联合通知，进一步明确了评选条件，提出三八红旗手不仅在经济建设上有突出贡献，还要坚持社会主义公德和职业道德，要发扬“四有”“四自”精神，自觉为人民服务。

（2）三八红旗奖章活动的创设

1991年，经市政府批准，首次评选北京市三八红旗奖章，它是本市妇女的最高荣誉。这一奖项的设立是对三八红旗手评选活动的深化。1991年度的38名三八红旗奖章获得者就是从本年度的321名市级三八红旗手中遴选出来的。

根据北京市人事局相关文件精神，从1996年起，取消北京市三八红旗手的评选，每隔两年由北京市人事局、北京市总工会、北京市妇联联合评选表彰北京市三八红旗奖章获得者和三八红旗集体标兵，名额各100名（个）。由北京市妇联、北京市总工会按各自分配的名额分别推出候选人，由评审领导小组审议通过。由此，评选表彰三八红旗奖章获得者和三八红旗集体的工作正式纳入了规范化和有序管理的轨道。

2016年起，北京市三八红旗章奖（集体）评选从单一的组织渠道推荐，增加了由社会推选、专家评议的评选方式。2016年有29名、2018年有60名三八红旗奖章获得者是通过社会推进、专家评议的方式获奖的。如：北京市东卫律师事务所、东卫妇女法律援助与研究中心主任郝春莉，中国儿童中心副研究员李杨，360集团副总裁、北京时间科技股份有限公司董事长曲冰，北京市大兴区人民医院五官科护士长景天双等。

荣获北京市三八红旗集体的条件为：①以女性为主体的单位或组织，主要负责人为女性，女性人数占该单位总人数的60%以上。②具有爱国主义、集体主义、社会主义精神和高尚的职业道德、良好的精神风貌。③具有自尊、自信、自立、自强的时代精神，坚持正确的世界观、人生观和价值观，品德高尚，无私奉献。④团结协作，爱岗敬业，在本地区、本系统中业绩突出，受到同行业和公众认可，具有示范带动作用。⑤北京市三八红旗集体荣誉称号不重复授予。

荣获北京市三八红旗奖章的条件为：①18周岁以上居住在北京市的中华人民共和国女性公民。②热爱党、热爱祖国、热爱社会主义，坚决拥护党的路线方针政策，模范遵守国家法律法规。③具有自尊、自信、自立、自强的时代精神，坚持正确的世界观、人生观和价值观，品德高尚，无私奉献。④爱岗敬业、艰苦奋斗、锐意进取、开拓创新，特别是在“巾帼建功”和“双学双比”活动中表现突出，群众认可度高，在本地区、本系统中有一定影响力。⑤北京市三八红旗奖章荣誉称号不重复授予。

（二）妇女发展工作

北京市妇联妇女发展工作，聚焦落实首都城市战略定位，围绕推动京津冀协同发展，围绕推动北京高质量发展，围绕促进城乡区域协调发展全方位促进妇女发展。这方面工作，北京市妇联主要有以下重点内容：

1.开展“巾帼建功”活动

“巾帼建功”活动是在1991年，全国妇联联合多家部委共同发起的一项群众性精神文明创建活动，旨在激励广大妇女发扬自尊、自信、自立、自强的“四自”精神，立足本职、争先创优、岗位建功、岗位成才。当前，活动主要围绕建设国际一流和谐宜居之都的目标要求，以“巾帼心向党 · 建功新时代”为主题，以创建“全国巾帼文明岗”、争当“全国巾帼建功标兵”为载体，由窗口行业逐步向其他各领域拓展。通过巾帼文明岗创建工作，北京市培育了一批各具特色的学习型、技能型、服务型、创新型、诚信型巾帼文明岗，培树了一批过得硬、叫得响的巾帼建功标兵，用她们的先进事迹激励和凝聚广大妇女群众积极投身到创建活动中来，营造促进妇女全面发展的良好氛围。

2.开展“双学双比”活动

1989年，全国妇联等12家中央单位联合发起的号召全国各族农村妇女深入开展“学文化、学技术、比成绩、比贡献”的劳动生产竞赛活动。随着经济社会不断发展，活动内涵进一步延伸拓展为“学文化、学科技、比发展、比贡献”。北京市的“双学双比”活动始终围绕首都经济社会发展大局，推动了农村妇女的进步与发展，有效激发了农村妇女投身首都经济社会发展的积极性和主动性，使“双学双比”活动成为党在改革开放时期农村妇女工作的成功实践，成为妇联工作与党政中心工作紧密结合的有效载体，成为促进农村妇女全面发展的重要平台。从活动初期的“一学二赛三服务”到大力推进“巾帼科技致富工程”，再到现阶段引导妇女全面参与新农村建设，30年来，北京市“双学双比”活动举办各类实用技能培训班近2万期，参与近400万人次。随着活动的深入，农村妇女逐渐成为家庭经济和农村经济的重要支柱，以及新农村乡风文明建设的主力军。

从1995年开始，北京市每年拨款150万元用于扶持农村妇女发展生产。随着京郊经济社会的发展，近年来本市不断加大资金投入，已上升到1650万元，扶持各类“妇”字号基地建设，促进农村妇女创业就业协会组织和专业合作社发展，促进农村妇女技能提升和增收等，提高农村妇女的组织化程度和创业就业、增收致富的能力水平。本市“妇”字号基地将农村妇女逐步带入农业产业化生产轨道，平均每个基地直接带动妇女53人，建档立卡低收入妇女7人，年人均纯收入2.56万元；平均间接带动妇女66人，建档立卡低收入妇女9人，年人均纯收入1.38万元。

3.创办巧娘工作室

巧娘工作室是2005年，由北京市妇联在全市发起的以“科技支撑增活力，巧娘巧手巧致富”为主题的妇女手工艺品牌创建活动中广泛建立的工作室，旨在增加妇女就业、改善保障民生、促进家庭和谐、传承民族文化。目前，全市共有专门从事手工艺品设计、研发、制作、加工、销售并具有传授、带动作用的巧娘工作室325个。

4.创办巾帼科技汇

巾帼科技汇是2015年，北京市妇联创办的由城乡妇女汇聚而成的创业创新行业共同体，旨在将各行各业优秀女性聚合起来，把分散的同类型企业联合起来，形成行业创新发展合力，通过搭建共同发展平台，实现行业抱团发展、共创共享、共融共赢。目前，全市共创建巾帼科技汇11个，聚集成员企业175家。

5.创建首都巾帼现代农业科技示范基地

创建首都巾帼现代农业科技示范基地是北京市妇联与北京市科委、北京市农委联合创建的以科技含量高、经营规模大、综合效益好、示范带动力强、生产经营组织化程度高为标准的创业就业基地，旨在引导农村妇女加快从传统农业向现代农业转变。目前，全市创建市级以上巾帼现代农业科技示范基地78个。

（三）维权服务方面

北京市妇联坚持联系和服务妇女的工作生命线，扎实开展“巾帼暖人心·携手建首善”系列行动，维护妇女合法权益、促进男女平等和妇女全面发展的重要任务。北京市妇联维权服务方面的重点工作主要是以下几个方面：

1.建立完善政策法规性别平等评估机制

2013年，中国妇女十一大提出“推动建立法律政策性别平等评估机制”的任务。2014年3月，北京市在全国率先以政府文件形式下发《关于加强政策法规性别平等评估工作的意见》，建立了“政府主责、成员单位领衔、专家参与、妇儿工委办公室协调”的政策法规性别平等评估机制，成立了北京市政策法规性别平等评估委员会，主要负责对与妇女权益关系密切的本市地方性法规、政府规章、规范性文件的制定和执行进行性别平等评估并提出评估意见。几年来，对《关于认真做好北京市第十届村民委员会选举工作的意见》《北京市人口与计划生育条例修正案》等法规政策进行了性别平等评估，推动北京市人大对《北京市实施〈中华人民共和国妇女权益保障法〉办法》进行了立法后评估，为建立健全有利于保障妇女权益的法律法规体系发挥出积极作用，有效促进了社会性别意识纳入决策主流。

重点向区级延伸政策法规性别评估机制，依托机制对45部地方性法规、政府规章和规范性文件开展性别平等评估。比如，通过开展性别平等评估后，对《北京市人口与计划生育条例》的修正案提出了“适当延长妇女产假”“配偶陪产假不能在夫妻之间互换”的修改意见，旨在保护妇女权益，提倡夫妻共担育儿责任，得到了采纳。

2.强化婚姻家庭纠纷多元化解机制

2017年，北京市妇联牵头与首都综治办、北京市高院、北京市公安局、北京市民政局、北京市司法局等部门下发《关于做好婚姻家庭纠纷预防化解工作的意见》，形成了全市各相关部门联合联动共同推动婚姻家庭纠纷化解的工作机制。婚姻家庭纠纷多元化解工作以人民调解、行政调解、司法调解为主要渠道，以建立健全婚姻家庭纠纷人民调解组织、建设婚姻家庭纠纷人民调解员队伍为重点形式，以开展婚姻家庭纠纷排查化解、推进家事审判制度改革、推进婚姻家庭辅导为有效手段，旨在促进社会和谐稳定。

3.依托各类活动和平台开展维权服务

大力开展宪法学习宣传教育，创新开展妇女法治文化活动，挖掘依法维护妇女儿童合法权益的好案例、好典型、好经验，宣传维权成效，倡导全社会形成共同促进男女平等、依法维护妇女儿童合法权益良好氛围，进一步增强妇女儿童维权工作实效引导广大妇女群众尊法学法守法用法。

依法维护妇女儿童合法权益典型案例发布。2018年12月18日，北京市妇联联合北京市高级人民法院、北京市人民检察院、北京市司法局、北京市人力资源和社会保障局共同举办了北京市依法维护妇女儿童合法权益典型案例发布会。会上发布了近两年来全市妇女维权的10件典型案例，其中有全市首例家教老师强奸猥亵学生而被宣告从业禁止的典型案例，有全市首例依法撤销未成年人的监护人的监护资格并指定民政部门担任监护人的典型案例，有依法惩处校园欺凌维护未成年人合法权益的典型案例，有妇联组织跨省合作维护离婚妇女合法权益的典型案例，有依法维护在职场遭遇性骚扰的女职工合法权益的典型案例等，具有鲜明的典型性，涉及妇女儿童人身权利、财产权益、劳动和社会保障权益、婚姻家庭权益等方面内容。

4.拓展12338妇女服务热线服务功能

12338是全国妇联系统统一使用的为广大妇女群众提供维权咨询服务、接受侵权投诉、化解矛盾纠纷的社会公益服务专用号码。北京市妇联拓展了热线的法律咨询、心理咨询、家庭教育咨询、家政信息咨询、婚姻家庭咨询、社会服务咨询、维权投诉、法律知识语音等服务功能。热线设有25个服务终端，联通市区两级妇联，畅通妇女群众的诉求表达渠道。

5.组建巾帼亲情服务队

巾帼亲情服务队是妇女群众自我服务、自我管理的群众性维权服务队伍。队伍由具备一定法律知识、在群众中有威望、热心公益事业的妇女群众组成，在日常生产生活过程中，宣传法律政策，了解妇女诉求，化解家庭社会矛盾。目前，全市共有巾帼亲情服务队6243支。

（四）基层妇联组织建设

以组织建设为基础，以队伍建设为重点，以机制建设为保障，以阵地建设为平台，全面推进北京市妇联改革方案基层组织建设任务落实，实现“上面千条线、下面一张网、身边一个家”的基层妇联组织建设新格局，切实推进基层妇联组织发挥作用。主要有以下几方面的重点工作：

1.基层妇联组织建设

聚焦首都特点，加强党建带妇建，积极推进妇联基层组织建设纳入党的基层组织建设整体规划，巩固完善妇女基层组织网络。着力在横向上拓展，推动在“四新”领域建组织，加强与行业主管部门沟通，推进组织覆盖。

2.基层妇联干部队伍建设

坚持“五好”标准，对照“十不能”负面清单，把政治标准放在首位，真正把政治坚定、作风扎实公道正派、乐于奉献、热心为妇女群众服务、在妇女群众中有威望、群众拥护的优秀妇女通过法定程序选为妇联主席。同时，注重拓宽人选渠道，广纳优秀人才，壮大优化基层妇联执委队伍。通过层级培训、专题培训、对新任妇联组织成员开展内容丰富、形式多样、针对性强的业务培训。

3. “妇女之家”阵地建设

“妇女之家”是妇联组织同妇女群众保持密切联系，体现妇联组织性质和新时期工作要求的一种有效载体。在基层妇女组织中建设“妇女之家”，是建设“坚强阵地”和“温暖之家”的需要，也是广大妇女群众的愿望，对于更好地联系服务广大妇女，增强妇联组织的吸引力和凝聚力，创新基层妇女工作，引导广大妇女积极“新四区”建设，扩大党的群众基础、巩固党的执政地位具有十分重要的意义。

北京市妇联不断强化妇女之家“4+N”服务功能，即维护权益、创业就业、家庭建设、困难帮扶+品牌特色服务。“妇女之家”的“七有”标准是指有活动场所、有骨干力量、有经费保障、有服务设备、有长效机制、有特色活动、有台账资料。

（五）家庭文明建设

深入实施《和谐家庭行动计划实施方案（2016—2020年）》，加强“和谐家庭”“最美家庭”“新蕊计划”等品牌影响力，通过常态化推进“寻找首都最美家庭”活动，着力打造具有广泛群众基础的妇联代表性品牌特色活动。

1.注重家庭教育

重点协同有关部门推动家庭教育立法调研，联合编制实施《关于指导推进家庭教育的五年规划（2016—2020年）》，配合有关部门助推1～3岁托幼试点工作。在家风方面，重点在党政机关干部中深化开展“树清廉家风 · 创最美家庭”活动，举办“和合家风”文化主题展，在以好的家风支撑起好的社会风气中更好发挥妇联组织作用。北京市各级妇联积极动员社会力量，结合各自优势和特色，广泛开展丰富多彩的家庭文化活动和家风展示活动，推动好的家风支撑起好的政风、社风、民风。扩大“最美家庭”蓄水池作用，创设群众便于参与、乐于参与的途径，推动实施家庭教育五年规划，提升家庭教育指导服务。

2.寻找“最美家庭”活动

寻找“最美家庭”活动在于发现平凡家庭的道德光芒，展现“最美家庭”的各美其美，呈现美美与共的社会文明，让美德善行走进每个家庭、走进人们心灵，让社会主义核心价值观在家庭落地生根。自2014年以来，北京市委宣传部、首都文明办、北京市妇联联合在全市持续开展寻找“首都最美家庭”活动。活动以城乡“妇女之家”为主阵地，发动群众围绕“夫妻和睦、孝老爱亲、科学教子、勤俭持家、邻里互助”等主题，晒家庭幸福生活，议良好文明家风，讲家庭和谐故事，展家庭文明风采，秀家庭未来梦想，引领家德、家风建设，推进社会主义核心价值观在家庭落地生根，为以好的家风支撑起好的社会风气做贡献。

3.开展家庭文化活动

家庭文化活动集中展示了家庭文明建设成果，是优秀项目、优秀基地、优秀社会机构和优秀家庭作品的集中亮相，目的在于通过搭建平台，促进交流，扩大示范带动，汇聚更多力量为家庭儿童服务。2018年，北京市妇联以“家庭·家教·家风”为主题，通过与社会机构合作的方式，面向全市家庭和儿童，举办了北京家庭文化季、家教主题季，实施了35个家庭文明建设项目，共开展服务和活动1309场次，直接服务100余万人，间接惠及1300多万人次。持续与北京市教委在中小学联合开展“重家教，树家风，传美德，共育人”主题教育实践活动，评选出各类优秀作品220余个。

（六）参与社会治理

搭建服务平台，发挥枢纽型组织作用，服务妇女民生。主要有以下几个重要工作和重点项目。

1.妇女儿童公益博览会

妇女儿童公益博览会是在北京市妇女儿童产业博览会的基础上发展而来的，是由社会组织成员、有关专家学者、相关志愿者团队、公益企业、社区妇女之家为代表的公益服务嘉年华。博览会以凝聚公益、体验公益和倡导公益为宗旨，集中向与会者展示妇女儿童社会组织的风采，扩大北京市妇联“枢纽型”社会组织联系服务的覆盖面。

2.“益无限”北京妇女儿童社会服务资源信息平台

“益无限”北京妇女儿童社会服务资源信息平台是在2016年，由北京市妇联建设完成的凝聚各级妇联组织、社会组织、企业、“妇女之家”、“儿童之家”、专业社工、志愿者等多主体合作共赢的资源信息平台，旨在以互联网思维为导向，建立“去中心化”的资源交互模式，畅通社会服务主体的需求收集和反馈渠道，吸纳社会力量参与妇女儿童社会服务，促进社会服务资源对接，提高服务资源投递的有效性和精准度，打造“互联网+妇女儿童社会服务”新格局。

3.“益家行”项目

2014年，北京市妇联在北京市社会建设专项资金支持下，联合30余家社会组织启动实施了“益家筑梦·携手成长”行动——北京市妇女社会组织联合型家庭综合服务及社会组织能力建设项目（简称“益家行”项目）。项目围绕“家庭健康、家庭教育、家庭环保、家庭文化、家庭安全、家庭技能提升、家庭救助”七大主题板块，每年在全市16个区100个社区“妇女之家”开展超过1000场服务活动。自项目开展以来，有效探索了联合型服务模式，取得了很好的社会反响，被北京市委社会工委评为金牌项目。

4.“一家衣善”公益项目

“一家衣善”公益项目通过在单位、社区设置旧衣回收箱体，市民直接捐投，回收员定期统一收取。回收后的旧衣物进行分拣，对利用价值高的旧衣物，统一进行清洗、消毒、整理后直接转赠给贫困儿童家庭；对利用价值不高的旧衣物，会制作为其他产品重新利用；不适用于衣物再生产的物料，则会被分解成再生纤维和无纺布等，在工业生产过程中加以利用，制作成为地毯、填充物料、鞋垫、建筑材料、热能制造等。

5.妇女儿童领域公益联盟

北京市妇联探索聚合社会组织、企业、志愿组织、专业社工机构等多方资源形成的公益共同体，旨在拓展社会组织参与社会治理平台，引导企业通过多种形式参与社会公益事业，创新巾帼志愿组织工作方法，推动专业社会工作服务发展，更好地延伸妇联工作手臂，提高妇联参与社会治理的社会化、专业化水平。

（七）妇女民间外交和统战联谊

服务首都外事工作大局，凝聚各民主党派妇委会，女性团体力量，融合优质国际资源打造特色国际品牌，加深与港澳各界妇女组织的联谊合作。

以“品多元文化，建幸福家园”为主题的“中外家庭共度国际家庭日”活动作为北京市妇联妇女对外交流的品牌活动，每年5月举行一次。

第五讲

妇女权益保障法律法规概述

制定保护妇女权益的专项立法，是为了保障妇女的合法权益，促进男女平等，充分发挥妇女在社会主义现代化建设中的作用。

第一节　妇女权益保障法概述

妇女权益保障法是保护妇女权益的法律规范的总称。它不仅包括《中华人民共和国妇女权益保障法》，而且包括宪法、民法、婚姻法、继承法、劳动法、刑法、诉讼法等法律法规中有关保护妇女权益的规定。1992年4月3日，第七届全国人民代表大会第五次会议通过的《中华人民共和国妇女权益保障法》，是一部保护妇女权益的综合性法律，该法的颁布对保障妇女权益，促进男女平等具有重要意义。根据社会发展和妇女事业发展的需要，这部法律分别在2005年和2018年进行了两次修正。

一、《中华人民共和国妇女权益保障法》的立法目的

《中华人民共和国妇女权益保障法》第一条就明确了本法的立法目的。制定保护妇女权益的专项立法，是为了保障妇女的合法权益，促进男女平等，充分发挥妇女在社会主义现代化建设中的作用。中华人民共和国成立70年以来，妇女事业得到了长足发展，与以往相比，妇女地位处于最高阶段，妇女的整体发展处于最好的水平。但是由于社会发展的不平衡、不充分，侵害妇女权益的现象仍旧存在，有时还很严重，因此作为人口最多的国家，保障占人口一半的女性权益是国家的责任，以立法方式保护妇女合法权益是一种必然的选择。用专项立法对发展相对处于弱势的妇女实施权益保障，可以提升妇女的权利实现能力，使得法律上的男女平等在现实中得以实现，激发妇女作为社会发展伟大人力资源的创造力，发挥女性在社会发展中的生力军作用。

二、妇女权益保障法的基本原则

（一）男女权利平等原则

妇女与男子一样，是社会发展的推动力，是人力资源的重要组成部分，无论在家庭中还是社会上，妇女与男子应当平等地享有法律赋予的各项权利。实行男女平等是我国的一项基本国策。国家采取必要措施，逐步完善保障妇女权益的各项制度，消除对妇女一切形式的歧视。

（二）对妇女权益实行特殊保护原则

男女权利平等不等于平均地对待男女两性，由于妇女体力上弱于男性，同时承担着人类繁衍的社会责任，因此，妇女的怀孕生育哺乳期间的特殊保护问题必须得到社会的正视和法律的有效保护。

（三）禁止歧视、虐待、残害妇女

中国封建社会历史漫长，一些封建残余思想遗毒至今，妇女虽然在法律上享有与男子平等的权利，但在实际生活中，歧视、虐待和残害妇女的现象仍然存在。只有通过法律制裁侵害妇女的各种违法犯罪行为，妇女的生命健康权才有保障，禁止歧视、虐待、残害妇女是对女性人权最基本的保护。

三、保障妇女合法权益的机构和组织

（一）国务院妇女儿童工作委员会

简称“国务院妇儿工委”，是国务院负责妇女儿童工作的协调议事机构，负责协调和推动政府有关部门执行妇女儿童的各项法律法规和政策措施，发展妇女儿童事业。各省、自治区、直辖市政府内部也有同样性质的机构。

（二）中华全国妇女联合会

简称“全国妇联”，是全国各族各界妇女为争取进一步解放与发展而联合起来的群团组织，是中国共产党领导下的人民团体，是党和政府联系妇女群众的桥梁和纽带，是国家政权的重要社会支柱。中华全国妇女联合会以宪法为根本的活动准则，依照法律和《中华全国妇女联合会章程》独立自主地开展工作。在新时代担负着团结引导各族各界妇女听党话、跟党走的政治责任，以围绕中心、服务大局为工作主线，以联系和服务妇女为根本任务，以代表和维护妇女权益、促进男女平等和妇女全面发展为基本职能。《中华人民共和国妇女权益保障法》第十条规定：制定法律、法规、规章和公共政策，对涉及妇女权益的重大问题，应当听取妇女联合会的意见。

（三）工会女职工委员会

中华全国总工会和地方各级工会组织中设有“女职工委员会”，是工会内部设立的专门保护女职工劳动权益的组织。

（四）其他组织和机构

人民法院、公安机关、检察机关、仲裁机关、公证机关、消费者协会等机关和组织，在职权范围内，有权依照法律规定保护妇女权益，制裁侵害妇女权益的行为。报纸、杂志，电视台、广播电台、新媒体是传播妇女事业进步成就，反映女性呼声、揭露侵害妇女权益的行为，促进男女平等的重要舆论工具。

四、妇女的“四自”精神

《中华人民共和国妇女权益保障法》在“总则”中规定：“国家鼓励妇女自尊、自信、自立、自强，运用法律维护自身合法权益。”《中华全国妇女联合会章程》在“任务”部分第五条规定：“教育引导妇女树立自尊、自信、自立、自强的精神，提高综合素质，实现全面发展。”可见，“四自”精神是中国妇女精神世界的一个建设目标。“四自”精神的具体内涵是：自尊，就是尊重自己的人格，维护自己的尊严，反对自轻自贱；自信，就是相信自己的力量，坚定自己的信念，反对妄自菲薄；自立，就是树立独立意识，体现自己的社会价值，反对依附顺从；自强，就是顽强拼搏，奋发进取，反对自卑自弱。

“四自”精神，是对中国妇女运动光荣传统的继承和发展，这一具有鲜明中国特色的口号已经成为广大妇女的精神坐标。国家倡导中国妇女树立自我发展的独立的群体意识，培养健全的心理素质，与男性并肩成为国家改革和发展建设的参与者，成为经济建设和社会发展中一支举足轻重的力量。“四自”精神已经成为激励和推动中国妇女群体不断发展的重要精神力量。

第二节 妇女的各项法律权益

一、政治权利

妇女的政治权利是指妇女享有通过各种途径和形式，管理国家事务，管理经济和文化事业，管理社会事务的权利以及在政治上表达个人意愿和见解的自由。

妇女享有与男子平等的政治权利，这标志着我国妇女在法律上享有很高的政治地位。妇女的政治权利主要为选举权和被选举权，其他政治权利还包括言论、出版、集会、结社、游行、示威的自由。为保证妇女有参政议政机会，法律规定全国人民代表大会和地方各级人民代表大会的代表中，应当有适当数量的妇女代表。国家采取措施，逐步提高全国人民代表大会和地方各级人民代表大会的妇女代表的比例。居民委员会、村民委员会成员中，妇女应当有适当的名额。第十三届全国人大代表中女代表比例已经达到24.9%，较上一届的23.4%提高了1.5个百分点。除了人大代表中要有一定比例女代表外，法律还规定国家机关、社会团体、企业事业单位培养、选拔和任用干部，必须坚持男女平等的原则，并有适当数量的妇女担任领导成员。除了可以对公共事务建言献策，法律规定对于有关保障妇女权益的批评或者合理建议，有关部门应当听取和采纳；对于有关侵害妇女权益的申诉、控告和检举，有关部门必须查清事实，负责处理，任何组织或者个人不得压制或者打击报复。

二、文化教育权益

妇女的文化教育权益，是指妇女享有接受教育的权利和从事文学艺术、科学技术和其他文化活动的权利。

受教育是公民的基本权利之一，宪法第四十六条规定："中华人民共和国公民有受教育的权利和义务。"为实现妇女的受教育权，《中华人民共和国妇女权益保障法》规定，学校和有关部门应当执行国家有关规定，保障妇女在入学、升学、毕业分配、授予学位、派出留学等方面享有与男子平等的权利；父母或者其他监护人必须履行保障适龄女性儿童少年接受义务教育义务；学校在录取学生时，除特殊专业外，不得以性别为由拒绝录取女性或者提高对女性的录取标准。针对贫困地区儿童少年特别是女性儿童少年上学困难问题，残疾儿童上学困难问题和因农村大量劳动力进城务工，造成的部分农民工子女脱离原籍随父母异地入学困难问题，法律规定："政府、社会、学校应当采取有效措施，解决适龄女性儿童少年就学存在的实际困难，并创造条件，保证贫困、残疾和流动人口中的适龄女性儿童少年完成义务教育。"法律还要求"学校应当根据女性青少年的特点，在教育、管理、设施等方面采取措施，保障女性青少年身心健康发展"。对于部分未成年人父母中存在的让女性儿童少年辍学打工或者从事家务劳动的现象，法律规定："除因疾病或者其他特殊情况经当地人民政府批准的以外，对不送适龄女性儿童少年入学的父母或者其他监护人，由当地人民政府予以批评教育，并采取有效措施，责令送适龄女性儿童少年入学。"

文化在教化民众、活跃生活、滋养心灵、培养高尚道德情操方面具有重要作用，文化生活是人们生活中不可缺少的重要组成部分。法律规定国家机关、社会团体和企业事业单位应当保障妇女在从事科学、技术、文学、艺术和其他文化活动时，享有与男子平等的权利。家庭、学校和社会对于女性参与或从事文化活动应当积极支持并努力创造各种有利条件。

三、劳动和社会保障权益

妇女的劳动权益，是指有劳动能力的妇女享有平等就业和选择职业、取得劳动报酬、劳动安全保护以及其他与劳动有关的权利。妇女的社会保障权益是指妇女在因一定社会风险而面临生活困难时，从国家和社会获得物质帮助，以保障其基本生存需要的权利。

劳动是公民的权利和义务，是每一个有劳动能力的妇女的一项光荣职责。妇女通过自己的勤奋、诚实、合法的劳动，获取相应的劳动报酬，使自己在经济上达到自立。经济上的自立，为妇女与男子在各个领域中的平等奠定了物质基础。

根据妇女权益保障法和劳动法的规定，女性享有如下劳动权利和社会保障权利：

（一）平等就业的权利

妇女与男子一样享有平等的就业权利，各单位在录用职工时，除不适合妇女的工种或者岗位外，不得以性别为由拒绝录用妇女或提高对妇女的录用标准。各单位在录用女职工时，应当依法与其签订劳动（聘用）合同或者服务协议，劳动（聘用）合同或者服务协议中不得规定限制女职工结婚、生育的内容。各单位在执行国家退休制度时，不得以性别为由歧视妇女。

（二）选择职业的权利

在法律允许的范围内，妇女有权依照自己的意愿选择自己从事的职业。

（三）取得劳动报酬的权利

妇女在向用人单位付出劳动的同时，有权获得相应的劳动报酬。男女同工同酬。

（四）休息休假的权利

妇女有权在法定工作时间之外享受法定的休息时间和法定节假日。

（五）获得劳动安全保护的权利

任何单位均应根据妇女的特点，依法保护妇女在工作和劳动时的安全和健康，不得安排不适合妇女从事的工作和劳动，例如重体力劳动、矿山井下作业等。妇女在经期、孕期、产期、哺乳期依法享受特殊保护。

（六）接受职业技能培训的权利

妇女有权获得必要的职业培训。

（七）享受社会保险和福利的权利

国家发展社会保险、社会救助、社会福利和医疗卫生事业，保障妇女享有社会保险、社会救助、社会福利和卫生保健等权益。国家推行生育保险制度，建立健全与生育相关的其他保障制度。妇女在享受福利待遇方面享有与男子平等的权利。

（八）提请劳动争议处理的权利

任何单位不得因结婚、怀孕、产假、哺乳等情形，降低女职工的工资，辞退女职工，单方解除劳动（聘用）合同或者服务协议。但是女职工要求终止劳动（聘用）合同或者服务协议的除外。当妇女因合同执行、劳动保护、工伤赔偿等与用人单位发生劳动争议时，有权依法申请调解、仲裁或者到人民法院提起诉讼。

（九）其他劳动权利

四、财产权益

财产权益是具有物质内容或直接体现为经济利益的民事权利，包括所有权、债权、专利权、商标权等。妇女权益保障法规定，在婚姻、家庭共有财产关系中，不得侵害妇女依法享有的权益。针对妇女财产权益遭受侵害的常见问题，例如剥夺出嫁女儿的财产继承权、禁止丧偶妇女带产改嫁、不分给妇女责任田、不给离婚妇女宅基地等问题，妇女权益保障法明确规定：

（一）农村妇女土地承包权益的保障

妇女在农村土地承包经营、集体经济组织收益分配、土地征收或者征用补偿费使用以及宅基地使用等方面，享有与男子平等的权利。任何组织和个人不得以妇女未婚、结婚、离婚、丧偶等为由，侵害妇女在农村集体经济组织中的各项权益。因结婚男方到女方住所落户的，男方和子女享有与所在地农村集体经济组织成员平等的权益。

（二）妇女继承权的保障

妇女享有的与男子平等的财产继承权受法律保护。在同一顺序法定继承人中，不得歧视妇女。丧偶妇女有权处分继承的财产，任何人不得干涉。丧偶妇女对公婆尽了主要赡养义务的，作为公婆的第一顺序法定继承人，其继承权不受子女代位继承的影响。妇女享有的与男子平等的财产继承权受法律保护。

五、人身权利

人身权利，是指与公民的人身不能分离的、没有财产内容的民事权利。妇女享有人身权利是享有其他权利的前提和基础，我国宪法、民法总则、妇女权益保障法、刑法、反家庭暴力法等法律中都有保护妇女人身权利的规定。妇女人身权利包括如下具体权利：

（一）生命健康权

妇女享有保护自己的生命和健康不受非法侵害的权利。生命健康权是生命权和健康权的统称，它是妇女最基本、最重要的权利，是妇女享受其他权利的基础。妇女的生命健康权不受侵犯。针对现实生活中存在的诸多侵害妇女人身权利的现象，妇女权益保障法第三十八条规定："禁止溺、弃、残害女婴；禁止歧视、虐待生育女婴的妇女和不育的妇女；禁止用迷信、暴力等手段残害妇女；禁止虐待、遗弃病、残妇女和老年妇女。"此外，法律还规定，禁止拐卖、绑架妇女；禁止收买被拐卖、绑架的妇女；禁止阻碍解救被拐卖、绑架的妇女。禁止对妇女实施性骚扰。被性骚扰的受害妇女有权向单位和有关机关投诉。禁止对妇女实施家庭暴力，这也是妇女享有的婚姻家庭权益。遭受暴力的妇女可以按照反家庭暴力法中的规定，向人民法院申请人身安全保护令，要求公安机关对施暴人依法告诫。国家采取措施，预防和制止家庭暴力。公安、民政、司法行政等部门以及城乡基层群众性自治组织、社会团体，应当在各自的职责范围内预防和制止家庭暴力，依法为受害妇女提供救助。

（二）人身自由权

妇女的人身自由不受侵犯。禁止非法拘禁和以其他非法手段剥夺或者限制妇女的人身自由；禁止非法搜查妇女的身体。

（三）姓名权

妇女有权决定、使用和依照规定改变自己的姓名，并要求他人尊重自己的姓名，禁止他人干涉、盗用、假冒。

（四）肖像权

妇女对以各种形式反映自己容貌特征的个人形象享有专有权。妇女的肖像权受法律保护，未经本人同意，不得以营利为目的，通过广告、商标、展览橱窗、报纸、期刊、图书、音像制品、电子出版物、网络等形式使用妇女肖像。

（五）名誉权

妇女享有保持和维护个人名誉，禁止用侮辱、诽谤等方式损害妇女的人格尊严，禁止通过大众传播媒介或其他方式贬低损害妇女人格。

（六）荣誉权

妇女有获得、保护荣誉称号，并禁止他人非法剥夺和侵害的权利。

（七）隐私权

妇女享有的私人生活安宁与私人信息秘密依法受到保护，不被他人非法侵扰、知悉、收集、利用和公开。

六、婚姻家庭权益

妇女的婚姻家庭权益是指妇女在婚姻家庭中享有的各项权利和利益。国家保障妇女享有与男子平等的婚姻家庭权利。根据妇女权益保障法的规定，妇女在婚姻家庭中的主要权利有：

（一）婚姻自主权

所谓婚姻自主权，是指公民享有依法按照自己的意志，自愿地结婚或离婚，不受他人干涉的自主权利。国家保护妇女的婚姻自主权。禁止干涉妇女的结婚自由和离婚自由。为保护妇女的特殊权益，法律规定女方在怀孕期间、分娩后一年内或者终止妊娠后六个月内，男方不得提出离婚。女方提出离婚的，或者人民法院认为确有必要受理男方离婚请求的，不在此限。

（二）对未成年子女的监护权

父母双方对未成年的子女享有平等的监护权。父亲死亡、丧失行为能力或者有其他情形不能担任未成年子女的监护人的，母亲的监护权任何人不得干涉。离婚时，女方因实施绝育手术或者其他原因丧失生育能力的，处理子女抚养问题，应在有利子女利益的条件下，照顾女方的合理要求。

（三）财产权利

妇女对依照法律规定的夫妻共同财产享有与其配偶平等的占有、使用、收益和处分的权利，不受双方收入状况的影响。夫妻书面约定婚姻关系存续期间所得的财产归各自所有，女方因抚育子女、照料老人、协助男方工作等承担较多义务的，有权在离婚时要求男方予以补偿。

（四）生育权

妇女有按照国家有关规定生育子女的权利，也有不生育的自由。育龄夫妻双方按照国家有关规定计划生育，有关部门应当提供安全、有效的避孕药具和技术，保障实施节育手术的妇女的健康和安全。国家实行婚前保健、孕产期保健制度，发展母婴保健事业。各级人民政府应当采取措施，保障妇女享有计划生育技术服务，提高妇女的生殖健康水平。

（五）房屋所有权及居住权

国家保护离婚妇女的房屋所有权。夫妻共有的房屋，离婚时，分割住房由双方协议解决；协议不成的，由人民法院根据双方的具体情况，按照照顾子女和女方权益的原则判决。夫妻双方另有约定的除外。夫妻共同租用的房屋，离婚时，女方的住房应当按照照顾子女和女方权益的原则解决。

第三节　侵害妇女权益的法律责任

妇女的合法权益受到侵害的，有权要求有关部门依法处理，或者依法向仲裁机构申请仲裁，或者向人民法院起诉。对有经济困难需要法律援助或者司法救助的妇女，当地法律援助机构或者人民法院应当给予帮助，依法为其提供法律援助或者司法救助。

妇女的合法权益受到侵害时，可以向妇女组织投诉，妇女组织应当维护被侵害妇女的合法权益，有权要求并协助有关部门或者单位查处。有关部门或者单位应当依法查处，并予以答复。妇女组织对于受害妇女进行诉讼需要帮助的，应当给予支持。妇女联合会或者相关妇女组织对侵害特定妇女群体利益的行为，可以通过大众传播媒介揭露、批评，并有权要求有关部门依法查处。

违反妇女权益保障法规定，以妇女未婚、结婚、离婚、丧偶等为由，侵害妇女在农村集体经济组织中的各项权益的，或者因结婚男方到女方住所落户，侵害男方和子女享有与所在地农村集体经济组织成员平等权益的，由乡镇人民政府依法调解；受害人也可以依法向农村土地承包仲裁机构申请仲裁，或者向人民法院起诉，人民法院应当依法受理。

违反妇女权益保障法规定，侵害妇女的合法权益，其他法律、法规规定行政处罚的，从其规定；造成财产损失或者其他损害的，依法承担民事责任；构成犯罪的，依法追究刑事责任。由此可见，侵害妇女权益的法律责任形式分为行政责任、民事责任和刑事责任三种。

一、行政责任

行政法律责任是行政法律关系主体由于违反行政法律义务构成行政违法而应当依法承担的否定性法律后果。行政责任主要有行政处罚和行政处分两种方式。根据妇女权益保障法规定，有下列侵害妇女合法权益情形之一的，给予行政处分：

（一）违反本法规定，对侵害妇女权益的申诉、控告、检举、推诿、拖延、压制不予查处，或对提出申诉、控告、检举的人进行打击报复的；

（二）国家机关及其工作人员未依法履行职责，对侵害妇女权益的行为未及时制止或者未给予受害妇女必要帮助，造成严重后果的；

（三）违反本法规定，侵害妇女文化教育权益、劳动和社会保障权益、人身和财产权益以及婚姻家庭权益的。

有下列侵害妇女合法权益情形之一的，给予行政处罚：

（一）违反本法规定，对妇女实施性骚扰或者家庭暴力，构成违反治安管理行为的，受害人可以提请公安机关对违法行为人依法给予行政处罚，也可以依法向人民法院提起民事诉讼。

【案例】某学校教师发现班里一女生手臂上、脖子上有不少伤痕，经过仔细盘问，女孩说是母亲打的。教师根据反家庭暴力法中规定的强制报告义务，向学校报告了自己的发现，学校立即报警。公安机关接警后到学校立即安排女孩到医院就医检查，并安排其到专业鉴定机构接受司法鉴定。为保护儿童安全，公安机关将受害女童临时安置在家暴庇护中心。

处理结果：由于本案加害人施暴情节较为严重，女孩伤害结果经鉴定为轻微伤，公安机关对其母依法拘留5天。

（二）违反本法规定，通过大众传播媒介或者其他方式贬低损害妇女人格的，由文化、广播电影电视、新闻出版或者其他有关部门依据各自的职权责令改正，并依法给予行政处罚。

二、民事责任

民事法律责任是民事主体对于自己因违反合同，不履行其他民事义务，或者侵害国家的、集体的财产，侵害他人的人身财产、人身权利所引起的法律后果，依法应当承担的民事法律责任。承担民事责任的形式包括停止侵害、排除妨碍、消除危险、返还财产、恢复原状、赔偿损失、支付违约金、消除影响、恢复名誉、赔礼道歉等。侵害妇女的合法权益，造成财产损失或者其他损害的，权利受到损害的妇女可以要求责任人依法承担民事责任。例如，婚姻法第四十六条规定，对于重婚、实施家庭暴力、有配偶者与他人同居等情况导致离婚的，无过错方有权请求损害赔偿。由于上述情况的受害人往往是妇女，因此，受害妇女可以依据这项法律，要求加害人在离婚时承担民事赔偿责任，支付一定数额的精神抚慰金。

【案例】英语培训师李某家暴离婚案件，经过原告及律师的努力，加上人民法院坚持遵循保护无过错方及妇女儿童合法权益的原则，这起离婚诉讼的判决结果是非常公正的，得到原告及社会各界好评。

判决中认定：

1.李某家庭暴力行为成立，准予双方离婚，判决李某向妻子支付精神损害抚慰金5万元，财产折价款1200万元。

2.三个孩子的抚养权全部判归女方。李某承担子女抚养费直至孩子满18周岁，每个孩子每年10万元。

3.法院对李某妻子作出为期3个月的人身安全保护裁定。

三、刑事责任

刑事责任是指行为人因实施犯罪行为所应当承担的法律责任，包括主刑和附加刑两种刑事责任形式。侵害妇女合法权益，例如虐待、遗弃、暴力伤害、杀害、拐卖、强奸、绑架、猥亵等，行为构成犯罪的，应当依照刑法的有关规定，追究行为人的刑事责任。

【案例】有一个妇女，因生了个女孩，丈夫、公婆将她和孩子撇在医院，无人照顾。这个妇女回家后，丈夫就开始逼她离婚。她不同意，丈夫和公婆就开始虐待她，经常对她打骂和冷嘲热讽，骂她没本事，要求她和男方离婚。不得已，女方求助于妇联，希望能在妇联帮助调解下终止暴力。

处理结果：妇联向来访的妇女说明反家庭暴力法的规定，征得她的同意后，帮助她向当地人民法院申请了人身安全保护令。保护令中禁止她的丈夫实施暴力，并责令他迁出申请人住所。

现实生活中，妇女受虐待的原因有很多，其中很重要的一个原因是生育女婴或不育。在一些男尊女卑、传宗接代等封建思想严重的家庭，妇女生女孩或不育被视为断了家族延续的“香火”，丈夫、公婆等家庭成员往往以虐待和家暴的方式发泄他们的不满，甚至强迫女方离婚或者将女方赶出家门。

反家庭暴力法将家庭暴力定义为“家庭成员之间以殴打、捆绑、残害、限制人身自由以及经常性谩骂、恐吓等方式实施的身体、精神等侵害行为”。长期的家庭暴力构成虐待。虐待妇女是指经常以殴打、冻饿、限制人身自由、侮辱人格、强迫超体力劳动、有病不给医治的方法，从肉体上和精神上折磨、迫害妇女，情节恶劣的行为。虐待情节严重，构成犯罪的，行为人需要承担刑事责任。依照刑法第二百六十条的规定，虐待家庭成员情节恶劣的，处2年以下有期徒刑、拘役或者管制。虐待行为致使妇女重伤、死亡的，处2年以上7年以下有期徒刑。

虐待罪，依照刑法规定，属于告诉的才处理的犯罪，但被害人没有能力告诉，或者因受到强制、威吓无法告诉的除外，即被害人到人民法院对虐待行为提出控告，人民法院才追究虐待行为人的刑事责任。所以，如果妇女因各种原因遭受虐待的，可以主动到人民法院去告诉，用法律保护自己的生命安全。如果被害妇女因受到强制、威吓无法告诉的，人民检察院和被害妇女的近亲属也可以告诉。

我国已经就家庭暴力问题形成了较为完善的法律网络，妇女儿童等家暴受害人可以依法投诉、报警、提起诉讼等，依法维护自己的合法权益。

第四节 反家庭暴力法

反家庭暴力法共六章三十八条，其主要内容包括家庭暴力定义、反家暴责任主体、工作原则、预防和处置家庭暴力的措施、机制及法律责任等，是一部实用性很强的社会法。

一、家庭暴力的定义

2015年12月27日通过的《中华人民共和国反家庭暴力法》第二条将家庭暴力定义为："家庭暴力，是指家庭成员之间以殴打、捆绑、残害、限制人身自由以及经常性谩骂、恐吓等方式实施的身体、精神等侵害行为。"对该定义应从以下几方面理解：

第一，家庭暴力发生在家庭成员之间。家庭由一定范围的亲属组成。亲属是具有血缘、婚姻或者收养关系的社会成员。

第二，家庭暴力有多种表现形式。家庭暴力定义以列举的方式说明了什么是家庭暴力，即殴打、捆绑、残害、限制人身自由以及经常性谩骂、恐吓等。概括地说，定义中列举的家暴方式包括两大类，第一类是针对受害人身体实施的殴打、捆绑和残害等行为，这是实践中常见也是对受害人伤害较大的一类暴力形式。殴打和残害往往给受害人造成体表伤害，严重的会致人伤残甚至死亡。第二类家暴方式是经常性谩骂和恐吓，对家庭成员进行精神摧残。

二、对家庭暴力的预防

国际上对家庭暴力有三级预防的理论：事发前的一级预防，注重面向大众宣传普及反家暴知识，扭转公众对家庭暴力的错误认识，自觉摒弃暴力行为，从而减少家庭暴力；对高危人群的二级预防，重点关注存在家暴的家庭和筛查出高危人群进行有针对性的干预，防止暴力升级和暴力行为反复发生；事发后的三级预防，重在对受害人给予安全庇护和提供需要的各种服务，对加害行为给予处罚，防止暴力行为再发生。做好预防工作，可以及时化解家庭矛盾和冲突，防止矛盾扩大和冲突升级，对受害人提供安全保障，力求将个人、家庭、国家和社会因家庭暴力可能付出的代价降到最低。也正因为如此，各国在制定反家庭暴力法时，都将预防置于非常重要的位置，反家暴经费也大量用于预防工作。

基于预防工作的重要意义，我国反家庭暴力法在总则之后首先就规定了对“家庭暴力的预防”，将预防工作排在反家庭暴力各项工作的首位。根据反家庭暴力法规定，家庭暴力的预防主要应做好如下工作：

（一）通过宣传教育普及反家暴理念及法律知识

宣传教育是提升公众反家暴意识、普及反家暴知识的重要环节。国家机关、人民团体、媒体、教育机构等可以采用公众喜闻乐见的形式开展反家暴宣传。

第一，国家开展家庭美德宣传教育，普及反家庭暴力知识，增强公民反家庭暴力意识。反家庭暴力法在总则部分规定：国家禁止任何形式的家庭暴力。这是国家对公民的承诺，也是国家反对家庭暴力的宣言，因此反家暴是国家的重要责任，开展一级预防是国家防止家庭暴力、维护家庭和谐的重要手段。

第二，工会、共产主义青年团、妇女联合会、残疾人联合会应当在各自工作范围内，组织开展家庭美德和反家庭暴力宣传教育。人民团体覆盖的社会成员占全国人口的绝大部分，且妇女儿童是家庭暴力的主要受害人群，因此人民团体在反家暴宣传教育方面责无旁贷。

第三，广播、电视、报刊、网络等应当开展家庭美德和反家庭暴力宣传。传统媒体和现代媒体都各自拥有庞大的受众群体，媒体开展反家暴宣传教育成本低，见效快，覆盖面广，尤其是在各种家暴典型案件发生后，媒体可深入发掘家暴原因、还原事发过程、反思案件发生的教训、提出完善法律和处置程序的建议。这些工作都会对反家暴的深入、广泛和持久开展起到积极推进作用。

第四，学校、幼儿园应当开展家庭美德和反家庭暴力教育。家庭暴力有代际传承的特点，要切断家庭暴力的传承，就要让儿童自幼接受反家暴教育，让他们认识家庭暴力的违法性和危害性，自觉摒弃暴力思维和暴力行为。因此，教育机构在反家暴工作中具有重要的基础作用。

（二）建立多机构合作机制做好反家暴预防工作

根据反家庭暴力法的规定，反家庭暴力是国家、社会和每个家庭的共同责任。也就是说，全社会都有责任反对家庭暴力，社会各方面应通力配合，建立多机构合作机制，共同应对家庭暴力的挑战。

第一，县级以上人民政府有关部门、司法机关、妇女联合会应当将预防和制止家庭暴力纳入业务培训和统计工作。

第二，医疗机构应当做好家庭暴力受害人的诊疗记录。

第三，乡镇人民政府、街道办事处应当组织开展家庭暴力预防工作，居民委员会、村民委员会、社会工作服务机构应当予以配合协助。

第四，各级人民政府应当支持社会工作服务机构等社会组织开展心理健康咨询、家庭关系指导、家庭暴力预防知识教育等服务。

第五，人民调解组织应当依法调解家庭纠纷，预防和减少家庭暴力的发生。

第六，用人单位发现本单位人员有家庭暴力情况的，应当给予批评教育，并做好家庭矛盾的调解、化解工作。

第七，未成年人的监护人应当以文明的方式进行家庭教育，依法履行监护和教育职责，不得实施家庭暴力。

总之，国家和社会通过宣传和教育，在全社会营造对家庭暴力“零容忍”的氛围，坚持多机构合作，多渠道化解家庭矛盾和纠纷，让受害人感受到全社会的关爱和支持，让加害人感受到全社会对施暴行为的不宽容、不纵容、不沉默，对家庭暴力行为形成有效的震慑。

三、对家庭暴力的处置

反家庭暴力法第三章规定了对“家庭暴力的处置”。根据处置主体的不同，可以分为单位及基层组织对家庭暴力投诉的处置，公安机关对家庭暴力报警的处置，人民法院对家庭暴力诉讼的处置等。

（一）单位和基层组织对家庭暴力投诉和求助的处置

家庭暴力受害人及其法定代理人、近亲属，可以向加害人或者受害人所在单位、居民委员会、村民委员会、妇女联合会等单位，投诉、反映或者求助。这些单位或者组织接到家庭暴力投诉、反映或者求助后，应当根据受害人的需要和本单位或者组织在反家暴工作中的职责给予帮助、处理。单位、个人发现正在发生的家庭暴力行为，有权及时劝阻。工会、共产主义青年团、妇女联合会、残疾人联合会、居民委员会、村民委员会等应当对实施家庭暴力的加害人进行法治教育，必要时可以对加害人、受害人进行心理辅导。

2018年2月，全国妇联权益部下发《妇联组织受理家庭暴力投诉工作规程（试行）》进一步规范妇联组织受理家庭暴力投诉工作。

（二）公安机关对家庭暴力报警的处置

家庭暴力受害人及其法定代理人、近亲属可以向公安机关报案。公安机关接到家庭暴力报案后应当及时出警，制止家庭暴力，按照有关规定调查取证，协助受害人就医、鉴定伤情。加害人实施家庭暴力，情节较轻，依法不给予治安管理处罚的，要对加害人给予告诫；构成违反治安管理行为的，由公安机关依法给予治安管理处罚；构成犯罪的，依法追究其刑事责任。

（三）人民法院对家庭暴力诉讼的处置

家庭暴力受害人及其法定代理人、近亲属可以依法向人民法院起诉，要求法院追究加害人的法律责任。人民法院审理涉及家庭暴力的案件，可以根据公安机关出警记录、告诫书、伤情鉴定意见等证据，认定家庭暴力事实。人民法院应当依法对家庭暴力受害人缓收、减收或者免收诉讼费用。人民法院对于因家暴申请人身安全保护令的案件，应当给予重视和及时发放。

四、防治家庭暴力的重要制度

根据反家庭暴力工作和受害人保护的需要，反家庭暴力法中规定了一系列的预防和处置家暴的专门制度，例如人身安全保护令制度，公安告诫制度、庇护制度、强制报告制度等。这些制度在预防和发现家庭暴力、制止家庭暴力、保护安置被害人、教育矫治加害人等方面发挥了重要作用，搭建起我国反家庭暴力工作的制度体系。

（一）人身安全保护令制度

人身安全保护令制度是发端于域外国家和地区的制度建设，在反家暴工作中发挥了特别重要的作用。我国的反家庭暴力法第四章设专章规定了人身安全保护令制度，足见对这一制度的重视程度。法律详细规定了人身安全保护令的申请与受理、保护令种类、适用的条件、具体保护措施以及保护令执行等内容。目前人身安全保护令在基层法院已经为越来越多的法官所重视和使用，对家暴受害人人身安全起到很好的保护作用。

所谓人身安全保护令，是指家庭成员或者共同生活的人在遭受家庭暴力或者面临家庭暴力的现实危险时，向人民法院申请的禁止加害人施暴或者与加害人在日常生活中适度隔离以维护自身人身安全的一种民事令状。当事人申请人身安全保护令的，人民法院应当受理。根据法律规定，如果当事人是无民事行为能力人、限制民事行为能力人，或者因受到强制、威吓等原因无法申请人身安全保护令的，其近亲属、公安机关、妇女联合会、居民委员会、村民委员会、救助管理机构可以代为申请。人身安全保护令案件由申请人或者被申请人居住地、家庭暴力发生地的基层人民法院管辖。人民法院受理相关申请后，应当在72小时内作出人身安全保护令或者驳回申请；情况紧急的，应当在24小时内作出。

人身安全保护令可以包括下列措施：

1.禁止被申请人实施家庭暴力；

2.禁止被申请人骚扰、跟踪、接触申请人及其相关近亲属；

3.责令被申请人迁出申请人住所；

4.保护申请人人身安全的其他措施。

人身安全保护令的有效期不超过6个月，自作出之日起生效。人身安全保护令失效前，人民法院可以根据申请人的申请撤销、变更或者延长。

人民法院作出人身安全保护令后，应当送达申请人、被申请人、公安机关以及居民委员会、村民委员会等有关组织。人身安全保护令由人民法院负责执行，公安机关以及居民委员会、村民委员会等应当协助执行。

被申请人如果违反人身安全保护令，构成犯罪的，依法追究刑事责任；尚不构成犯罪的，人民法院应当给予训诫，可以根据情节轻重处以1000元以下罚款、15日以下拘留。

根据最高人民法院2016年的司法解释，人身安全保护令已成为独立诉由，且申请人身安全保护令不缴纳诉讼费，亦无须提供担保。

（二）家庭暴力告诫制度

公安机关对家庭暴力加害人依法进行告诫，是中国特色反家暴工作的一个经验创举。公安告诫制度发端于江苏省。江苏省妇联和省公安厅等部门积极探索防治家庭暴力的新路径，结合江苏地方实际，借鉴国内外先进立法经验，本着严谨务实的态度，在积极试点和充分调研论证的基础上，于2013年7月25日由江苏省高级人民法院、江苏省人民检察院、江苏省公安厅和江苏省妇女联合会联合印发了《江苏省家庭暴力告诫制度实施办法（试行）》，在全国率先建立家庭暴力告诫制度，旨在通过发挥公安机关治安行政指导在防治家庭暴力中的作用，加强对家庭暴力的靠前干预，解决当前防治家庭暴力手段单一、被动和滞后等问题，保护受害人权益，维护家庭和社会的和谐稳定。具体就是针对那些家庭暴力情节较轻，依法不给予治安管理处罚的，由公安机关对加害人给予批评教育或者出具告诫书。告诫书应当包括加害人的身份信息、家庭暴力的事实陈述、禁止加害人实施家庭暴力等内容。公安机关的家庭暴力告诫书可以在诉讼中对家暴行为起到证明作用，实施后作用良好，对家庭暴力行为起到了警告和震慑作用，有效预防了家暴再发生。江苏的经验很快传播到其他省市，在反家庭暴力法制定过程中被吸收进法律中，成为反家庭暴力的中国经验。

公安机关在作出告诫决定后，应当将告诫书送交加害人、受害人，并通知居民委员会、村民委员会。居民委员会、村民委员会、公安派出所应当对收到告诫书的加害人、受害人进行查访，加强对受害人的保护，用告诫书来震慑和监督加害人不再实施家庭暴力。如果受害人对加害人提起与家庭暴力有关的诉讼，公安机关发放的告诫书可以作为人民法院认定家暴事实存在的证据使用。

（三）临时庇护制度

从国际经验来看，各国各地区的反家暴立法中基本上都规定了要建立家暴受害人的庇护机构，为受害人及其子女提供临时庇护。根据我国反家庭暴力法的规定，县级或者设区的市级人民政府可以单独或者依托救助管理机构设立临时庇护场所，为家庭暴力受害人提供临时生活帮助。无民事行为能力人、限制民事行为能力人因家庭暴力身体受到严重伤害、面临人身安全威胁或者处于无人照料等危险状态的，公安机关应当通知并协助民政部门将其安置到临时庇护场所、救助管理机构或者福利机构。

2015年9月24日，民政部、全国妇联发布了《关于做好家庭暴力受害人庇护救助工作的指导意见》（以下简称《指导意见》）。《指导意见》中界定的家庭暴力受害人庇护救助工作对象指常住人口及流动人口中，因遭受家庭暴力导致人身安全受到威胁，处于无处居住等暂时生活困境，需要进行庇护救助的未成年人和寻求庇护救助的成年受害人。寻求庇护救助的妇女可携带需要其照料的未成年子女同时申请庇护。《指导意见》还明确了未成年人特殊优先保护、依法庇护、专业化帮扶、社会共同参与等原则，确定了及时受理求助、按需提供转介服务、加强受害人人身安全保护、强化未成年受害人救助保护等工作内容，并从健全工作机制、加强能力建设、动员社会参与、强化宣传引导等方面提出了具体的工作要求。

（四）强制报告制度

强制报告制度，是指特定组织或者机构工作人员或者特定行业人员在发现无民事行为能力人、限制民事行为能力人遭受或者疑似遭受家庭暴力时，依法履行向公安机关报告义务的制度。未能依法报告，造成严重后果的将承担相应的法律责任。这里的特定行业人员，包括教师、医生、护士、社区工作人员等，他们在工作过程中较他人更容易发现家暴受害人，因此，反家庭暴力法第十四条规定："学校、幼儿园、医疗机构、居民委员会、村民委员会、社会工作服务机构、救助管理机构、福利机构及其工作人员在工作中发现无民事行为能力人、限制民事行为能力人遭受或者疑似遭受家庭暴力的，应当及时向公安机关报案。公安机关应当对报案人的信息予以保密。"法律还规定，如果上述机构及其工作人员未按规定向公安机关报案，造成严重后果的，由上级主管部门或者本单位对直接负责的主管人员和其他直接责任人员依法给予处分。

（五）依法撤销监护人资格制度

根据反家庭暴力法第二十一条的规定，监护人实施家庭暴力严重侵害被监护人合法权益的，人民法院可以根据被监护人的近亲属、居民委员会、村民委员会、县级人民政府民政部门等有关人员或者单位的申请，依法撤销其监护人资格，另行指定监护人。被撤销监护人资格的加害人，应当继续负担相应的赡养、扶养、抚养费用。

2014年12月18日，最高人民法院、最高人民检察院、公安部、民政部联合发布《关于依法处理监护人侵害未成年人权益行为若干问题的意见》，对于父母或者其他监护人性侵害、出卖、遗弃、虐待、暴力伤害未成年人，教唆、利用未成年人实施违法犯罪行为，胁迫、诱骗、利用未成年人乞讨，以及不履行监护职责严重危害未成年人身心健康等行为，规定司法机关可以依法撤销其监护人资格。

（六）法律援助制度

法律援助是指由政府设立的法律援助机构指派或者安排承担法律援助义务的律师，为经济困难或特殊案件的当事人无偿提供法律服务的一项法律保障制度。反家庭暴力法第十九条规定：法律援助机构应当依法为家庭暴力受害人提供法律援助。实践中家暴受害人经常需要的法律援助服务包括提供法律咨询、支持诉讼、代写法律文书等。

上述各项制度既有国际经验，又有本土实践；既保护了受害人的合法权益，又考虑了公权力介入私领域的合适程度；既体现了“国家禁止任何形式的家庭暴力”的零容忍态度，又考虑到现阶段的具体国情。法律对制度之间的相互衔接及落实也做到能具体就具体，突出法律的可操作性，达到法律宣示性和实用性的统一。

第六讲

妇联家庭和儿童工作[①]

家庭和儿童工作是党中央交给妇联组织的重要任务，是深入贯彻落实习近平总书记关于注重家庭、注重家教、注重家风的重要指示精神，更好地服务妇女儿童的现实要求，是对国家、对社会、对妇联具有重要意义的重要工作。

① 本讲内容主要来自《全国妇联关于组织实施“家家幸福安康工程”实施方案》（妇字〔2019〕26号）文件和《北京市“家家幸福安康工程”实施方案》（京妇发〔2019〕19号）文件。

第一节 家庭和儿童工作概述

一、家庭和儿童工作部成立概述

2013年10月31日，习近平总书记在同全国妇联新一届领导班子成员集体谈话时，提出妇联组织要“注重发挥妇女在弘扬中华民族家庭美德、树立良好家风方面的独特作用”。随后，习近平总书记就家庭建设多次作出重要批示指示。

2017年5月24日，全国妇联召开妇联系统家庭和儿童工作会议，旨在贯彻习近平总书记系列重要讲话精神，推进全国妇联相关家庭和儿童工作改革任务，进一步明确新形势下家庭和儿童工作的职责定位，推进家庭和儿童工作创新发展。时任全国妇联党组书记、副主席、书记处第一书记宋秀岩同志就全国妇联为什么组建家庭和儿童工作部这一问题指出：第一，组建家庭和儿童工作部是贯彻落实习近平总书记重要讲话精神的具体行动。组建家庭和儿童工作部，就是贯彻落实习近平总书记系列重要讲话精神的具体举措。第二，组建家庭和儿童工作部是发挥妇联传统优势的需要。家庭工作一直是妇联的传统工作和优势领域，组建家庭和儿童工作部有利于妇联系统更好地开展与落实相关工作。第三，组建家庭和儿童工作部是解决存在的突出问题的需要。妇联家庭工作和儿童工作是难以分割、融为一体的，整合后，有利于打破工作中存在的壁垒，把有限的资源统一整合投入到家庭工作中。

此次会议上，全国妇联明确了家庭和儿童工作部的职责定位。全国妇联明确提出，要做好家庭和儿童工作，就要落实习近平总书记的指示要求，通过寻找“最美家庭”活动这一载体抓好家庭文明建设工作；就要立根本、谋未来地抓好家庭教育工作，通过“家庭亲子阅读”活动这一载体引导广大家庭培育良好家风；就要认真研究家庭和儿童工作中的实际问题，通过一些探索推动政策出台，全国妇联各部门之间要密切配合，建设好、培训好基层妇联组织。

2018年11月2日，习近平总书记在同全国妇联新一届领导班子成员集体谈话时明确指出：做好家庭工作，发挥妇女在社会生活和家庭生活中的独特作用，是妇联组织服务大局、服务妇女的重要着力点。要注重家庭、注重家教、注重家风，认真研究家庭领域出现的新情况新问题，把推进家庭工作作为一项长期任务抓好。

认真学习贯彻习近平总书记重要讲话精神，深刻领会习近平总书记关于家庭工作的重要论述，以习近平总书记重要讲话精神为引领，以社会主义核心价值观为统领，坚持服务大局，坚持价值引领，坚持群众参与，坚持问题导向，坚持改革创新，把握党政所急、妇女所需、妇联所能的结合点，以发挥妇女的独特作用为着力点，以弘扬优良家风为重点，创新发展家庭和儿童工作。

推进妇联家庭和儿童工作是时代赋予的使命，党政所需；是广大家庭的需求，群众所急；是我们的工作优势，是妇联所能。家庭是社会的细胞，是儿童发展的摇篮，儿童的茁壮健康成长，关系到祖国的未来、民族的希望，也事关千家万户的幸福。妇联组织要进一步提高认识，增强做好家庭和儿童工作的责任感和使命感。

二、家庭和儿童工作的指导思想

以习近平新时代中国特色社会主义思想为指导，全面贯彻党的十九大和十九届二中、三中、四中全会精神，以推动社会主义核心价值观在家庭落地生根，培养担当民族复兴大任时代新人为根本任务，以发挥妇女两个独特作用、以小家庭的和谐共建大社会的和谐为主线，聚焦人民群众对家庭建设的新需求新期盼，把握家庭领域出现的新情况新问题，以家庭文明、家庭教育、家庭服务、家庭研究为重点，统筹和创新推进妇联家庭工作，助力家庭发展及社会建设，夯实家庭在国家发展、民族进步、社会和谐中的重要基点作用，为决胜全面建成小康社会、实现“两个一百年”奋斗目标和中华民族伟大复兴的中国梦作出积极贡献。

北京市妇联家庭和儿童工作指导思想在全国妇联家庭和儿童工作指导思想的基础上细化增加了为建设国际一流的和谐宜居之都、决胜全面建成小康社会、实现中华民族伟大复兴中国梦的北京篇章作出积极贡献的内容。北京妇联家庭和儿童工作的主要特点是围绕首善标准推动妇联家庭工作的创新发展。

三、家庭和儿童工作的基本原则与总体目标

（一）基本原则

1.立足当前和着眼长远相结合

妇联的家庭与儿童工作既要紧紧围绕推动社会主义核心价值观在家庭落地生根、培养担当民族复兴大任时代新人这一根本任务，又要聚焦当前人民群众对不断提高家庭生活质量的热切追求和期盼，立足妇联职能，彰显工作优势，协助解决家庭与儿童领域面临的突出问题，使广大家庭拥有更多的获得感和幸福感。

2.继承传统和创新深化相结合

妇联的家庭与儿童工作既要巩固深化妇联组织多年来常态化开展并取得良好实效的家庭工作特色品牌，又要进一步改革拓展，创新推出体现时代特点、满足家庭需求的工作举措，使妇联家庭工作在继承中创新，在创新中发展。北京市各级妇联组织特别要以首善标准推动全市妇联家庭工作在继承中创新，在创新中发展。

3.示范带动和上下联动相结合

妇联的家庭与儿童工作既要在全国妇联层面做好顶层设计、统筹谋划、系统部署以及示范带动工作，又要指导推动各级妇联组织因地制宜、创新推进，形成异彩纷呈的工作格局，做到目标一致、上下联动、久久为功、持续推进，力争取得显著的社会效益，提高群众的参与率和满意度。

4.内部统筹和外部整合相结合

妇联的家庭与儿童工作既要加强妇联内部的工作统筹，形成工作合力，又要加强外部联动，争取政府项目，联合相关部门，整合社会力量，创新机制模式，推动工作不断取得新的突破。

（二）总体目标

力争到2023年，妇联家庭工作呈现新的局面。全社会重视支持家庭建设的氛围进一步浓厚，爱国爱家、相亲相爱、向上向善、共建共享的社会主义家庭文明新风尚进一步弘扬。促进家庭教育的法律政策进一步完善，适应城乡发展、满足家长和儿童需求的家庭教育指导服务体系基本形成。巾帼家政、巾帼健康和婚姻家庭服务能力不断提升，家庭公益项目的规模和社会效益不断拓展。聚焦家庭领域形成一批有价值的理论与实践研究成果，为指导家庭建设实践和推动出台有利于家庭建设的公共政策提供理论与实践依据。

四、家庭和儿童工作的主要职责与任务

家庭和儿童工作的主要职责和任务大体可以概括为：一是开展家庭文明建设工作；二是牵头协调推进家庭教育工作；三是参与制定和实施家庭和儿童相关的法律、法规、政策；四是开展城乡困境儿童、留守儿童等关爱服务；五是参与推进校外教育，推动和支持妇联系统妇女儿童活动场所建设与管理。

家庭是社会主义核心价值观落细落小落实的重要载体，弘扬中华民族

家庭美德、培育文明良好家风是妇联组织肩负的重要职责。各级妇联组织要以习近平总书记“三个注重”重要指示精神为指引，持续推进寻找“最美家庭”活动，不断创新活动方式和载体，扎实推进家庭文明建设工作。要深刻认识家庭教育对儿童成长的重要意义，深刻认识家庭教育是一切教育的基础，要围绕立德树人这个根本任务，以培育和践行社会主义核心价值观、加强儿童思想道德教育为核心，强化家长家庭教育主体责任，提高家长家庭教育水平，切实做好家庭教育指导服务工作。

第二节　全国妇联家庭和儿童工作具体内容与措施

一、实施家庭文明创建行动

（一）目标任务

1.深化寻找“最美家庭”“五好家庭”评选、“绿色家庭”创建等群众性精神文明创建活动，积极培树弘扬中华民族家庭美德的家庭典型，到2023年将揭晓5000户全国“最美家庭”，表彰1000户全国“五好家庭”。按照国家绿色生活创建行动的总体部署，联合相关部门表彰“绿色家庭”典型。

2.妇联系统联动开展内容丰富、形式新颖、富有广泛教育意义的好家风弘扬活动，大力加强家风家教的社会宣传，推出系列家风家教文化服务产品，引导广大家庭建设好家庭、涵养好家教、传承好家风。

（二）具体举措

1.深化拓展寻找“最美家庭”活动

不断扩大活动覆盖面和影响力，一是抓住重要时间节点常态化开展活动。春节期间重点寻找家庭和睦最美家庭，“4·23”世界读书日期间重点寻找书香传家最美家庭，“五一”期间重点寻找爱岗敬业、勤劳致富、诚实守信最美家庭，“六一”期间重点寻找科学教子最美家庭，“七一”期间重点寻找清正廉洁最美家庭，“八一”期间重点寻找心系国防最美家庭，“十一”期间重点寻找弘扬家国情怀最美家庭，“九九重阳节”期间重点寻找孝老敬老最美家庭等，注重活动过程的教育激励作用。二是围绕大局有针对性地开展活动。在农村，围绕实施乡村振兴战略和乡村振兴巾帼行动，大力培树倡导和践行移风易俗的家庭典型，示范带动美丽庭院建设；在城市社区，积极树立邻里互助、绿色环保的家庭典型，为营造和谐人居氛围添力；在党政机关，重点开展家庭助廉活动，突出重点，强化教育，增强吸引力。三是建立完善激励机制。因地制宜探索建立“好家风信用贷”“积分落户”等家庭典型激励机制，使“最美家庭”“五好家庭”成为“文明家庭”的蓄水池，推动形成全社会礼遇好家庭的社会风尚，使家庭典型有更多的荣誉感和责任感。

2.启动实施“绿色家庭”创建行动

与寻找“最美家庭”活动紧密结合，联合相关部门，上下联动组织开展以“绿色生活 · 我家更美”为主题的“绿色家庭”创建行动。通过开发绿色家庭创建指导手册，制作刊播倡导家庭绿色环保的短视频、公益广告，发放宣传册，线上线下开展家庭绿色环保主题实践活动，实施相关公益项目等，面向广大家庭大力宣传绿色环保理念和生活常识，引导广大家庭在日常生活点滴中自觉践行简约适度、绿色低碳的生活方式。

3.创新设立家风家教主题宣传月

每年5—6月为妇联组织的家风家教主题宣传月，上下联动，有效整合各方力量，线上线下有声势地开展好家庭好家教好家风系列宣传展示活动。发动主流媒体尤其是新媒体和妇联所属媒体，通过设立专栏、专题和制作刊发各类新媒体产品等，大力弘扬好家风的丰富内涵和好家教的科学理念，宣传好经验好做法，旗帜鲜明地抵制低俗、庸俗、媚俗之风，展示新时代家庭崇德向善的良好风貌，在全社会不断兴起崇尚和倡扬社会主义家庭文明新风尚的热潮。

4.打造家风家教宣传展示品牌活动

妇联系统上下联动组织开展“梦想启航——好家庭好家风巡讲”、“家和万事兴——家教家风主题展”、“父母成长计划”、“母亲素质提升工程”、“书香飘万家”亲子阅读、“家风故事汇”展演等各具特色的家风家教主题活动，将立德树人的要求贯穿各项活动始终，强化思想引领和实践育人，引导广大家庭教育儿童从小培养爱国爱家情感，养成良好行为习惯，扣好人生第一粒扣子。

5.推出系列展现好家风的文化产品

以新时代新家庭、新家教、新家风为主题，编辑出版系列家庭文化丛书，大力弘扬中华优秀传统家风、革命前辈红色家风以及崇德向善的现代家风，梳理和传承中华民族博大精深的家庭教育思想和案例。充分利用社会新媒体资源，协调统筹各主流媒体、“学习强国”等平台，整合妇联系统舆论阵地，特别是8000多个新媒体的资源优势，开设家风家教专栏，制作刊播公益广告、优秀短视频、微课程等，组织开发具有地方特色的好家风文化产品，有效扩大中华优秀家庭美德的传播力和影响力。

6.命名一批家教家风实践基地

充分发挥各地优秀传统文化和家风资源优势，在家风馆、博物馆、家长学校等阵地中，每年确立一批不同层次的家教家风实践基地，充分发挥实践教育的功能作用，助力深化家教家风工作，达到以文化人的目的。

二、实施家庭教育支持行动

（一）目标任务

1.推动加快家庭教育法制建设，完善家庭教育法规政策，为家庭教育事业发展提供保障。

2.启动实施“父母成长计划”，以立德树人为根本任务，面向广大家长宣传家庭教育科学理念和知识，帮助家长提升科学育儿的意识和能力。

3.完善家庭教育指导服务体系，发挥县级以上妇女儿童活动中心的作用，巩固发展社区家长学校，建好用好村（社区）妇女之家、儿童之家以及快乐家园等阵地，积极拓展网络新媒体指导服务平台，依托家庭教育培训基地等层层开展培训，建设壮大活跃在基层的家庭教育指导服务骨干队伍，提升指导服务的专业化水平。

（二）具体举措

1.推动完善家庭教育法律政策

积极推进家庭教育立法进程，全国妇联针对家庭教育立法中的重点难点问题深入进行调研论证，推动家庭教育法早日出台，依法进一步强化父母在家庭教育中的主体责任，确立思想道德教育在家庭教育中的核心地位，强化政府在指导推进家庭教育中的主导作用，促进完善家庭教育支持保障体系，加大对不当行为和不履职行为的惩治力度。全国妇联联合教育部等部门制定贯彻落实全国教育大会精神，进一步加强家庭教育工作的指导意见，修订《全国家庭教育指导大纲》《家长教育行为规范》等，规范家庭教育指导服务工作。各级妇联组织加强与教育等相关部门的沟通联系，制定完善符合当地实际的家庭教育政策措施。有条件的地方积极争取将家庭教育立法列入当地人大立法规划，先行先试出台地方性法规。

2.启动实施“父母成长计划”

围绕立德树人，组织编写儿童道德教育家长指导手册，指导家长根据儿童年龄特点和成长发展规律，在家庭生活点滴中对孩子进行潜移默化、润物无声的思想品德教育，帮助家长用正确行动、正确思想、正确方法教育孩子，培养孩子从小养成好思想、好品德、好习惯、好人格。围绕家长需要掌握的核心理念和科学知识，组织开发家庭教育精品微课程、短视频等产品，依托各类资源和载体，开设父母讲堂，组织开展亲子活动等，为父母提供便捷、专业、管用的指导服务，让为国教子、立德树人的理念深入千家万户。建立完善鼓励和支持家长自觉学习运用家庭教育科学知识的激励机制和有效平台，增强父母的主动性和积极性。

3.做实做强各类家长学校

进一步推动将家庭教育阵地纳入城乡社区整体建设规划，作为基层公共服务的重要内容，争取必要的人力、财力和项目支持。发挥好村（社区）家长学校作用，明确其指导服务内容，规范家长学校运行管理，强化其在家庭教育指导服务中的主渠道和主阵地作用，探索建立家庭、学校、村（社区）协同育人的有效机制。加强家庭教育在线服务，充分发挥网上家长学校和新媒体平台作用，适时启动“新家长学院”公益项目，集聚社会力量，联动有关科研院所、高校及相关专家学者，设计开发适合家长学习使用的家庭教育公益课程，通过“互联网+”和新媒体技术手段传播家庭教育知识，争取在2—3年内注册用户家庭数达到2000万以上，力争5年内注册用户家庭数达到5000万以上。

4.发展壮大家庭教育指导服务队伍

组织编写《家庭教育指导者培训教材》等，建立拓展家庭教育培训基地，全国妇联将每年举办5期家庭教育示范培训班，培训500名家庭教育工作骨干。各地结合实际，层层开展骨干交流培训，提升家庭教育指导服务水平。统筹整合各级学会、研究会的家庭教育指导专家资源，组织开展相关研究，指导家庭教育实践。进一步发展家庭教育志愿服务队伍，培育家庭教育相关社会组织，为其深入基层开展家庭教育指导服务提供条件。

三、实施家庭服务提升行动

（一）目标任务

1.落实习近平总书记重要指示精神，配合有关部门优化巾帼家政服务品牌，在工作研究、职业培训、标准完善、宣传推广等方面发挥妇联组织应有作用，把这项既可满足家庭育儿养老现实需求，又能为妇女提供就业创业机会的互利共赢的工作做实做好。

2.配合政府部门推进实施《“健康中国2030”规划纲要》，在面向家庭、妇女、儿童普及健康生活、优化健康服务、建设健康环境等方面发挥妇联组织独特作用。推动妇女享有良好的基本医疗卫生服务，提高妇女常见病定期筛查率，提高宫颈癌和乳腺癌的早诊早治率，降低死亡率，提高妇女心理健康知识和疾病预防知识的传播力和知晓率，提高妇女经常参加体育锻炼的人数比例。

3.持续开展“建设法治中国·巾帼在行动”活动，宣传贯彻宪法、反家庭暴力法、妇女权益保障法、婚姻法等法律法规，推进法律知识进农村、进社区、进家庭，不断扩大普法宣传覆盖的范围。加强婚姻家庭纠纷人民调解委员会的规范化、专业化建设，到2023年覆盖全国70%县级行政区，其中1/4重点省份实现全覆盖。发挥婚姻家庭纠纷预防化解机制作用，为群众提供多元、便捷的矛盾纠纷化解服务。

4.创新家庭公益服务模式，多渠道、多方式为贫困妇女、残疾妇女、留守妇女等困难妇女、特殊困境家庭和需要帮助的家庭提供支持服务，为她们做好事、解难事、办实事。

（二）具体举措

1.优化巾帼家政服务

一是加大调研力度，深入了解巾帼家政服务业在发展中存在的突出问题，向相关部门积极反映家政企业和家政服务员的诉求，推动政府有关部门出台或完善促进家庭服务业健康发展的政策措施。二是围绕促进巾帼家政服务职业化、标准化发展的趋势和要求，配合有关部门实施“家政服务提质扩容行动”“巾帼家政培训专项工程”等，全国妇联每年举办2—3期全国巾帼家政经理人专题培训班，示范引领、辐射带动各地妇联和巾帼家政企业开展家政职业培训，提升从业人员职业道德和技能水平。鼓励各地巾帼家政龙头企业积极参与家政服务行业标准的制定和完善，加大家政服务标准的宣传推介。组建专家课题组和师资团队，实施旨在开展巾帼家政技能培训与创业就业指导的“曙光计划”项目。三是鼓励各地因地制宜开展巾帼家政服务职业技能竞赛，培树讲诚信、服务好、受欢迎、社会信誉度高的巾帼家政服务品牌和家政服务员。开展“最美家政员”故事征集活动，培育先进典型，鼓励有条件的巾帼家政企业组织优秀家政服务员到农村、社区现身说法，引领从业人员养成诚实劳动、诚信经营、诚心服务的良好职业操守。四是引导各地梳理总结本地促进家政服务发展的好经验、好做法，形成可复制推广的成果，促进巾帼家政服务业高质量发展。

2.做实巾帼健康服务

一是通过编印健康知识手册、制作动漫视频、开展妇女健康大讲堂、举办网络知识竞赛等传播健康理念，普及健康知识，增强妇女健康意识。二是加强对妇女体育健身活动的科学指导，引导和鼓励妇女踊跃参与全民健身运动。三是通过开展农村人居环境整治三年行动，推进“美丽家园”建设，引导农村妇女特别是“三区三州”（“三区”是指西藏、新疆南疆四地州和四省藏区；“三州”是指甘肃的临夏州、四川的凉山州和云南的怒江州）妇女从家庭做起，从改变生活和卫生习惯入手，清理整治房前屋后卫生，共同建设天蓝地绿水清的美丽家园。四是围绕《“健康中国2030”规划纲要》，积极推动各级党委政府着力解决制约妇女儿童健康发展的重点难点问题，配合卫生部门持续实施农村妇女“两癌”检查项目，实施好贫困妇女“两癌”救助项目，积极推动项目扩点扩面。

3.完善婚姻家庭服务

一是贯彻落实《反家庭暴力法》，根据《妇联组织受理家庭暴力投诉工作规程（试行）》，受理群众关于家庭暴力的来信、来访、热线咨询和投诉，切实履行妇联组织预防和制止家庭暴力的法定职责，保护家庭成员的合法权益，维护平等、和睦、文明的家庭关系。二是用好主流媒体特别是新媒体，依托妇联所属网站、新媒体平台等，大力开展维护妇女儿童合法权益、反对家庭暴力的普法宣传教育活动，推介依法维护妇女儿童权益十大案例以及婚姻家庭纠纷调解的经验。三是抓住三八国际妇女节、国际消除对妇女暴力日、12 · 4国家宪法宣传日等重要节点，常态化开展“建设法治中国 · 巾帼在行动”活动，实现普法宣传覆盖人群逐年增加。基层妇联组织法官、检察官、律师及专家学者等专业人士，每年在每个村、社区开展面向家庭的专题普法宣讲活动。四是充分发挥“婚姻家庭纠纷预防化解”综治考评导向作用，加大在县级建立婚姻家庭纠纷人民调解委员会的推进力度，注重对经济欠发达地区婚姻家庭纠纷人民调解委员会建设的指导和支持。五是开发《婚姻家庭纠纷人民调解委员会工作手册》，明确妇联婚姻家庭纠纷调解工作标准、原则、任务，提供技能技巧、实用工具、案例指导等方面的培训和工作支持。

4.开展家庭公益服务项目

全国妇联开展的公益项目和活动包括：一是实施困境儿童关爱公益项目。持续开展“让爱留守 · 关爱农村留守儿童”特别行动，实施“儿童快乐家园”公益项目，推进优化有利于农村留守儿童和困境儿童成长的家庭及社会环境；推进实施“春蕾计划”，到2023年资助贫困地区女童50万人次。实施“关爱至初”生命早期1000天营养改善公益计划，支持1万对贫困地区母婴改善营养和健康状况。二是实施困境家庭关爱公益项目。实施“家庭支持行动”，为2万个贫困家庭中的儿童进行起居空间改善，嵌入家庭教育服务，促进对贫困家庭从环境到心灵的关爱帮扶；向3万个贫困家庭发放配备家庭所必需的卫生健康用品的家庭健康包。三是开展家庭心理健康公益服务项目。实施“心桥计划”女性心理健康类公益项目，为社区家庭提供心理压力疏解与心理健康咨询服务，每年服务5000人次。

四、实施家庭研究深化行动

（一）目标任务

1.依托高校和科研院所建立家庭建设研究中心，组建专家智库，以研究新时代家庭观为核心任务，围绕家庭建设特别是家庭家教家风建设，组织开展理论研究、实践研究和政策研究，形成研究成果，为妇联组织创新开展家庭工作建言献策、为推动出台相关公共政策提供依据。

2.建设全国妇联新时代家庭大数据平台，为做好家庭建设各项工作提供数据支持和决策依据。

（二）具体举措

1.建立家庭建设研究中心

从有家庭建设研究基础的高校院系和科研院所中，遴选建立5个家庭建设研究中心，探索建立与研究中心之间的合作交流机制和成果共享机制，围绕家庭建设特别是家庭家教家风主题，每年设立基础理论、重点问题、家庭政策等专项课题，组织开展研究和交流研讨，形成具有理论深度和指导意义的研究成果。

2.建立家庭建设专家智库

从高校、科研院所和妇联所属学会、研究会中，遴选一批在家庭家教家风研究领域有造诣和影响力的专家，组建家庭建设专家智库，开展理论、实践及政策研究，为妇联家庭工作提供咨询，参与妇联组织开展的相关研讨交流、社会宣传等活动。

3.促进研究成果转化和应用

将研究成果及时转化成提议案，通过“两会”渠道，及时反映家庭领域出现的新情况新问题，提出对策建议。全国妇联将与相关机构合作，整合全国及地方优秀研究成果，适时推出《家庭建设》蓝皮书。

4.建设新时代家庭大数据

全国妇联依托相关单位，在多年积累家庭调查样本和数据资源的基础上，打造新时代家庭数据平台，研发可供查询和交互分析的数据系统，在妇联系统建立大数据共享机制。

第三节　北京市妇联家庭和儿童工作任务措施

一、和美计划——实施家庭文明创建行动

（一）目标任务

1.结合首都精神文明建设的总体要求，创新富有首都特色、吸引群众参与的家庭文明建设工作载体。深化寻找“最美家庭”、“绿色家庭”创建等群众性精神文明创建活动，积极培树弘扬中华民族家庭美德的家庭典型。每年“5·15”国际家庭日期间，命名500户“首都最美家庭”；各区、乡镇（街道）、村（社区）每年推出一批本地区“最美家庭”等家庭典型。

2.全市妇联系统联动开展内容丰富、形式新颖、富有广泛教育意义的好家风弘扬活动，大力加强家风家教的社会宣传，推出系列家风家教文化服务产品，引导广大家庭建设好家庭、涵养好家教、传承好家风。

（二）具体举措

1.深化寻找“最美家庭”活动

立足基层，久久为功，不断扩大活动覆盖面和影响力。一是将活动贯穿于“妇女之家”常年工作之中，按照“三有三开展”的工作基本要求，组织开展务实管用、喜闻乐见、便于参与的活动，使“寻找”活动真正成为群众随时能参与、不断受教育的常态化工作。二是积极探索活动的新途径新方法，区分不同类型、拓宽寻找渠道，抓住时间节点、突出宣传主题，在贯穿

全年开展活动、“5 · 15”国际家庭日期间集中揭晓命名的基础上，元旦、春节期间重点宣传家庭和睦最美家庭，“4 · 23”世界读书日期间重点宣传书香传家最美家庭，“五一”期间重点宣传爱岗敬业、勤劳致富、诚实守信最美家庭，“六一”期间重点宣传科学教子最美家庭，“七一”期间重点宣传清正廉洁最美家庭，“八一”期间重点宣传心系国防最美家庭，“十一”期间重点宣传爱国爱家最美家庭，“重阳节”期间重点宣传孝老敬老最美家庭等，着力扩大群众参与度、活动影响力。三是围绕大局有针对性地开展活动，在农村大力培树倡导和践行移风易俗的家庭典型，示范带动美丽庭院建设；在城市社区积极树立邻里互助、绿色环保的家庭典型，为营造和谐人居氛围添力；在党政机关，重点开展家庭助廉活动，突出重点，强化教育，增强吸引力。四是建立完善激励机制，因地制宜探索建立精神鼓励、物质奖励、生活关怀等家庭典型激励机制，在先进家庭生活的社区或工作的单位举办命名授牌仪式，成立“首都最美家庭”联盟，充分发挥先进家庭的示范带动作用，推动形成全社会礼遇好家庭的社会风尚，使家庭典型有更多的荣誉感和责任感。

2.实施“绿色家庭”创建行动

与寻找“最美家庭”活动紧密结合，广泛开展“美丽北京 · 家行动”主题实践活动，在全市家庭倡导、实践“绿色家庭公约”十件事，举办“绿色伴我家”小课堂，开展“垃圾分类生活角”网络秀，实施家庭环保实践项目，建立绿色生活体验基地，开展“绿色生活我先行”家庭志愿服务等。通过贴近实际、贴近生活的绿色生活实践活动，带动全市广大家庭积极参与垃圾分类工作，引导家长身体力行教育孩子从小养成垃圾分类的习惯，自觉践行简约适度、绿色低碳的生活方式，推动形成人人争做美丽中国、美丽北京建设行动者，共同守护碧水蓝天的良好局面。

3.举办家庭文化季

结合全国妇联每年5—6月为妇联组织的家风家教主题宣传月的工作部

署，将家风家教主题宣传延展到全年，有效整合各方力量，线上线下、全过程多形式开展好家庭好家教好家风系列宣传展示活动。发动主流媒体尤其是新媒体和妇联宣传平台，通过设立专栏、专题和制作刊发各类新媒体产品等，大力弘扬好家风的丰富内涵和好家教的科学理念，宣传好经验好做法，旗帜鲜明地抵制低俗、庸俗、媚俗之风，展示新时代家庭崇德向善的良好风貌，不断兴起崇尚和倡扬社会主义家庭文明新风尚的热潮。

4.打造家风家教宣传展示品牌活动

全市各级妇联上下联动组织开展“家国情”——好家庭好家风宣讲活动、中华家风文化主题展、“新蕊计划”——家庭教育大讲堂、“阅读悦成长”——家庭亲子阅读活动、“童心·童行”儿童教育实践活动、“大国小家·最美时刻”主题摄影作品征集展示活动以及“绘制我家根脉图”等各具特色的家风家教主题活动，将立德树人的要求贯穿各项活动始终，强化思想引领和实践育人，引导广大家庭教育儿童从小培养爱国爱家情感，养成良好行为习惯，扣好人生第一粒扣子。举办“中外家庭共度国际家庭日”、“国际家庭年夜饭”、京台两地家庭儿童交流等民间交流活动，讲好北京家庭的精彩故事。

5.推出系列家庭文化产品

以培育弘扬良好家教家风为主要内容，每年推出一批家庭文化产品，达到以文化人的目的。持续编制“家庭幸福力”系列读本，梳理北京传统和特色文化，挖掘蕴含其中的家风家教思想和案例。充分利用社会传播媒介和线上传播平台，制作刊播公益广告、短视频、微课程、音频节目、微信表情包等家风主题宣传品。立足北京文化中心建设，吸引企事业单位、社会组织参与家庭类文化作品创作生产。运用网络文学、网络音乐、网络剧目、网络动漫等新兴文艺类型，有效扩大中华优秀家庭美德的传播力和影响力。

6.确立家教家风实践阵地

充分发挥北京优秀传统文化和家风资源优势，在44个已命名的北京市家庭文明建设示范基地的基础上，继续在各级各类妇女儿童活动中心、妇女之家、儿童之家、公益童书馆、社会服务机构、公共文化场所等阵地，每年确立一批家教家风实践阵地，充分发挥实践教育的功能作用，助力深化家教家风工作。

二、润德计划——实施家庭教育支持行动

（一）目标任务

1.推动家庭教育法制建设，促进完善家庭教育地方性法规政策，为家庭教育事业发展提供保障。

2.完善家庭教育指导服务体系，发挥妇女儿童活动中心的作用，巩固发展村（社区）家长学校，建好用好村（社区）妇女之家、儿童之家等阵地，积极拓展网络新媒体指导服务平台，建设壮大家庭教育指导服务队伍，提升指导服务的专业化水平。

3.实施“新蕊计划”——家庭教育大讲堂，以立德树人为根本任务，面向广大家长宣传家庭教育科学理念和知识，帮助家长提升科学育儿的意识和能力。

（二）具体举措

1.推动完善家庭教育法规政策

积极推进家庭教育立法进程，针对家庭教育立法中的重点难点问题深入进行调研论证，为形成有首都特色的家庭教育立法模式提供支持。加强与北京市教委等相关部门的沟通联系，强化政府在指导推进家庭教育中的主导作用，促进完善家庭教育支持保障政策措施。结合《全国家庭教育指导大纲（修订）》《家长教育行为规范》等，进一步规范家庭教育指导服务工作。

2.建实各类家长学校

进一步推动将家庭教育阵地纳入城乡整体建设规划，作为基层公共服

务的重要内容，争取必要的人力、财力和项目支持。发挥好家长学校作用，制定完善村（社区）家长学校工作指导手册，开展示范家长学校建设，开发家长学校指导服务课程库，规范家长学校运行管理，逐步形成符合家庭需求的家长学校指导服务模式，强化其在家庭教育指导服务中的主渠道和主阵地作用。探索建立家庭、学校、村（社区）协同育人的有效机制，实现村（社区）与辖区学校在家庭教育平台、队伍、活动等方面的资源共享。加强家庭教育在线服务，利用微博微信、视频网站等网络平台，建立完善各类线上“家长学校”，开发家庭教育线上微课程，多渠道传播家庭教育知识，不断扩大受益群体。

3.发展家庭教育指导服务队伍

依托北京市妇女干部培训学校、北京市家庭教育研究会等，建立家庭教育培训基地，开发培训课程，通过部门间合作、项目化运作，每年培训一批具有理论基础和专业素养、具备活动组织和指导服务等综合能力的基层家庭教育工作骨干，提升家庭教育指导服务水平。统筹整合各级学会、研究会、促进会、指导中心的家庭教育专家资源，组织开展研讨交流，指导家庭教育实践。进一步发展家庭教育志愿服务队伍，积极培育家庭教育相关社会组织，为其深入基层开展常态化、专业化家庭教育指导服务搭建平台，逐步形成家庭教育社会支持体系。

4.实施“新蕊计划”——家庭教育大讲堂

围绕立德树人，依托各类资源、阵地和载体，结合家长需要掌握的核心理念和科学知识，开设家庭教育讲堂，组织开展亲子活动，将便捷、专业、管用的指导服务送进社区、农村、校园、企事业单位和公共文化场所等，指导家长根据儿童年龄特点和成长发展规律，在家庭生活点滴中对孩子进行潜移默化、润物无声的思想品德教育，帮助家长用正确行动、正确思想、正确方法教育孩子，培养孩子从小养成好思想、好品德、好习惯、好人格。持续与市教委联合在全市中小学开展“重家教，树家风，传美德，共育人”主题教育实践活动，引导学生全面健康成长，形成家校共同育人合力。举办“京津冀家庭教育大家谈”，推动三地家庭教育共建共享。办好北京广播电台“故事中的好品格”专题节目，以寓教于乐的方式，让为国教子、立德树人的理念深入千家万户。建立完善鼓励和支持家长自觉学习运用家庭教育科学知识的激励机制和有效平台，将家庭教育指导服务融入孕期检查、入托入学教育等不同阶段，增强父母的主动性和积极性。

三、暖心计划——实施家庭服务提升行动

（一）目标任务

1.落实习近平总书记重要指示精神，配合有关部门优化巾帼家政服务品牌，在职业培训、标准完善、宣传推广等方面发挥妇联组织应有作用，把这项既可满足家庭育儿养老现实需求，又能为妇女提供就业创业机会的互利共赢的工作做实做好。

2.配合政府部门推进实施《“健康中国2030”规划纲要》，在面向家庭、妇女、儿童普及健康生活、优化健康服务、建设健康环境等方面发挥妇联组织独特作用。推动妇女享有良好的基本医疗卫生服务，提高妇女心理健康知识和疾病预防知识的传播力和知晓率，提高妇女经常参加体育锻炼的人数比例。

3.持续开展“建设法治中国首善之区·巾帼在行动”活动，宣传贯彻宪法、反家庭暴力法、妇女权益保障法、婚姻法等法律法规，推进法律知识进农村、进社区、进家庭，不断扩大普法宣传覆盖的范围。完善婚姻家庭纠纷预防化解机制，为群众提供多元、便捷的矛盾纠纷化解服务。

4.创新家庭公益服务模式，多渠道、多方式为困难妇女、特殊困境家庭和需要帮助的家庭提供支持服务，为她们做好事、解难事、办实事。

（二）具体举措

1.优化巾帼家政服务

一是打造龙头品牌，充分发挥三八服务中心的示范带动作用，整合首批认定的巾帼家政企业优质资源，打造服务规范、群众认可的“首都巾帼家政”服务品牌，促进巾帼家政服务规范化、职业化、诚信化、品牌化发展。二是强化技能培训，按照《家政服务提质扩容行动方案》，加强对从业人员的职业道德培养、服务技能培训，建设一支综合素质高、服务质量优的巾帼家政服务队伍。三是推进完善行业标准，按照巾帼家政“行业创新发展、企业诚信自律、人员素质提升、服务管理规范”的要求，积极推进巾帼家政企业标准化建设，健全完善巾帼家政服务标准和规范，实现服务有标准、评价有依据，有效提升巾帼家政服务品质。四是开展巾帼家政服务职业技能竞赛，培树讲诚信、服务好、受欢迎、社会信誉度高的巾帼家政服务品牌和家政服务员，引领从业人员养成诚实劳动、诚信经营、诚心服务的良好职业操守，为首都家庭提供规范、便利、快捷、优质的家政服务。

2.做实巾帼健康服务

一是通过举办“女性·家庭·社会”大讲堂、开展家庭健康实用技能培训、实施家庭健康成长智能体测项目、编印健康知识手册等，传播健康理念，普及心理健康和疾病预防等健康知识，增强妇女健康意识。二是加强对妇女体育健身活动的科学指导，引导和鼓励妇女踊跃参与全民健身运动。三是通过开展农村人居环境整治三年行动，推进“美丽北京，美丽家园”建设，引导农村妇女从家庭做起，从改变生活和卫生习惯入手，清理整治房前屋后卫生，共同建设天蓝地绿水清的美丽家园。四是围绕《“健康中国2030”规划纲要》，积极推动各级党委政府着力解决制约妇女儿童健康发展的重点难点问题，配合卫生部门持续做好城乡妇女“两癌”免费筛查工作，实施好贫困妇女“两癌”救助项目，积极推动项目扩点扩面。

3.完善婚姻家庭服务

一是贯彻落实《反家庭暴力法》，根据《妇联组织受理家庭暴力投诉工作规程（试行）》，受理群众关于家庭暴力的来信、来访、热线咨询和投诉，不断强化12338妇女热线联动服务功能，深化基层综合维权服务模式建设，提升维权服务的可及性、实效性，保护家庭成员的合法权益，维护平等、和睦、文明的家庭关系。二是用好主流媒体特别是新媒体，依托妇联所属网站、新媒体平台等，大力开展维护妇女儿童合法权益、反对家庭暴力的普法宣传教育活动，推介依法维护妇女儿童权益典型案例以及婚姻家庭纠纷调解的经验。三是抓住三八国际劳动妇女节、国际消除对妇女暴力日、“12·4”国家宪法宣传日等重要节点，常态化开展“建设法治中国首善之区·巾帼在行动”活动，大力开展宪法学习宣传教育活动，创新开展妇女法治文化活动，引导妇女学法尊法守法用法。组织法官、检察官、律师及专家学者等专业人士，每年在村（社区）开展面向家庭的专题普法宣讲活动。四是完善婚姻家庭纠纷预防化解机制，提升“巾帼亲情服务队”服务能力，扎实开展基层矛盾纠纷预防化解。

4.开展家庭公益服务

一是围绕家庭“七有”要求、“五性”需求，积极培育专业类、公益类、服务类家庭领域社会组织；推动各级妇联作为主体购买社会组织服务。持续发挥妇女儿童公益博览会、“益家筑梦，携手成长”行动的资源整合作用；实施“助力回天”家庭建设等系列项目。二是以市妇女儿童社会服务中心为辐射平台，指导带动各级妇女儿童活动中心、妇女之家、儿童之家等阵地，为家庭儿童提供多元服务。三是扩大“邻里守望·姐妹相助”志愿服务品牌影响力，以项目化方式培育孵化志愿服务团队，深化“公益致敬新时代，巾帼志愿暖人心”活动，大力培育志愿家庭。四是借助北京妇女儿童发展基金会的公益慈善平台，多渠道筹措事业发展资金，以关爱帮扶、心理疏解、生活指导等多种方式，为困难妇女儿童、特殊困境家庭和需要帮助的家庭排忧解难。五是实施“幸福婚姻，和谐家庭”交友联谊项目，帮助单身青年树立科学、合理的婚恋观和交友观，收获幸福婚姻和家庭。

四、汇智计划——实施家庭研究深化行动

（一）目标任务

依托高校、科研机构建立家庭建设研究基地，组建专家智库，以研究新时代家庭观为核心任务，围绕家庭建设特别是家庭家教家风组织开展理论研究、实践研究和政策研究，形成研究成果，为妇联组织创新开展家庭工作建言献策，为推动出台相关公共政策提供依据。

（二）具体举措

1.建立家庭建设研究基地

依托市家庭教育研究会、婚姻家庭研究会和妇女理论研究会等社会组织，发挥首都高校、科研院所集聚的资源优势，从有家庭建设研究基础的研究机构中，遴选建立家庭建设研究基地，围绕家庭建设特别是家庭家教家风主题，每年设立基础理论、家庭状况、重点难点问题等专项课题，建立问题库、案例库、数据库，形成具有理论深度和指导意义的研究成果。

2.建立家庭建设专家智库

从高校、科研院所和家庭领域学会、研究会中，遴选一批在家庭家教家风研究和实践领域有造诣和影响力的专家，组建家庭建设专家智库，开展理论、实践及政策研究，为妇联家庭工作提供咨询，参与妇联组织开展的相关研讨交流、社会宣传等活动。

3.促进研究成果转化和应用

将研究成果及时转化成提议案，通过“两会”渠道，及时反映家庭领域出现的新情况新问题，提出对策建议。北京市妇联将与相关机构合作，举办

家庭教育青年优秀论文征集评选活动，增强家庭工作新动能；开展“发现家庭幸福密码”研究项目，持续挖掘“最美家庭”故事，进行编码分析，找出家庭共性，为推动形成家家幸福安康的生动局面提供理论和实践支持。

全国妇联和各地妇联应以习近平新时代中国特色社会主义思想为指导，全面贯彻落实习近平总书记关于家庭的系列重要讲话精神，结合基层妇联工作实际，抓住“家庭、家教、家风”三个环节，加强顶层设计，以建机制、凝聚合力；建载体、传播清廉家风；建基地、搭建实践平台；树典型、增强示范引领四个方面开展工作。突出品牌活动，吸纳社会力量广泛参与，努力推动家庭文明建设工作建机制、广覆盖、落基层。

第七讲

社会工作在妇联工作中的应用

妇联作为中国最大的妇女群体组织，一直紧紧围绕党和国家工作大局，切实做好组织、宣传、教育、引导妇女的工作，引领妇女群众走在时代前列，在改革发展稳定第一线建功立业，充分发挥了妇联成为党联系妇女群众的桥梁和纽带作用，并努力把妇联组织建设成为广大妇女信赖和依靠的“妇女之家”。在中国，妇联组织成为中国妇女工作的最重要的力量和主力军。

第一节 社会工作与妇女工作

作为一种专业性的助人专业，社会工作起源于19世纪末的西方国家，是西方慈善事业的延续和发展。经过100多年的发展，社会工作已经成为一个成熟的专业和学科，为人类福祉和社会发展作出了重要的贡献。在中国，社会工作专业也在和谐社会建设中，发挥了越来越大的作用。本章将系统介绍社会工作的来源、基本原则和方法、功能和工作领域，同时，还要特别探讨社会工作对妇女儿童发展的意义和重要性。

一、社会工作的定义与类型

（一）社会工作的定义

对于社会工作的定义，社会工作专业的业内人士有不同的解释和看法。

美国学者佛兰德在1961年出版的《社会福利导论》一书中指出，社会工作是一种专业服务，一种助人过程，它运用科学的知识和技能，在人际关系中协助个人或群体，以获得社会和个人的满足与自立，它常由一定社会机构或有关组织来执行。

美国学者法利、史密斯和博伊尔在2005年出版的《社会工作概论（第九版）》一书中，对社会工作是这样定义的：社会工作可以定义为一门艺术、一门科学、一个专业，它通过社会工作实践，帮助人们解决个人、群体（特别是家庭）和社区问题，并帮助人们获得满意的人际关系、群体关系和社区关系。

中国台湾学者叶楚生指出社会工作指的是由政府机构或私立社团，从事以协助个人、家庭、团体或社会发挥其潜能，调整其关系，或解除或预防其问题，并改进其生活或促进其福利的一种专业工作。它是一种有组织且具连续性的专业服务，需用现代科学知识与科学方法。

中国台湾学者李增禄从社会工作的实施主体不同的角度，把社会工作大致分为三类：第一类，把社会工作当作一种个人慈善事业；第二类，把社会工作当作由政府或私人团体举办的以解决各种因经济困难导致的问题为目的的各种有组织的活动；第三类，把社会工作视为一种由政府或私人社团举办的专业服务。

中国社会工作教育协会荣誉会长、北京大学社会学系教授王思斌指出，社会工作是以利他主义为指导，以科学的知识为基础，运用科学的方式实施的助人服务活动。

复旦大学社会发展与公共政策学院教授顾东辉认为，社会工作指的是福利部门和服务机构，针对个人、团体（家庭或小组）、社区、组织、社会等与其外在环境的不当互动而形成的弱势情况，利于专业的方法和技术，协助当事人改变或推动环境的改变，促进两者的适应性平衡。

联合国在1960年给社会工作的定义是运用个人潜能与社会资源，以协助个人调适环境的一种方法和技术，用以帮助个人与其社会环境获得更好的相互调适。

国际社会工作学院联盟、国际社会工作者联盟于2001年公布了自己的社会工作的定义，指出：社会工作以人的基本权利和社会公正的原则为基础，运用人类行为理论和社会系统理论，旨在帮助人们解决个人、群体、社区和社会问题，提高个人的社会功能性，促进社会变革与和谐发展，维护社会正义。

综上所述，不同的学者从不同的角度，来定义社会工作。国内比较赞同国际社会工作学院联盟和国际社会工作者联盟的定义，这个定义既强调了社会工作者的角色是助人，帮助人们解决问题，又强调了社会工作专业的使命即尊重人权和推动社会变革。因此，我们认为，社会工作是一个助人性的职业，由专业人士和服务机构，运用相关的理论和技术，为有需要的个体、群体和社区提供专业服务，旨在提高个人的社会功能性，推动社会的和谐、公平、公正发展。

（二）社会工作的本质和功能

1.社会工作的本质

社会工作属于应用社会科学，在实践活动中，它运用社会科学和行为科学理论来指导自己的实务；在研究方法上，它采用社会科学研究方法，来指导自己的实践活动，发展、理论提升自己的实务。因此，从这个意义上看，社会工作是一个集理论、研究和实践为一体的学科。这一点应该是社会工作的学科特点。作为一个应用性学科，随着其他社会科学学科的发展，社会工作能够应用的知识和技术也越来越多。

对于社会工作的本质，不同的学者有不同的观点。王思斌认为，无论从出发点、过程，还是从结果来看，社会工作都是在帮助人，因此，助人自助就是对社会工作本质的深层揭示。

顾东辉教授认为，整体视角和尊重差异是社会工作特性的本质表现，社会工作之所以区别于其他学科在于其关注人与环境的互动，互动不当成为人面临困境的根本原因，“人在情景中”成为社会工作的一个特殊术语。因此，整体理论、系统理论和生态视角，成为社会工作的重要基础。

国际社会工作学院联盟、国际社会工作者联盟在2000年加拿大蒙特利尔大会上通过的关于社会工作定义中明确指出，社会工作以各种方式，来处理人与环境的多元的、复杂的互动关系，社会工作的使命就是，帮助人们发挥自己的潜能，丰富自己的生活，预防功能失调。专业社会工作者关注的是解决问题，促进变革。因此，社会工作者不仅要促进社会变革，更要促进自己的服务对象（个人、家庭和社区）的改变。

2.社会工作功能

作为一个社会问题的专业，社会工作的功能包括：问题解决功能、恢复功能、预防功能、发展功能。下面我们来分别描述。

（1）问题解决功能

指社会工作通过助人活动的过程，对福利对象所遭受的生活事故或问题，给予适当的协助。包括问题的厘清、资源的提供，以增强个人的生活功能，改善生活困境。

（2）恢复功能

指恢复个人或家庭受创的社会功能，包括治疗因社会制度所导致的功能缺失，以及对受损的生活功能予以复健，以使福利对象恢复原有的社会能力，维持正常的生活功能。

（3）预防功能

即预防个人、家庭或团体所可能面临的社会事故风险，同时预防因社会制度而可能对社会成员造成生活障碍的潜在因素。基本上，社会工作能建构社会福利体系的预防网络，确保社会成员的生活安全与福祉。

（4）发展功能

指社会工作的实施，能够激发与发掘社会资源、促成社会制度的正向转变，一方面能强化社会福利体系；另一方面，社会工作亦是一种教育的展现，能促使成员对于个人与环境间的互动变迁有积极性的认知，并维持良好的互动与交流。

二、妇女社会工作概况

妇女社会工作作为一个专门的服务领域，是在社会工作专业本身的发展基础之上而发展起来的，本板块将系统介绍妇女社会工作的发展历史、基本价值观和工作原则，服务对象和工作领域，以及妇女社会工作与现行的妇联的妇女工作的异同点。

（一）妇女社会工作的发展与内涵

妇女社会工作作为一个专业的领域，它是在社会工作专业成熟的基础上发展起来的，它的发展从某程度上来讲，是对社会工作专业的丰富和完善。

1.妇女社会工作的发展

尽管女性主义的信念与社会工作的价值观有很多相似之处，但是社会工作专业人士对女性主义信念的接纳还是经历了一个比较长的过程。这里主要介绍妇女社会工作在美国的发展历程。

在20世纪70年代之前，女性主义运动的发展，的确给社会工作实务带来了很多新的思路，美国很多社会工作者开始在受虐妇女庇护所、危机干预中心、强奸干预中心等机构开展服务，开始关注受到伤害的妇女。在服务过程中，他们的职业困惑越来越明显，因为传统的工作理念和方法，已经无法解释他们在工作中遇到的问题，例如，如何解释妇女受到丈夫暴力伤害的问题、妇女为什么不愿意离婚的问题、强奸受害者的处置问题等。而女性主义对这些问题的理解和解释，帮助这些工作者从新的视角来看待和理解这些受到伤害的妇女，并从她们的经验出发，设计服务，真正提供她们需要的服务。

20世纪70年代中期开始，越来越多的社会工作者开始关注和回应妇女群体的特殊需要。1973年，在美国的全国社会工作者协会召开的全国大会上，通过了决定，要解决社会问题，关注高危人群的福利，其中，妇女被排列在最后。1975年，全国社会工作者协会成立了“全国妇女问题委员会”，表明社会工作者协会开始积极将女性主义原则与社会工作实务结合的意愿。1980年9月，该协会还组织了“在一个性别歧视的社会工作开展社会工作实务”的研讨会，800多名学者参会，第一次将女性主义与社会工作结合起来，进行了学术研讨。1984年3月，美国成立了“妇女社会工作协会”，这个协会宣称自己要“宣传女性主义价值观、知识、假设、研究结果和行为，推动它们与社会工作教育和实践的有机结合”。协会的成立标志着妇女社会工作作为一个单独的分支的出现。1986年，以妇女社会工作为主要领域的学术杂志*Affilia*正式创刊，为妇女社会工作进入社会工作主流，创造了一个很好的平台。进入20世纪90年代之后，妇女社会工作的研究和实务，吸引了大量的学者，并成为很多大学开始的课程和方向，越来越成为社会工作实务和研究中的一个重要领域。

2.妇女社会工作的定义

从妇女社会工作的发展历史来看，提出“妇女社会工作”这样一个概念本身就反映了一种独特性，妇女社会工作传递的信息与其他几个相关的概念，例如学校社会工作、老人社会工作等，是有很大区别的，妇女社会工作，并不单指服务人群的特点，它更反映了一种价值观和立场。

《社会工作辞典》中是这样定义妇女社会工作的：把社会工作的价值、技巧和知识与女性主义取向加以整合，以达到帮助个人和社会克服源于性别歧视的情绪的和社会的问题。

英国的学者多米内利是这样定义的：从女性的经验出发来进行分析，专注于女性社会位置与其个人困苦间的联结，回应她的独特的需要，创设工作者与“案主”间的平等关系，并探讨结构上的不平等。

国内也有很多学者提出了自己的定义，中华女子学院副教授朱东武认为所谓的妇女社会工作就是针对妇女在成长和发展过程中，在参与政治、经济、文化和家庭生活中遭遇到的群体性或个体性问题而开展的社会服务性工作。它的最终目的就是促进为妇女的全面发展和为妇女的全面发展创造有利的社会条件和社会环境。

郑州大学公共管理学院教授蒋美华提出，妇女社会工作也就是妇女服务，也就是在妇女自我成长过程中，在参与政治、经济、社会、文化和家庭生活过程中，一方面重点针对妇女遇到的群体或个体问题开展社会服务性工作，另一方面要为全体妇女的全面发展创造有利的社会条件和社会环境，其目的是为妇女的生存和发展提供服务。在具体运作上分为三个层次的工作，即救助、帮助和发展。救助是救妇女于危难的活动，舍此受助者就可能陷入深刻危机，如妇女的贫困、犯罪、吸毒等。帮助是就一般困难而言的，也即一般意义上的服务。发展则是在受助妇女自认为面对未来能力不足的情况下社会工作给予的帮助，包括知识的增长、处理人际关系能力的增强、社会适应能力的提高等。其中，发展是最高目标。

纵观妇女社会工作的起源和发展历程，妇女社会工作概念的提出，与社会工作其他服务领域的界定，例如老人社会工作和学校社会工作，是有着本质区别的，它并非为了强调社会工作的服务领域或者是人群的特点，相反，它隐含了价值观和立场层面的内容，因此，妇女社会工作可以界定为：

运用社会工作专业价值观、工作原则、技巧和方法，从妇女的经验出发，来分析和理解她们的处境和需要，提供专业服务，从而促进女性的全面发展和性别平等。

3.妇女社会工作的工作原则

妇女社会工作在实务过程中，除了需要坚持社会工作的价值，还需要坚持自己特有的价值立场和原则。

（1）了解有关女性研究的结果和事实，发展出有效的工作技巧、知识和相关资源。

（2）明确在现存体制下存在的对女性发展不利的社会政策和法律，为妇女提供有意义的信息。

（3）承认女性是独立的个体，重视女性和女性经验。

（4）信任、接纳女性，与案主建立平等的关系，从女性案主身上学习，避免用传统的刻板印象来界定女性。

（5）将妇女问题界定为社会问题，而非女性自身的问题，鼓励妇女学习和掌握自己的生活。

（6）运用社会性别分析来指导实践：肯定女性，不批评指责女性，不使用性别歧视和压迫的语言，接纳不同的声音，接纳不幸。

（7）运用工作技巧，推动女性团结，寻找个人问题的集体解决办法，强调团体的经验和互相支持的作用，培养女性意识，促进社会变革。

在实务过程中，需要将上述原则与社会工作专业原则有机结合起来，才能真正为广大服务群体提供她们需要的服务，以满足她们全面健康发展的需要。

三、妇女社会工作与妇女工作

中国目前阶段还没有形成一个妇女社会工作专业队伍，但是我国的社会服务体系非常健全和强大，妇女工作和给妇女提供社会服务的机构，主要是分布在妇联、工会、共青团以及民政和司法系统中。这些机构在协助妇女群众解决包括政治、经济、家庭、教育和文化等方面的问题上，发挥了重要作用。本板块将分析专业的妇女社会工作与妇女工作的异同，以及如何在中国将妇女社会工作与妇女工作有机整合起来。

（一）妇女工作

对于妇女工作的定义，有这样几个说法：

1.妇女工作是指以妇女为对象，以为妇女服务为宗旨，主要依靠妇女来做的工作。它是包括党政及群众团体在内的社会各界都应当承担的一项工作，我国传统的妇女工作实际上包含两个层面的工作："宏观的社会政治层面的工作"和"微观的社会服务层面的工作"。

2.妇女工作实际上可以归纳为两大类：一类是宏观的社会政治层面的工作，主要包括代表妇女群众参政议政，争取男女平等、妇女解放；围绕党和政府的中心工作开展工作，团结、动员妇女投身于改革开放和社会主义现代化建设，促进社会发展；加强各族各界妇女的团结，维护和促进世界和平、祖国统一等。另一类是微观的社会服务层面的工作，主要是围绕妇女在自我成长、就业、婚姻家庭、子女抚养教育、赡养照顾老人等方面出现的困惑、问题或危机，向求助的妇女提供具体帮助，发挥她们的潜能，促进妇女的发展”。可以说，传统的妇女工作在发动妇女参加社会建设，在教育、引导妇女“四自”，在维护妇女合法权益，在家庭文化建设和为妇女提供服务等多方面取得了较大成绩。

由此可见，妇女工作不仅承担了妇女群众的政治思想工作，还负责提供相关的社会服务，这样的社会服务从很大程度上，对提高妇女的生活质量，改善她们的生存状况，发挥了一定的作用。妇联作为中国最大的妇女群体组织，一直紧紧围绕党和国家工作大局，切实做好组织、宣传、教育、引导妇女的工作，引领妇女群众走在时代前列，在改革发展稳定第一线建功立业，充分发挥了妇联成为党联系妇女群众的桥梁和纽带作用，并努力把妇联组织建设成为广大妇女信赖和依靠的“妇女之家”。在中国，妇联组织成为中国妇女工作的最重要的力量和主力军。

（二）妇联组织开展的妇女服务

妇联开展的服务妇女的工作主要包括：

1.宣传教育

动员和教育广大妇女积极参与社会主义建设，是妇联组织的重要工作之一。妇联在全国范围内，开展了“四自”教育；全国各地的妇联组织抓住每年“三八”妇女维权周、“12·4”法制宣传日等重要时机，命名一批“妇女法制宣传教育示范点”、成立“妇女法制宣讲团”、启动“五五”普法大讲堂、建立“司法志愿者服务队”等，动员主流媒体进行法律知识的传播普及和维护妇女权益工作的宣传报道，集中开展法制宣传教育，不断提高广大妇女的法律素质和依法维权的能力。此外，妇联还组织“五好家庭”“最美家庭”评选等活动，通过宣传教育，推动家庭建设。

妇联的宣传教育形式多样，运用电视、广播、报刊、标语、集日宣传等多种多样的形式进行广泛宣传，创造学法用法氛围。利用以会代训和举办培训班等形式对妇联干部和广大群众进行维权和防家暴知识培训；深入基层，法律知识下乡、法律知识进家庭等；运用群众喜闻乐见的形式融美德教育、法律宣传于一体，寓教于乐。

2.推动妇女发展性服务

推动妇女发展是妇联工作的中心任务。近年来，全国妇联不断积极创新，整合资源，为提高妇女参与社会经济发展的能力，做了很多工作。

（1）小额贷款服务，提高妇女经济参与能力

为贯彻落实党中央提出的“保增长、保民生、保稳定”的战略，切实解决妇女在创业就业发展中遇到的资金瓶颈问题，2009年，在时任全国人大常委会副委员长、全国妇联主席陈至立同志的重视关心下，全国妇联协调财政部、人力资源和社会保障部、中国人民银行，在原国家下岗失业人员小额担保贷款政策基础上制定了《关于完善小额担保贷款财政贴息政策、推动妇女创业就业工作的通知》。这是妇联组织推动国家政策层面首次明确将妇女作为政策受益主体，财政部门给予全额贴息，金融部门实行市场化运作的一项具有突破性意义的创业扶持政策，为妇女创业提供了有力的支持。截至2018年6月，已累计发放贷款3590多亿元，中央及地方落实财政贴息390多亿元，获贷妇女634万人次，扶持带动近千万名妇女创业就业，极大地提高了妇女的经济地位和家庭地位。

（2）妇女就业创业服务

自2009年以来，各级妇联组织先后培训农村转移女劳动力、城市下岗失业女性、女大学生350余万人，直接帮助540万妇女创业就业。全国妇联发展部与教育部高教学生司、人社部就业司、中国女企业家协会等合作，先后推出了女大学生创业就业导师行动和女大学生创业扶持行动，目前，全国已经建立了一支2万人组成的女企业家导师队伍，为50万名女大学生提供免费的就业培训和创业指导。

3.问题解决

（1）热线服务

2005年，全国妇联成立法律帮助中心，并在全国开通妇女维权公益服务热线12338和反家暴热线16838198，后又开通流动妇女维权专线。截至2017年，全国共建立省、市、县三级政府法律援助机构4272个。2011—2017年，妇女获得法律援助人数超过225万人次［数据来自《2017年〈中国妇女发展纲要（2011—2020年）〉统计监测报告》］。2018年妇联系统收到家暴投诉39371件，比2017年减少4700多件，降低了11%；2019年家暴投诉36002件，比2018年减少330件，降低了8.4%。全国各省级妇联先后建立了法律帮助中心。有的地方妇联探索建立妇女维权预警制度，提前干预、及早发现和制止侵犯妇女权益的各种违法行为。

（2）信访服务

2006年以来，各级妇联重视通过信访窗口发现苗头问题，依托维权协调机制、借助社会力量，推动解决妇女权益普遍性问题，对信访中发现的4913件严重侵害妇女权益的个案进行了重点督办，树立了妇联组织的社会形象；与公、检、法、民政等有关部门配合，为41万件个案中的受害人提供了法律帮助、法律援助和困难救助服务。广大妇联信访干部坚持以人为本，以高度的事业心和责任感，耐心细致地开展解疑释惑、疏导情绪、调解纠纷的工作，切实做到为党政分忧、为群众解难，在维护社会稳定、促进社会和谐的全局工作中发挥了积极作用。

（3）留守妇女服务

关注留守妇女的生存状况，解决她们的实际问题，有针对性地开展服务，是近年来妇联工作的重点之一。2011年4月8日，全国妇联召开电视电话会议，部署启动“农村留守妇女儿童关爱行动”。全国妇联要求各级妇联提高认识，切实把开展“农村留守妇女儿童关爱行动”作为农村妇女工作的重点；多措并举，扎扎实实地把“农村留守妇女儿童关爱行动”落到实处；要从留守妇女最关心最直接最现实的利益问题入手，立足于留守妇女合法权益希望维护、生产农忙期待帮助、子女教育期盼指导、精神心理渴求抚慰、人身安全需要保护等迫切需求，以维护留守妇女权益、促进留守妇女发展、关爱留守儿童健康成长为着力点，以加强基层妇联组织和干部队伍建设为保障，以村“妇女之家”为依托，从看得见、摸得着的事情做起。

此后，各地妇联牵头、各地政府积极配合，探索留守妇女服务的途径与方法，积累了不少有益的经验。组织留守妇女互助小组；引入新技术、新产品支持留守妇女发展生产；就近开发就业岗位，安排留守妇女“家门口”就业。各级妇联组织开展的主要活动包括：

①开展调查研究，摸清留守妇女“底数”。各级妇联和一些专家学者开展了大量有关留守妇女生活生产状况的调查研究，发现留守妇女存在很多问题，面临很多困难，主要表现在留守妇女文化水平偏低，多数是初中及以下学历；绝大多数留守妇女承担着赡养老人的责任；劳动强度大，身体健康不容乐观；缺乏安全保障，思想负担重；夫妻交流减少，婚姻关系脆弱；精力能力不足，子女教育缺位；文化相对匮乏，缺乏技术技能；业余生活单调，精神生活匮乏等。

②建立留守妇女互助小组或互助网络。各地基层妇联将留守妇女按照就近就便原则组织成不同的留守妇女互助小组，围绕生活生产形成互帮互助，即生产互助、生活互帮、心灵互慰、文体互动、公益互助、安全互助、发展共促等。

③结对帮扶，共同发展。基层妇联组织妇女主任、妇女骨干和一些社会上的女企业家、女能手等，针对一些有特殊困难的留守妇女或留守家庭开展结对帮扶工作，主动结成帮扶对子，一对一、手牵手地开展帮扶活动。

④发展乡村经济，吸引留守妇女就近就业。多地区针对留守妇女全职在家的情况，发展乡村经济，制定相关政策，企业优先录用留守妇女就业，既解决了留守妇女就业问题，也满足了她们照顾家庭或从事农业生产的需要。

妇女们半工半农，工作、家庭两不误。

⑤开展技术培训，促进留守妇女科技致富。各地妇女组织积极引入技术资源，通过发放学习资料、开办培训班、示范基地建设、上门技术指导等方法，培育出“科技媳妇”“科技家长”等一批技术能手和技术骨干，促进留守妇女多渠道提升能力，创业致富。

⑥开展志愿服务，关爱留守妇女。各级妇联组织把热心公益、乐于助人的志愿者组织发动起来，对留守妇女开展各种志愿服务。如帮助生活贫困、残弱的留守妇女解决生活实际困难；对留守妇女进行免费妇科体检和“两癌”筛查，让留守妇女感受到社会的温暖。

⑦利用“妇女之家”，建留守妇女家园。“妇女之家”是基层妇联服务妇女的重要平台。各地妇联组织充分发挥妇女之家贴近妇女的优势，努力将其打造成维护妇女权益、关爱妇女健康、协助妇女解困、抚慰妇女心灵、丰富妇女文娱生活的温暖之家。许多地区妇联组织将农村社区的妇女之家命名为“留守妇女家园”。

⑧制定政策、形成机制，促进留守妇女关爱行动的规范化和可持续性。多地妇联组织制定留守妇女工作指导意见等相关政策，将留守妇女工作落到实处。各基层妇联也结合本地区留守妇女的基本情况和需求，制定具体的帮扶计划，如安徽省马鞍山市妇联制定下发了《关于进一步加强关爱农村留守妇女工作实施意见》，河南省平顶山市妇联制定下发了《平顶山市农村留守妇女互助组组建办法》，江西省分宜县制定了《分宜县在农村留守妇女中发放小额贴息贷款的具体办法》和《分宜县关于留守妇女创业就业优惠细则》，陕西省石泉县颁布了《石泉县农村留守老人和留守妇女管护服务办法（试行）》，辽宁省通辽市委办公厅、市政府办公厅印发文件《关于关爱农村牧区留守妇女儿童工作的意见》等。

（4）流动妇女服务

在流入地给流动妇女提供需要的服务，是在全国妇联的大力推动下开展的。早在2005年7月，根据中央综治委关于开展平安建设的总体部署，全国妇联、中央综治办、公安部、司法部、财政部、共青团中央、国家质检总局、国家广电总局联合开展了“平安家庭”创建活动，要求将流动妇女服务与管理纳入“平安家庭”创建活动。各地妇联和妇女组织纷纷开展“流动妇女平安之家”创建活动和针对流动妇女的服务。2008年，全国“平安家庭”创建活动第二次领导小组会议和全国“平安家庭”创建活动表彰电视电话会议突出强调“平安家庭”创建活动一定要在加强和完善以流动人口为重点的社会管理中发挥作用。至今，全国各级妇联创建多个“流动妇女平安之家”，积极探索流动妇女的管理与服务工作，开展了大量有实效的工作。

2010年以来，流动妇女平安之家以“妇女之家”为平台，进一步加强流动妇女服务。除继续开展各种技术技能培训、法制宣传教育、关爱工程以及维权工作以外，更加关注以下这些服务：

①争取政府资源和社会资源，支持基层妇联在流动人口集中的社区、企业等为流动妇女服务，缓解政府在对流动妇女实施社会服务和管理中的压力。如广东省妇联在世界宣明会的资金支持下购买专业社工开展“广东省流动妇女儿童服务项目”。

②维护流动妇女权益，推动政府将流动妇女的民生问题纳入各地民生服务体系之中，关心流动妇女迫切需要解决的问题。如多地妇联从妇女最迫切需要解决的问题入手，推动政府引导城市企业、用工单位优先到流动人口集中的地区招工，并努力促进流动妇女与本地妇女平等的用工待遇。发挥妇女之家的功能，对流动儿童进行课后托管，解除流动妇女的后顾之忧。

③从和谐社区建设出发，促进流动妇女的社区融合。注意加强本地人口与外来流动人口的相互沟通、理解，通过丰富多彩的文娱活动促进相互关系的协调发展。同时注重通过宣传、教育让流动妇女了解本地文化，学习本地文化，融入本地文化。

④联合多个部门，开展流动妇女需要的服务。如一些地区妇联与当地教

育部门联手，推动流动儿童的平等受教育权；与卫生部门合作将流动妇女中的孕产妇儿童保健纳入属地化管理范畴；与计生部门合作开展流动妇女生殖健康服务，为流动妇女免费提供宣传教育、心理咨询、技术服务、药具发放等；与公、检、法、司等部门合作，开办流动服务维权热线、法律援助等服务。

⑤各地妇联总结流动妇女服务管理经验，命名了一批“流动妇女平安之家”示范点，将流动妇女工作进一步推向深入。

（5）积极探索创新反对针对妇女的家庭暴力服务

①多地建立“家庭暴力庇护中心”。反家暴法实施后，全国各省市妇联均与民政部门合作建立了家庭暴力庇护中心。部分省份的地级市也建立起家暴庇护中心，比如四川宜宾市妇联与宜宾救助站合作建立了妇女儿童家暴临时庇护中心。中心通常提供免费临时食宿、人身安全保障，开展心理辅导、法律咨询和法律援助。

②建立“家庭暴力伤情鉴定中心”。目前，全国各地公安部门已将发现的家暴警情纳入“110”接警范围予以处理。公安机构接到报警后，协助联系医疗机构进行救治、伤情鉴定。受家庭暴力伤害的妇女持公安部门或妇联组织出具的《伤情鉴定委托书》到中心进行伤情鉴定，中心根据鉴定结果，出具《法医鉴定报告》，可以作为法律依据。

③参与社会管理创新，促进反家暴工作。如2012年湖南省长沙市构建反家庭暴力工作机制列入长沙市社会管理创新工作项目，建立健全家庭暴力案件预警、转介、处理、督办、责任追究等工作机制，探索“人身安全保护裁定”制度创新。制定完善法规政策体系，设计合理有效地预防、干预和求助机制，基层派出所100%设立反家庭暴力报警点，基层法院100%建立反家庭暴力合议庭；基层妇联100%设立反家庭暴力投诉站；市、县（区）建立反家庭暴力法医鉴定中心和家庭暴力庇护中心。加强家庭纠纷调处服务工作。建立专家队伍，吸纳专业社工和志愿者，对有暴力危机的家庭开展调解，化解矛

盾，打破暴力循环，防止暴力升级，重建和谐家庭关系。

④组建志愿团队，服务受暴妇女。为有效预防和遏制家庭暴力，充分发挥志愿者的作用，向遭受家庭暴力妇女提供多元化志愿服务，山东省青岛市妇联成立了由法院、检察院、公安等司法人员和律师、心理咨询师、妇联干部等210名志愿者组成的反对家庭暴力志愿服务团。志愿服务团本着自愿参与，无偿服务的原则，秉承奉献一点爱，撑起半边天的服务宗旨，发挥爱心人士的专业特长为遭受家庭暴力的妇女提供法律援助、法律咨询、婚姻调适、心理疏导、纠纷调解等服务。志愿者深入社区、村庄、学校、企业、单位，开展反对家庭暴力法律宣传教育、培训讲座，普及反家庭暴力法律知识；为遭受家庭暴力妇女免费提供法律咨询和个案维权，为生活困难的妇女免费提供案件代理、法律援助，接受妇联转介的家庭暴力案件，提供法律帮助；对家庭暴力行为及时制止，对施暴者进行批评教育，对受暴者提供心理疏导、帮扶救助、维权服务；同时将开展反家庭暴力工作调研，探索反家庭暴力的新途径、新方法，不断完善反家庭暴力志愿服务工作。

（6）妇联组织积极参与社会管理创新，专业化服务水平不断提高

自2007年以来，各地妇联组织开始积极参与到社会管理创新中，不断拓展服务领域，创新服务妇女的方法和思路，同时也推动地方政府出台了很多政策，为自己参与社会管理创新提供了广阔的平台。早在2007年4月10日，全国妇联办公厅下发《关于开展社会工作人才队伍建设和巾帼志愿者队伍建设调研的通知》，通知要求在全国范围内开展社会工作人才队伍状况的调查，并着手研究妇联系统中设置社会工作岗位。此后，各级妇联组织就开始了培育和发展社会组织，探索如何将社会工作专业引入到妇联组织中。

妇联组织借助社会组织的力量，将专业的社会工作理念、价值观和方法，运用到服务中，并逐步形成了自己的品牌和特色。

深圳妇联的“阳光服务系列”、浙江省嘉兴市妇联的“单亲妈妈家庭专业社工服务”、广州珠海妇联的“珠海协作者妇女之家”、天津市妇联组织

的“半边天家园”、广东东莞市妇联推进的“白玉兰家庭服务中心”、上海浦东新区妇联主导的“家庭专业社工服务”项目、广东省妇联启动的“广东省妇女维权与信息服务站”项目、广州市海珠区妇联“3861我的家”项目、北京市妇联“家庭综合服务项目”、南京市妇联的“家庭驿站项目”、上海市杨浦区妇联开展的“媛动力——女性·家庭成长”公共服务项目、赤峰市妇联开展的“守门人关爱”系列服务项目等，均是由妇联主导推进的。在项目实施的过程中，妇联组织充分运用自身原有的网络及工作人员，借助社会工作的方法将更专业、更有效的服务送给普通个体及家庭。

4.坚持源头维权，积极推进政策倡导

作为代表和维护妇女利益的社会组织，多年来，全国妇联坚持一手抓发展、一手抓维权，在维护妇女合法权利中，坚持源头维权，整合资源、协调联动，推动齐抓共管的社会化维权工作格局建设。近年来，妇联的源头维权工作取得了显著成绩。

（1）开展“两癌”筛查项目

2009年，在党中央、国务院的高度重视和亲切关怀下，在相关政府部门的大力支持下，在全国妇联的积极协调和努力推动下，“在农村妇女中开展妇科疾病定期检查”纳入国家新医改方案和国家重大公共卫生服务项目，农村妇女“两癌”检查工作得到国家层面的政策保障，公共财政的阳光惠及广大农村妇女。2009年起，中央和地方共同投入，启动实施了对农村地区35—64岁的适龄妇女进行“两癌”筛查工作。十年来，宫颈癌的检查近1亿人次，乳腺癌的检查超过了3千万人次，检出宫颈癌及癌前病变17.7万例，乳腺癌及癌前病变1.6万例。此外，宫颈癌检查覆盖了全国2118个县，乳腺癌检查覆盖了1651个县。此外，健康中国预设指标之一为：2022年“两癌”检查覆盖80%的县，2030年覆盖到90%。

（2）农村妇女土地权力维护

为反映农村失地妇女、移民妇女权益受侵害状况，2006年，全国妇联权益部对妇联系统信访情况进行了深入的统计分析，及时发现问题，向有关领导呈报了《关于开展农村失地妇女维权工作请示报告》，向中央呈报了《关于在落实移民扶持政策中坚持男女平等原则的报告》，推动有关部门指导各省调整了相关移民政策，保证妇女享有同样的权利。

妇联参与物权法的制定，关于“集体成员依法定程序做出的决定侵害部分集体成员合法权益的，该集体成员可以请求人民法院予以撤销”的建议被采纳。参与了《中国反对拐卖妇女儿童行动计划（2008—2012年）》《关于解决农民工问题的若干意见》等国家重大政策的制定，联合多部委会签订预防和制止家庭暴力的若干意见。指导基层妇联参与和推动地方立法的制定和修改，推动33个省区市专门出台了预防和制止家庭暴力的地方性法规和规范性文件，指导31个省区市修改完成了妇女权益保障法实施办法并实现重要突破。

（3）反家庭暴力立法实践

妇联积极参与和大力推动反家庭暴力专门立法。从2008年起，连续6年在两会期间通过代表委员或单独以全国妇联名义提出关于将反家庭暴力法列入全国人大常委会立法计划的建议。同时向国务院法制办建议将反家庭暴力法列入国务院立法工作计划。2013年再次提交立法重点问题研究建议，为国家立法提供参考，同时推动《国家人权行动计划》《中国妇女发展纲要》和《中国儿童发展纲要》明确规定预防和制止家庭暴力的内容，将反对家庭暴力纳入国家整体发展规划。2010年，促进全国人大常委会将家庭暴力作为妇女权益保障法执法检查的重点关注问题，执法检查报告建议“有关部门对反家庭暴力立法问题进行研究”。2011年，推动并参与全国人大法工委社会法室开展的反家庭暴力立法调研。2012年，作为全国人大常委会法工委反家暴法立项论证工作小组成员，全程参与立项论证调研工作并提供大量参考资料，承担公众态度问卷调查和立法成本效益分析等工作任务，及时反馈立项论证意见，成功推动全国人大常委会通过反家庭暴力法立项论证。同时还推动全国人大常委会首次将制定反家庭暴力法纳入年度立法计划，在2013年成功纳入十二届全国人大常委会立法规划，确定由国务院提请审议，同时还起草了《反家庭暴力法（草案）》（送审稿）。2014年3月，全国妇联按要求完成《反家庭暴力法（草案）》（送审稿），以国务院妇儿工委办公室名义报送国务院法制办。《中华人民共和国反家庭暴力法》于2015年12月27日第十二届全国人民代表大会常务委员会第十八次会议通过，并于2016年3月1日起正式实施。全国妇联为反家庭暴力法的出台作出了重要贡献。

(4) 服务平台建设

为了搭建妇女服务平台，全国妇联大力推进妇女之家建设工作，目前，全国城乡社区“妇女之家”基本实现全覆盖。“妇女之家”形成了“纵向到底，横向到边”的趋势，将工作延伸到最基层，覆盖到自然村、居民小组、机关和企事业单位，进一步发挥了“妇女之家”联系和服务妇女群众的作用。各级妇联积极组织“妇女之家”围绕妇女切实需要开展服务，妇女儿童的综合维权、创业就业、教育培训、家庭教育、社区文化、家政信息、婚姻家庭、帮扶救助、娱乐活动等都依托妇女之家这一服务平台有效开展。“妇女之家”建设，为妇联组织开展工作建构了一个很好的平台，在很多地区，出现了有事干、有人干、有经费的“三有”局面，为推动妇联组织成为党和政府联系妇女群众的坚强阵地和妇女群众的温暖之家，打下了扎实基础。

妇联组织的服务涉及面很广，突出了推动妇女积极参与社会经济发展的优势。纵观妇联组织开展的妇女服务，有几个明显的特点：

一是妇联组织遍及全国各地的网络很大，服务涉及面非常广泛，受益人群众多。从这些年妇联提供的妇女服务情况来看，涉及的服务对象非常多，遍及全国各地，这一方面反映了妇联组织的优势，另一个方面也体现了其在妇女群众中的影响力。

二是妇联组织自身独特的地位，在源头维权方面具有不可替代性，能够在顶层设计中发挥重要作用。作为中国最大的妇女群团组织，全国妇联与政府之间的关系非常紧密，这种关系给妇联参与源头维权、政策咨询、倡导推进等方面，提供了便利，同时，也使得妇联在推进政策和法律改变过程中，扮演了重要的角色。

三是宣传、倡导和活动较多，倡导性、活动性活动的开展非常有效，而专业性服务提供不足。从妇联开展的服务来看，活动比较多，教育宣传比较多，时间性强。可持续性较弱。而提供的持续性的专业性服务的项目，相对不多。

四是从业人员数量不足，身份比较特殊，专业性和职业性不够。根据国家统计局的数据，2012年全国妇联有在岗的专职妇联干部8万人，从数量上来看，妇联干部服务基层妇女群众的人数是远远不足的。85%的人拥有大学、大专学历，她们的专业背景非常广泛，很少有人接受过专业的社会工作或者社会福利的训练，这就注定了她们在服务提供过程中，缺乏专业性。

五是妇联妇女服务的研究缺乏，很难进行理论总结和提炼，发展出具有中国特色的妇女社会工作理论和模式。与其他群团组织相比，妇联组织在理论建设，特别是妇女工作的理论和技巧建设上存在严重不足，妇联工作系统化、理论化的研究很少，这就造成了妇联工作缺乏自己的工作理论、模式和方法，极大地影响了服务妇女群众的质量和水平。

（三）妇女工作与妇女社会工作的相同点与不同点

作为社会服务，中国的妇女工作与妇女社会工作在某些方法上，具备了相同的特点。主要有：

第一，助人性。无论是妇女社会工作还是妇女工作，都具有帮助妇女解决问题的性质，因此，两者都是一个助人性的工作。

第二，都是在为妇女提供帮助和服务。两者都以妇女群众作为自己的服务对象，从各自不同的角度，为她们提供需要的帮助和服务。

第三，把维护、代表妇女的合法权益作为自己的工作内容。在服务提供过程中，两者都把维护和代表妇女的合法权益作为自己的责任。

第四，尽管两者的方法和理念有所不同，但是，在民众中享有一定的声誉和影响力，妇女工作者常常被誉为“娘家人”，而社会工作者在广大服务对象中的声誉也是非常好的，很多时候人们相信有困难找社工。

当然，作为两个不同的概念和领域，妇女工作与妇女社会工作还是存在很大的区别和差异。上海大学社会学院教授范明林曾对此进行了归纳和总结：

第一，专业妇女社会工作在价值理念上强调工作者对服务对象的尊重、接纳、非批判、个别化以及为服务对象保守秘密与让服务对象自决，强调助人者与受助者之间的平等、合作关系，强调专业服务过程中助人自助的原则。而中国传统的妇女工作则普遍地把妇女工作机构视作为服务对象的代言人、“娘家人”，在这种价值意的下指导下，显然，传统的妇女工作及其机构与服务对象是一种不平等的上下级关系。

第二，专业妇女社会工作更多的是为服务对象提供专业服务，包括解决困难、找寻资源、处理问题、恢复功能、挖掘潜能和促进发展，其工作的着眼点在于人本身。而中国传统妇女工作的大量活动主要是围绕国家的政治形势而部署，或者为了完成某项政治任务而开展，具有十分明显的行政色彩和过于强烈的意识形态色彩。

第三，专业妇女社会工作长期以来已经形成了一套专业理论和方法，而中国传统妇女工作虽然在长时间的活动推展中积累了比较丰富的经验，但是至今仍然缺乏概念提炼和理论总结。

第四，专业妇女社会工作的工作者通常都接受过诸如社会工作等相关专业的训练，而从事中国传统妇女工作的人员一般缺乏有关助人的专业背景。

此外，妇女工作的专业性和规范性，还有待于进一步的完善和提高，从事妇女工作的人员的流动性也比较大，所有这些都会不同程度地影响妇女工作走向职业化和专业化。

作为一个助人性的工作，妇女工作要真正实现职业化和专业化，需要借助社会工作专业知识和技能，特别是妇女社会工作的理论和方法来武装自己，帮助自己从一个非专业的社会服务的提供者变成专业的社会工作者。因此，妇女工作要走专业化道路，需要有制度化的保证，政府以及有关部门要出台相关的制度，确保从业人员能够系统地接受专业培训，逐步实现上岗证书制，同时，还要制定相应的从业资格标准，进一步规范管理，保证妇女工作能够真正实现职业化和专业化，确保妇女群众能够得到专业服务，为她们全面发展奠定基础。

第二节 社会工作价值观、原则在妇联工作中的应用

一、社会工作专业价值观

（一）专业价值观的定义

专业价值观是一套指导专业行为和认知活动的思想、观念和基本原则。专业价值观不仅会受到一个社会的传统观念的影响，而且会受到科学发展以及社会变革的影响。社会工作的专业价值观就是社会工作者长期以来奉行和遵守的一套指导其实践的原则和理念，它代表整个专业团体对社会正义、服务、个人价值与尊严、人类关系的重要性、社会团结等问题的看法与专业活动的标准，是社会工作专业的重要条件和标志。

（二）社会工作专业价值观概述

国际社会工作学院联合会和国际社会工作者联合会在2000年是这样界定社会工作价值观的：社会工作产生于人文主义和民主理想，它的价值基础建立在对所有人类平等、价值和尊严尊重之上。在社会工作发展的100多年过程中，社会工作实践关注满足人类需要，发展人类潜能。人权和社会公正成为社会工作行动的动机和理由。通过与弱势人群的共同合作，社会工作专业人士努力寻求消除贫困，解放受压迫的人群，从而促进社会融合。社会工作的专业价值观包含在各国和国际的专业伦理守则之中。

布特雷姆是著名的社会工作专家，著有《社会工作本质》一书。他认为

社会工作的哲学思想主要来源于三个假设：第一是对人的尊重；第二是相信人有独特的个性；第三是坚信人有自我改变、成长和不断进步的能力。

著名社会工作专家波音认为，社会工作基本价值观包括：人人都有与生俱来的自我实现的权利，并有实现这个目标的能力；作为社会成员，人人都有义务寻求自我实现的方法以贡献社会；社会有义务协助个人自我实现，也有权利利用成员的贡献来使社会更加充实和富足；人人都需要和谐发展的社会给予其力量和机会，满足生理、心理、经济、文化、精神等方面的基本需求；由于社会日趋复杂和相互依赖的增强，为了协助个人实现自我价值，也就更迫切需要专业的社会组织；为了让每个人不仅能够实现自我价值，而且能够贡献社会，社会组织必须在社会认可和社会提供的条件下，尽量满足个体与社会的需求。

美国社会工作专家莫拉莱斯和谢夫指出，社会工作专业价值观应该包括下列内容：

1.强调社会中个人的重要性；

2.献身于社会变革以满足人们的需要；

3.致力于社会公正以及社会上所有人的经济、生理和心理发展；

4.尊重和欣赏个体和群体差异；

5.致力于发展当事人的自助能力；

6.愿意将自己的知识和技巧传授给他人；

7.愿意将自己的个人感受和需要与专业关系区分开；

8.尊重与当事人的关系，并且保密；

9.愿意在挫折面前代表当事人的利益，坚持不懈；

10.严格坚持高标准的个人和专业操守。

美国的《全国社会工作者协会伦理守则》中，是这样总结社会工作专业价值观的：

1.社会工作者推动超越个人私利的给予他人的服务；

2.社会工作者追求社会变革，特别是与弱势和受压迫的个人和群体一起工作，代表他们促进社会变革；

3.社会工作者对每个人都给予关心和尊重，意识到个体的差异和文化及种族多元性；

4.社会工作者明白人际关系与人群内容的关系是重要的变革载体；

5.社会工作者始终意识到专业的使命、价值观、伦理守则和标准，并采用与之相符的方法开展实务工作；

6.社会工作者不断致力于增进专业知识和技能，并将他们运用到实际工作中去。

这里强调的专业价值观涉及服务、社会公正、个人的尊严和价值、人际关系的重要性、诚信和能力，这些构成了社会工作的核心内容。

综上所述，社会工作的价值观包括：尊重人的价值与尊严，重视发掘人的潜能，相信人具有改变的能力，最大程度地提供所需的专业服务，满足人的自我发展和实现的需要，强调人际依赖和互动，赋予当事人权利和平等的机会，反对歧视，尊重多元化，致力于社会变革，维护社会公正等。

（三）社会工作的职业伦理与工作原则

工作原则指的是社会工作专业价值观在实务层面的体现和运用。下面将从职业伦理和工作原则两个方面来阐述。

1.职业伦理

社会工作的职业伦理是社会工作哲学和价值观的具体表现。社会工作的职业伦理通过其团体成员的讨论与共识，以集体自律的方式，订立的守则，要求全体成员共同遵守。社会工作的职业伦理，成为专业人员对言行和实践的规范；是专业人员在完成工作时能够凭借其伦理守则而维护专业的原则；可以提供一种标准来评判专业过程。

美国社会工作协会指定的伦理守则中，就六个方面的内容作出了详细的规定。

(1) 社会工作者对当事人的伦理责任

社会工作者的首要职责是增进当事人的福祉。社会工作者尊重和推动当事人的自决权，协助当事人努力识别和澄清自己的目标。社会工作者只有在建立了专业关系的基础上，在合适的情况下，需要得到当事人的知会同意，才能提供服务。

社会工作者应该明了文化及其在人的行为和社会中的作用，认识到所有文化都有其优点。社会工作者应该掌握与当事人的文化有关的基础知识，并在提供的服务涉及当事人的文化和不同人群与文化群体的差异时，证明自己能胜任工作。社会工作者应警惕和避免妨碍行使专业斟酌处理权和公正判断的利益冲突。不得不正当地利用专业关系，或通过剥削他人来谋取个人、宗教、政治或商业利益。

社会工作者应尊重当事人的隐私权。社会工作者在征得当事人或当事人的法定代理人的有效许可后，在适当的时候可以披露机密资料。社会工作者应为当事人提供合理的途径获取与其相关的记录。在任何情况下都不得与现当事人发生性行为或性接触，不论双方是出于自愿还是受胁迫。社会工作者不得对当事人进行性骚扰。社会工作者在同当事人进行书面或口头沟通，或言语涉及当事人时，不得使用诽谤性语言。在制定费用标准的时候，社会工作者应确保收费公平合理，与所提供的服务相称。收费应考虑当事人的支付能力。社会工作者应避免收受当事人的物品或服务作为提供专业服务的回报。社会工作者在代表缺乏决策能力的当事人做决定时，应该采取合理的步骤保障当事人的权益。社会工作者在当事人不再需要所提供的服务和建立的专业关系时，或者是所有提供的服务和专业关系已不再符合当事人的需要或利益时，应该终止服务和专业关系。据当事人的需要和意见，设法移交、转介或延续服务。

(2) 社会工作者对同事的伦理责任

社会工作者应尊重同事，在介绍同事的资格、观点和职责时应准确、公正，应避免毫无根据地批评指责同事。加入跨学科团队的社会工作者，应运用社会工作专业的观点、价值观和经验，参与影响当事人福祉的决策并有所贡献。社会工作者不得利用同事与雇主的纠纷来或获得职位或从中渔利。不得盘剥与同事有争议的当事人，或者是让当事人对社会工作者和同事的冲突妄加评议。为了当事人的最佳利益，社会工作者应征询同事的意见并寻求辅导。当需要其他专业的特殊知识或技能才能使当事人得到圆满的服务时，或者是社会工作者承认自己的服务没有成效或是没有取得合理的进展，需要额外的服务时，社会工作者应将当事人转介给其他专业人员。

担当督导或教育职责的社会工作者，不得与被督导者、学生、受培训人员或其他其行使专业管辖权的同事发生性关系，或有性接触。社会工作者不得对被督导者、学生、被培训者或同事进行性骚扰。社会工作者如果直接了解某位社会工作同事由于个人问题、心理社会方面的困扰、滥用药物或者精神健康问题，影响了实际工作的成效，应尽可能为其提供咨询，并协助其采取补救措施。如果直接了解某位社会工作同事不能胜任工作应尽可能向其提供咨询，并协助其采取补救措施。社会工作者应采取足够的措施打消、阻止、揭露和纠正同事有悖伦理的行为。

（3）社会工作者对机构的伦理责任

提供督导和咨询的社会工作者应具备担当这一工作所必需的知识和技巧，并就自己的知识和能力所进行督导和咨询。担负教育、指导实习或培训职责的社会工作者只可在其知识和能力所及的范围内开展工作，并应基于本专业最新的资讯和知识开展指导工作。负责评估他人工作表现的社会工作者应以公正、审慎的态度，按照清楚阐明的标准履行评估职责。社会工作者应采取合理步骤保证工作记录准确，能如实反映所提供的服务。社会工作者应订立并维护正确反映其服务性质和内容的收费方式，收费应能体现出实务机构中具体的服务提供者。当正在接受其他机构或同事服务的当事人希望社会工作者为其提供服务时，社会工作者在同意前应仔细考虑当事人的需要。

社会工作行政人员应在机构内外为获得充足资源去满足当事人的需求而奔走呼吁。社会工作行政和督导人员应采取合理的措施，为自己的所有员工提供继续教育和发展的机会，或做相应的安排。社会工作者一般应信守对雇主和雇佣组织承诺的职责。社会工作者可以通过有组织的行动，包括组建或加入工会，来改善给当事人提供的服务和自身的工作条件。

（4）社会工作者作为专业人员的伦理责任

社会工作者只有在具备相应能力或打算获得所需能力的情况下，才可以接受赋予自己的职责或对自己的聘用。社会工作者不应做出、纵容或配合任何形式的基于形式的歧视行为；不得让自己的私人操守妨碍履行专业职责；不得参与、纵容，或涉足不诚实、欺诈和蒙骗活动；不得因个人问题、心理社会方面的困扰、法律问题、滥用物质或精神健康问题而妨碍其专业判断或专业表现，或危害其负有专业责任的当事人的最佳利益。社会工作者应明确区分私人身份和代表社会工作专业、专业社会工作组织或雇佣机构在言行上的不同。社会工作者只能对自己实际做的工作和有所贡献的事承担责任并将之视为自己的功劳，包括作为原创者的功劳。

（5）社会工作者对社会工作专业的伦理责任

社会工作者应致力于保持和推动高标准的实践；应支持和推进专业价值观、伦理、知识和使命；应对丰富社会工作的知识基础有所贡献，并与同事分享实践、研究和伦理方面的知识；应监察和评估政策、项目实施和实际的干预工作；应推动评估和研究工作，并为之提供方便，为知识发展作贡献。

（6）社会工作者对广大社会的伦理责任

社会工作者应促进从本地直至全球社会整体的福祉，并推动民众、社区和环境的发展；应倡导有利于满足人的基本需求的生活条件，并推动社会、经济、政治、文化方面的价值观和机制与实现社会公正协调一致；应为公众在知情的情况下，参与制定社会政策和创立制度提供方便条件；应尽其所能在紧急公共事件中提供适当的专业服务；应投身到寻求保证所有人都能平等地得到资源、就业、服务和满足基本的人类需求与充分发展的机会的社会行动和政治行动中；应意识到政治领域对开展实际工作的影响，应倡导政策上和立法上作出改变，以改善社会条件，满足人的基本需求，并促进社会公正。

2.工作原则

在上述价值观和伦理守则的指导下，社会工作在实务过程中，还发展出了一套自己的工作原则。

布特雷姆提出了5个实务原则：

（1）接纳他人：积极地了解别人的独特之处，并设身处地地考虑他人的需要。

（2）不批评的态度：尽力去理解他人行为背后的理由和原因。

（3）个别化：相信每个人都是独特的，不能千篇一律地去看不同的问题，也不能用一个方法来解决所有人的问题，而是根据当事人的具体问题和需要，提供所需的服务。

（4）保密的原则：不将当事人的个人资料等信息外传，从而损害当事人的利益。

（5）当事人自决：鼓励当事人自己决定自己的命运，鼓励他们学习承担相应的后果，从自决中获得成长。

杜波斯和米利总结了9条社会工作的实务工作原则：

（1）接纳：要真诚地理解当事人，在专业关系中，需要通过关心、认真倾听和积极回应的方式，来表明自己对当事人观点的接纳，从而建立社会工作者与当事人之间的互相尊重。

（2）尊重个别化：尊重当事人的独特性，承认、欣赏当事人的独特的风格，这就是说需要从“当事人的需要开始”。当事人需要的是专业人士的个别化的理解和关注。个别化要求社会工作者不带任何偏见和歧视，不贴标签，不带任何刻板印象来与当事人一起工作，承认和欣赏多元性。

（3）有目的的情感表达：当事人需要有机会向社会工作者自由表达自己

的情感。作为社会工作者，需要透过事实来揭示当事人的内在的情感。

（4）非判断主义：不批评、非判断是与当事人建立关系的关键所在，这并不是说社会工作者不作决定，而是说社会工作者不要持指责的态度，不要作出对与错、是与非的判断。

（5）客观性：社会工作者应该不带任何偏见，对当事人的情境进行分析。在保持客观性的同时，社会工作者要避免将自己个人的偏见和情感带入自己与当事人的关系中。

（6）有限的情感涉入：社会工作者在面对当事人的处境时，需要对当事人表达的、未表达的情感保持高度敏感；根据自己对人类行为的认识来理解当事人；依照自己的知识对方事人作出回应。

（7）自决：这个原则的基础就是，当事人有权利，并且有需要自由决定自己的生活。社会工作者有责任创建一个很好的工作环境，帮助当事人作出选择。

（8）获取资源：社会工作者有责任保证每个人都能获得必要的资源、服务和机会，要关注为弱势人群扩大选择和机会，倡导社会政策和立法改革，从而改善社会环境，推动社会公正。

（9）保密：严格对当事人的个人身份等信息保守秘密，在需要的情况下，只有在得到当事人的知会同意的情况下，才可以对外透露这些信息。

社会工作价值观是社会工作实践的灵魂，是社会工作者的精神动力。作为一种专业价值观，它的基础是社会主流价值和社会工作专业的独特追求。尽管上述不同学者对于社会工作的工作原则有着不同的理解定义，但是可以看出都是坚持了以案主为本的理念，坚持接纳、个别化、保密、不批判及案主自决原则等，上述原则成为社会工作实务过程中必须遵循的一些原则，它们指导了社会工作者开展工作。社会工作伦理和原则是开展专业活动必须遵循的操守。

二、社会工作专业价值观、原则在妇联工作中的应用

妇联的工作内容包括：团结、动员广大妇女听党的话，跟党走，投身改革，参与经济建设，促进社会发展；教育、引导广大妇女，增强自尊、自信、自立、自强精神，全面提高素质，促进妇女人才成长；代表妇女参加社会协商对话，参与民主管理、民主监督，参与有关妇女儿童法律、法规、条例的制定，维护妇女儿童合法权益，为妇女儿童服务；加强与社会各界的联系，推动社会各界为妇女儿童办实事、办好事；巩固和扩大各族各界妇女的大团结等。

（一）妇联工作需要专业化

社会、经济的发展需要各个部门工作的专业化，妇联作为服务妇女儿童的部门在工作中也应当具备专业的理念、价值观、方法等，遵循专业的工作原则，唯有如此才能更好地服务妇女、儿童。那么谈到妇联工作不得不提妇女社会工作。

妇女社会工作是将社会工作的专业价值观和技术，运用到妇女人群的服务中，以解决或预防妇女在自我成长、参与政治、经济、社会、文化和家庭生活过程中遇到的群体或个体问题而开展的专业工作。其目的是动员社会力量，为了妇女的全面发展和性别平等的实现创造有利的社会环境。就具体工作内容而言，妇女社会工作主要是帮助妇女解决及预防现实困难，推进性别平等观念，完善有利于妇女发展的政策法规等。就服务领域而言，妇女社会工作往往与婚姻、家庭问题相关，这是因为在现代社会中，婚姻和家庭发生变故的概率增加，而女性容易在此过程中容易受到伤害。

在妇女社会工作实施的过程中，应该坚持一些基本的原则，包括：承认女性有她们独特的生活经验和意义世界，因而女性是独立的个体；不应把妇女问题个人化，从“个人的就是政治的”视角出发，应该视妇女问题为个

人与社会运作失调的结果，尤其是社会结构失衡、社会政策偏差的结果，因此，需要把妇女的困境和个人问题放至社会层面；正视妇女在社会上权力分配不均和资源不足的过程中常常处于不利甚至受压迫的事实，强化社会性别意识并将这种意识渗透到社会生活的各个领域和指导开展具体工作。

那是不是妇女工作就等同于妇女社会工作呢？二者显然是不同的。妇女社会工作的出发点是根据以人为本的原则，真正从妇女的需求出发，制订工作计划，利用有限的资源帮助弱势群体，发挥自己的潜能，解决困难提高能力，实现赋权；改变官民身份关系，建立助人自助的关系，建立自我成长意识。专业妇女社会工作长期以来已经形成了一套专业理论和方法，而中国传统妇女工作虽然在长时间的活动推展中积累了比较丰富的经验，但是至今仍然缺乏概念提炼和理论总结。

（二）三大工作方法的专业价值观体现

妇联针对妇女儿童的工作在社会发展的大背景下要求更加专业。社会工作的三大方法——个案工作、小组工作、社区工作是妇联开展专业的妇女儿童工作时可以用到的三种专业的方法。那么在这三种工作方法中是如何体现社会工作专业价值观的呢？

1.个案工作的价值观和原则的体现

个案工作的基本价值理念是尊重个性，承认人的价值和独特性，这是个案工作的灵魂。个案工作认为每个人都是平等的、有价值的，都值得关注与帮助；每个人之间均有差异，都是有独特性的，而个人问题性质和原因并不相同，每个人的处境和思考反应也有所不同，解决问题的阻力与助力也是不同的。个案工作强调因人而异，采用艺术化而不是公式化和刻板化的方式，运用专业知识和技巧来帮助案主。

个案工作的原则不是直接和主观地替案主解决问题，而是和案主一起寻求各种可能解决问题的方法，并由案主自己决定和积极行动。个案工作的目标：一是帮助案主解决问题，二是帮助案主提高解决问题的能力。

在与案主的工作中，除了探寻案主问题的成因，更要善于帮助案主认识、挖掘未被开发的、潜存在案主身上的各种能力。这不仅帮助案主解决所遇到的困难，调适失调的心理或失调的人际关系，而且更重要的是可以帮助案主增强自助能力，增强人格强度，避免问题再发生。

在个案工作中，接纳是工作员对待案主的一种行动原则，包括接纳她的优点、缺点，她积极的情绪和消极的情绪，她建设性和破坏性的态度和行动，保持对案主天赋人权的尊严和价值的尊重。

接纳不等于赞同和认同。接纳不是接纳案主的偏差态度和行为，不是接纳“不好的”，而是接纳“真实的”，接纳的永远是事实。

社会工作者要学会接纳。因为人是独特的，也是多样的，就像世界上没有相同的树叶；谁都不能保证自己没有问题；社会工作者不是法官和警察，要用非批判的态度与案主一起面对困境。

非批判的态度是个案工作中的一个特质。解释非批判首先要清楚什么是“评判”。评判是决定个人在行为中是对还是错。在个案工作中，评判的意思只用言语和非言语的行为责备案主应该对自己的行为负责。

案主自决的信念是，案主有能力成长和改变，并能负责的使用自由。人们如果不能对自己的自由选择负责，就不能真正有道德和负责任。而个案工作员的任务就是尊重案主的权利，承认他的需要，协助他应用适当的资源和发挥人格潜能，达成自我决定。

对案主的秘密保密即尊重案主的权利，又是工作员遵守的职业伦理，更是个案工作达到有效服务的一个必不可少的条件。个案工作中，工作员如果要记录、录音、录像或让第三者观察，必须征得案主同意；工作员要保证案主的资料不在不适当的场合泄露或者与不相干的人讨论；运用案主的资料时先征得同意，抹去真实姓名，对事件的描述不能原汁原味。

2.小组工作的价值观和原则体现

社会工作价值观如何在小组工作中得到体现，如何具体指导小组工作的实践？针对这个问题，西方学者提出了不同的观点和看法。克那普卡提出，在小组工作实务中，必须坚持这些价值观：

小组中来自不同种族，国家，社会阶层，不同年纪、性别的人，应该积极参与小组活动，建立一种积极的、平等的关系。第一，在小组过程中，始终强调合作和互惠性的决策过程，充分体现民主参与的原则。第二，强调个人在小组中的创造性和主动性。第三，尊重组员有参与的自由，包括对小组和组员有关的问题发表看法的自由，有权参与小组的决策过程等。第四，强调小组中高度个别化原则，关注小组中每个组员的特定需要。

特斯兰德和利瓦斯还特别强调了小组工作中的三个基本价值观：

第一，重视组员具有互相帮助的能力。在小组中建立的关系，能够帮助组员活动成长和改变，帮助他们建立归属感，满足基本需要，因此，在小组工作过程中，要特别强调组员之间的互助关系，弱化社工作为小组主持人的领导作用。

第二，重视小组能够使组员的能力得到提升，实现赋权。小组可以帮助组员提高自信心，帮助他们意识到自己有能力改变自己的生活和整个社区的状况。

第三，重视小组有能力促进来自不同背景的组员之间的理解和融合。随着小组的不断发展，组员之间的尊重和欣赏也会不断增强，因此小组能够帮助弥补现代社会中不同社会地位人群之间的差距，增进社会整合。

结合不同的学者的观点，在学习小组工作的基本价值观过程中，应该特别重视下面几个方面：

第一，互助互惠的原则。这个原则有两个方面的内容。其一，组员之间的关系是互助互惠的。小组工作的实务核心就是互助的概念。小组工作者必须明确地认识到，这种互助式的助人关系，是导致个人改变的主要来源，因此，小组工作者的主要作用就是帮助组员建立团结合作的关系，共同实现自己制定的目标。其二，社会工作者与组员之间的关系也是互助互惠的关系，在小组过程中，社会工作者运用自己的专业知识，协助小组建立良好的互动关系，使得组员获得成长和改变。同时组员们丰富的生活经历，对社会工作者而言，也是一个学习和成长的过程，因此这种工作关系，就是一种互助互惠的关系。

第二，尊重组员的权利和能力。小组工作过程中，要特别强调和重视组员的能力，相信组员有改变的能力和潜能，这是小组工作的核心和基本信念。同时，要尊重组员有选择参与的权利和自由。

第三，民主参与和决策。小组工作者需要促进个人和小组的自治，要通过民主决策培养组员的民主参与精神。同时，小组中解决冲突的过程，对组员来讲，是一个重要的学习经验。

第四，赋权的原则。小组可以发掘组员的潜能，促进组员成长。在小组过程中，要特别重视组员和小组的能力建设和培训，要扮演好使能者的角色，协助组员的个人成长，通过个人问题、小组问题和社区问题的解决，来促进社会变革。

第五，高度的个别化原则。在小组中了解每个个人的独特性和特别的需求，每个小组有具有自己的独特性，因此，在开展小组工作时，需要有针对性地设计干预方案，治疗和具体的目标要因人而异。

3.社区工作的基本原则

社区工作作为社会工作的一个宏观工作方法，在实务过程中，除了必须遵循社会工作的基本原则之外，还发展出了一套工作原则，来指导自己的实务。这些原则包括：

第一，人的发展是社区发展的最终目标。其中，人的发展包括物质及精神需要的满足和参与社会集体事务的政治权利实现。而妇女社区工作的根本是消除男女不平等的性别关系，建立平等共存的社会文化新制度，促进两性和谐发展。

第二，社区工作计划的制订要依据社区当地和当时的社会、自然的条件和环境，依次完成社区分析，社区干预计划和实施及评估总结等活动。

第三，社区居民的参与是社区工作的灵魂。具体的参与过程包括，居民集体决定社区问题和需要，并根据社区实际拟定社区活动计划，随后采取集体行动解决问题。居民参与的社区介入过程实质是居民增权的过程。只有通过参与，社区居民的真正需要和社区存在的问题才能被真实地反映出来。在参与的过程中，居民感受到集体和个人的潜能及发展，为下次自主参与社区活动提供了更高的动力，从而达到居民自主式参与社区发展的理想社区工作模式。

第四，以居民集体民主参与为基础的社区自决是社区工作的根本目标。居民是社区工作的主体和专家，在解决社区问题和拟定社区工作计划时，居民是最了解社区的人，包括社区的问题，解决问题的物质的、文化的及社会的资源等，他们的本土知识及生活经验应该得到专业工作者和社区外来者的充分尊重。

第五，社区工作采用宏观的社会政治环境视角分析问题和解决问题。社区工作认为，个人、家庭甚至社区问题可能是社会政策或社会环境的某些负面因素造成的。所以，问题的解决和社区发展需要来自社区内外的政府、社会组织、企业和个人的广泛合作及社会资源整合与使用，以推动公正的社会政策的建立，保证社会的公义。

（三）专业价值观、原则在实践中的应用

作为妇联工作人员，应当学习社会工作的专业价值观、伦理、原则和方法，并在实践中加以应用和内化，在工作的过程不断成长。

在日常工作中各级妇联组织的工作人员经常会遇到遭遇家庭暴力的妇女来求助的情况，那么就以这一情况，说明如何应用社会工作的专业价值观和

原则。

当我们接到遭受家庭暴力妇女的求助时，我们要记得遵循个别化的原则，不用一般的家暴原因、个人以前的工作经验、社会大众认知来看待求助者。要耐心倾听她的故事和她的需求，接纳她，而不是就她说的和自己所认为的不同而否定或指责她。同时要对她的事情进行保密，并在情感上给予求助者安抚和支持，告知其关于相关的政策、法规。改变求助者不良的认知，帮助她发现自己的潜能，并和她一起讨论她的决定的各种可能性，并由求助者决定自己的选择。对有需要的求助者予以资源的链接帮助等。

如果是开展受家暴妇女的小组活动，也要关注小组组员的个别化的需求，坚持在小组中建立积极、平等的关系，尊重每个人的意见，形成民主、平等的氛围，同时要提醒组员保密原则，小组活动要有目的，提升每个小组组员的能力等。

开展社会活动要使社区成员认识到家暴的危害，了解反家暴的法律，了解遭遇家暴后可以帮助自己的途径，并在社区构建多机构的反家庭暴力网络等。

这里主要以反家暴案例为主简要说明。当工作者有了专业知识的支撑，并在日常工作中坚持实践和应用，举一反三，相信能够将社会工作专业价值观、理念、原则很好地加以应用，为服务人群提供更加专业的服务。

第三节　社会工作方法在妇联工作中的应用

一、社会工作方法概述

（一）社会工作方法的定义

社会工作方法是指在社会工作中实施各种服务的方式、程序与步骤。一般分为直接服务方法和间接服务方法。给服务对象直接提供社会服务的专业方法包括个案工作、小组工作和社区工作等三大专业方法；间接服务方法包括社会工作行政、社会工作督导、社会工作咨询和社会工作研究。

（二）中国特色的社会工作方法

中国特色的社会工作，其基本方法有着其专业化和本土性相结合的特点：

第一，我国的社会工作方法以马克思主义的世界观和方法论作为社会工作的指导思想，综合运用社会工作的个案服务、群体服务及社区工作等方法。

第二，社会工作坚持中国共产党的领导，在政府的统一领导下有组织地开展服务。法律和政策是社会工作正常开展的根本保证，民政部门专门管理社会行政事务，推进社工发展和社会建设。

第三，社会工作在我国是一个统一的整体事业。全国范围内的社会工作由社会各方面力量共同进行。包括有关政府机关、群团组织、各民主党派、人民团体以及企事业单位，社会组织等在开展社会工作中统一合作协同创新。

第四，我国社会工作实行专业化和社会化相结合的方式。专业队伍的工作采取从群众中来，到群众中去的方法，并开展群众性的社会工作活动。

第五，充分发扬社会主义民主，依靠群众自我教育与自我管理，把社会工作的方针、政策等落实到基层，希望把社会问题放在基层解决，实现宏观和微观相结合的社会管理。

第六，制订积极的目标和措施，把社会困难与社会问题做到“标本兼治，治本为主”，采取积极的预防措施，切实解决社会成员在物质生活和精神生活上的困难，通过社会工作推进社会主义物质文明和精神文明建设。比如通过社会工作参与扶贫攻坚，就是当前比较有效的一种社会建设创新。

二、个案工作在妇联工作中的运用

按照生理年龄对服务对象进行归类的话，妇联工作中的个案工作，主要包括针对妇女的个案工作和针对儿童个案工作。妇女个案工作的出发点是站在妇女的立场上，维护妇女的权益，为妇女提供专业服务。儿童个案工作的出发点是在儿童利益优先的原则上，维护儿童的利益，为儿童提供专业服务。这些个案服务包括问题解决、寻找资源、处理问题、恢复功能、挖掘潜能和促进发展，其工作的着眼点在于人本身。个案工作可以在社会层面、个人层面和家庭层面为妇女和儿童提供一定程度的帮助。

（一）促进妇女或儿童的社会发展

妇女社会工作、儿童社会工作的核心目标是创造男女平等、适合妇女儿童生存和发展的社会环境。虽然许多法规赋予女性同男子一样的平等的法律地位，但实现生活中仍存在许多歧视、轻视和不公平对待女性和儿童的现象。比如，妇女歧视包括妇女儿童被拐卖、妇女失业、女大学生就业歧视、男女同工不同酬、女性传宗接代“被子宫化”的生育压力、女性社会参与程度较低等现象，儿童歧视包括遗弃女婴、女童失学、儿童遭遇性侵害、家长虐待未成年子女、校园暴力等现象。

针对妇女的个案工作服务包括：

1.促进妇女职业发展的个案服务

女性关于职业发展的问题有多种情况，常见的有：女性就业歧视、男女同工不同酬、女性职位升迁困难、女性下岗失业多见、妇女再就业困难等。妇女个案工作对女性的支持如下。

（1）社工发挥“中间人”角色，为妇女提供就业信息

如何链接资源面对妇女提供就业帮助？结合实际需要考虑三个方面：第一，社会工作者首先要了解服务对象的需求。比如，社会工作者面对妇女就业的个案时，要通过晤谈的方式收集妇女个案对职业信息的理解和需要，其所能承接工作的能力和自我评价等信息，建立个案的就业档案。第二，社会工作者懂得运用自身的一些资源。通过个别化的服务，社会工作者可以为她们提供相关的职业信息、政策法规，或者告知她们有关的申诉途径以及可以帮助她们的法律资源。比如，社会工作者鼓励妇女对就业环境、市场招聘的职业信息有更多的认识，增加女性自身解决问题和运筹资源的能力。第三，社会工作者懂得激发妇女内在的潜力。提升她们面对就业信息时的筛选能力、判断能力，结合自己的需要去选择比较理想、可操作性强的工作。比如，社会工作者介绍部分妇女个案加入社区大学参加家政就业培训，让案主通过接受培训在家政或养老领域获得新的再就业机会。

（2）社工发挥“使能者”作用，鼓励妇女增强能力提高自信

社会工作者利用专业知识与技巧让求助的妇女挖掘自身潜能，使得案主不知不觉发生改变。比如，当面对一个流动的下岗女工时，社会工作者可以分三步开展个案帮扶。

第一步，观察流动下岗女工的情绪。遇到情绪压力大的下岗失业女性，给予情绪宣泄的协助。比如，鼓励案主面对心中的纠结情绪，尝试采用转移注意力，或直接发泄的不同方式，包括哭泣、运动等不同选择。

第二步，了解流动下岗女工对自己职业的想法，引导案主对失业有多种认知。不同认知会带来不同的情绪感受，如此继续支持，案主就可能不至于陷在死胡同里产生偏激的想法。

第三步，给出与找工作相关的适度建议，引导流动下岗女工自己重视做好学习和找工作的规划，调整好就业观念，加强终身学习理念，通过再就业而缓解系列可能发生的家庭经济和成员沟通问题。

2.促进妇女教育的个案服务

社区妇女教育是一个非常必要的议题。2011年，北京西城区心理社会服务体系建设项目启动。2019年，《关于印发全国社会心理服务体系建设试点地区名单及2019年重点工作任务的通知》（国卫办疾控函〔2019〕539号）将北京西城区、朝阳区、海淀区、房山区、怀柔区等纳入全国社会心理服务体系建设试点地区。女性面对妻子、母亲、女儿、儿媳妇及职场人等不同角色的过程中，需要有不同的社会化角色经验，也需要参与不同情境的讨论和学习。人的学习是一个终身学习的过程，多重角色的女性更不例外。为促进妇女教育的个案服务，可以分为亲子教育辅导、恋爱婚姻家庭中的女性咨询、女性健康个案支持、女性职业压力调适的个案服务、女性领导力测试、妇女权益保护知识咨询等。这些个案服务将帮助妇女通过不同形式的技能学习，获得人际沟通能力的提升，制造更多的妇女发展机会。

3.提高妇女参与决策与管理能力的个案服务

我国的法律法规为提高妇女参政水平奠定了法律政策基础，但妇女在参政议政及表达妇女权益维护的主体意见的人数和比例方面相对男性而言较少。除了妇联系统之外，在其他系统中各级女干部的人数偏少。妇女在参与社会公共事务中的决策人数偏少，所以妇女面对的机会也较少。社会工作者采用个案工作开展妇女服务时，可以从个人权能角度增强女性参政议政的信心，看到妇女个人的能力与特质，并积极联系周围的资源，为女性参政提供更多的机会和可能性。

（二）促进妇女或儿童的个体发展

1.促进妇女的身心健康与个体发展

妇女在实际生活中扮演多重角色，除了应对社会生活、家庭责任，还要面对个人生活。在个人生活层面，个案工作可以维持女性的身心健康，改善她们的人际关系，增强女性的社会功能。

（1）妇女的身心健康

当前我国正大力倡导推进实施《健康中国行动》，女性作为一个特殊的群体，其多重角色和使命，会导致自身面临更多的问题和困惑。纵观女性身心健康问题和困惑的来源，主要有以下途径：其一，问题或困惑源自女性生活的某个情境，如家庭、职场、社区乃至社会。其二，压力来自女性生命周期的不同阶段，比如青春期、孕产期、哺乳期、更年期、临终期等；其三，个体危机来自妇女生活中可能发生的特殊生活事件，比如独生子女死亡伤残、重大疾病、离异或丧偶、失业等。社会工作者可以采用个案工作方法为妇女提供必要的治疗或帮助，协助案主舒缓压力、排解负面情绪、增强合理化信念、练习自我管理、了解身心健康常识，养成良好的生活方式，学习一些应对危机的行为技巧等，这都可以帮助妇女提高心理健康水平，从而影响身体的健康。

（2）妇女的人际关系

人际关系是人与人之间因交往而建立的一种心理关系，它反映个体或群体寻求满足其社会需要的心理状态。拥有良好及善于合作的人际关系是一个人心理健康最佳的标准和体现。拥有良好的人际关系，会给女性带来五个方面的好处：

第一，促使女性获得更丰富的信息。人际关系好，接触的人多，不同的交往方式迅速让女性获得信息，接触更多的思想和认识更多的人。

第二，帮助女性增进对自己和他人的了解。个体在社会群体中的为人处世、思想表现、言谈举止等都会反映在别人的头脑中，周边的人会评价个体，他人适度和合理的评价，有利于个体形成对自己的全面认知。每个人会随着人际交往范围的扩大而不断增进对人性及品质的了解，人际交往个体可以积累更多的经验，丰富人们的人生经验。

第三，人际交往给妇女机会展示她们的风采。通过交往使得女性的才能得以发挥，理想抱负得以通过努力而可能实现。

第四，女性通过与家人、同伴及职场伙伴等交往不断成熟而社会化。个体在生活经验的积累过程中获得知识、技能、态度、伦理道德规范等，在自我、集体和社会中意识到自己的责任，使命，学会遵纪守法，平等与人相处，直至形成独立的自我。

第五，女性在良好的人际交往中保持身心健康。每一个体作为社会成员有其必然的群体交往需求，人们渴望被理解、被需要、被尊重和被爱，同时也会在享受群体交往中做到尊重他人，理解他人，满足他人合理合法地付出情感去爱别人的需求。在生活中交际空间较大的女性，她们的精神生活相对更丰富，身心也相对健康。

上述5个人际关系的好处，如果女性在实际生活中缺少了其中的1—2个方面，可能会引发人际关系中的交往困惑，严重者则会面临人际冲突。如何了解并掌握人际互动的技巧，需要社会工作者采用个案工作方法为女性提供必要的训练。比如，社会交往技巧训练、自我调控、理性情绪疗法、危机干预等方法来提高妇女与不同人群的交往能力，增进女性自信心，改善她们的人际关系。

2.促进儿童身体发育和健康成长

妇联的工作不可避免会涉及儿童，因为在一个家庭中妇女儿童除了亲情之外，在成长轴上母子或母女关系还有千丝万缕数不清的互动联结。这一点是女性身体结构及孕育子女功能所带来的与男性不同的优势。

（1）促进儿童身心健康发育的个案服务

《儿童权利公约》赋予儿童四大权利。生存权，指的是每个儿童都有其固有的生命权和健康权；受保护权，指的是不受危害自身发展影响的、被保护的权利；发展权，指的是充分发展其全部体能和智能的权利；参与权，参与家庭、文化和社会生活的权利。儿童有参与社会生活的权利，有权对影响他们的一切事项发表自己的意见。儿童的身心健康随着儿童成长的需要而不断呈现，孩子们的身体健康、生命安全保障、隐私尊重和接受法定监护、接受义务教育提升儿童能力、参与家庭和社会相关活动，这些都是儿童身心健康发展的必备成分。社会工作者在面对不同地域、不同文化、不同家庭、不同身体特质的儿童开展个案工作服务时，尊重性别平等，支持困境儿童尤其是保护女童权益，开展儿童受虐待的个案支持，为儿童及其母亲提供相关资源链接，比如对目睹家暴儿童的支援服务，及为儿童友好社区建设提供必要的建议等，这些都是个案工作在儿童服务中的体现。

（2）提升儿童参与自身成长的家庭计划

儿童享有参与权，也体现在儿童如何在其家庭和社区获得尊重和保护的程度方面。一个可以把儿童视为独立个体尊重的家庭，在家庭计划和家庭教育中，对孩子的参与程度是很重视的。从孩子的物品喜好、兴趣选择、入园适应、学习习惯养成、伙伴交往引导、情绪调节、人际互动及实践能力培养等多方面，家庭都需要给孩子适度参与的尊重和邀请。妇联承担了家庭教育、早教，参与社区建设等一些指导功能。社会工作者针对儿童参与的家庭个案给予指导，协助控制欲较强的父母通过亲子晤谈，家庭治疗等方式获得提升儿童参与自身成长的家庭计划能力，增进亲子关系的良好互动，使儿童个案获得更多被尊重的独立成长机会。

（三）促进家庭幸福

女性与婚姻和家庭不可分割。有着结婚意愿的女性都希望自己有一份美好的情感、一个幸福的婚姻和一种理想的亲密关系。而现实生活中，女性面临的家庭问题却并不乐观，部分女性需要接受婚姻家庭指导和个案治疗。

1.婚姻咨询

在两性婚姻关系中，一个单身的男人和一个单身的女人互相结合走到一起，组建家庭，结为夫妻关系，也意味着两个独立的个体基于婚姻而联结，称之为“夫妻家庭”，在这个还没有出现孩子的夫妻家庭结构中，浪漫、激情和承诺是婚姻的三大主成分。随着时间流逝，以婚姻关系为起点，作为社会细胞单元的夫妻家庭带着家庭的不同功能进入有孩子加入、共同抚育子女、子女离开家庭独立导致父母空巢、丧偶或离异导致婚姻解体等不同的家庭生命周期阶段。

夫妻关系的好坏直接关系到一个家庭的分合发展、家庭成员身心健康、夫妻双方的生活质量和幸福指数。但现实中不同家庭会有多样性，俗话说“家家有本难念的经”，文化多元的21世纪，女性在家庭中面对婚姻经营更需挑战自我。如何使一对处于危机关系中的夫妻得以调适，让更多的女性面对困境懂得自我保护或换位思考，通过家庭沟通改善夫妻关系，保持家庭和睦，重新享受甜蜜的两人世界，这需要专业服务支撑的协助。

个案工作可以通过个案辅导、夫妻互动辅导等方式提供服务。比如，第一种方式是，个案工作者在婚姻咨询中扮演治疗者的角色，引导案主互相发现婚姻关系中所存在的问题，通过心理动力理论或寻解方式，个案工作的技巧或者家庭治疗等方法，改变原有的夫妻互动关系，让双方摈弃不合理信念和不恰当行为，学习新的夫妻沟通方式和行为模式。第二种方式是，个案工作者扮演联结者的角色，对于婚姻问题中存在严重身心问题或夫妻冲突的个案，或者案主主动寻求法律援助及心理援助的时候，帮助女性联系相关的机构和资源，例如妇女法律援助中心、心理咨询中心等，让她们可以获得其他专业的帮助。

2.健康育儿

女性在成为母亲后承载起育儿使命中的关键环节，包括母乳喂养、早教参与、亲子情感互动等。现代社会倡导父亲参与育儿，即使如此，基于母亲与孩子的特殊关系和情感，在儿童成长过程中母亲依旧占据着重要的位置并发挥重要作用。

培育一个身体健康、心理健康、社会健康及人格健全的孩子很不容易，需要家庭成员的充分合作和互相支持，更需要扮演母亲角色的女性面对如何科学育儿的问题时具备更多的亲子理念与技能。养育一个先天正常的孩子，父母显然更容易一些。但当一个家庭面临子女伤残时，其父母会产生更多的压力。比如自闭症儿童父母，尤其是母亲，会有更多的焦虑和抑郁情绪。当女性在养育子女的过程中遇到困难，产生压力，或者面对儿童发育、心理健康和人格问题等产生无力感时，个案工作者需要专门针对妇女开展育儿辅导，例如，亲职个案辅导，让这些为人母的女性通过学习和沟通，能以自信的态度、科学的方法从事子女教育，保障两代人的身心健康。

3.家庭沟通

萨提亚家庭理论认为，沟通就是“两个人之间信息的传达与接收”。它包括4个活动过程：（1）你要表达的信息是什么？（2）你如何传达你的信息？（3）你的信息是如何被接收的？（4）当你的信息送出去或被接收到后有什么结果，这对你们之间的关系会有什么影响？萨提亚提出了人们在成长中受生理和情绪影响的4种沟通类型：讨好型、指责型、超理智型、打岔型。

任何一个处于现实婚姻中的女性，对于家庭关系和家庭沟通的感知与认识都会比较深刻。家庭关系的好坏直接影响家庭的稳定和家庭互动的状态，也影响家庭成员的个体成长。婚姻中的女性扮演妻子、母亲、儿媳妇、妯娌或嫂子弟妹等多重角色，也要面对夫妻、亲子、婆媳、妯娌、姑嫂等多种关系，任何一种角色的扮演不合适或无法平衡时都可能给家庭成员或自己带来压力。

社会工作者如何采用个案工作方法，为已婚女性提供家庭沟通技巧学习，面对家庭冲突如何调适心情与行为，采用合适的沟通方式面对每个家庭都可能出现的不同沟通情境，是非常重要也比较常见的妇女个案服务。当一个家庭中出现病态家庭结构、家庭边界不清、家庭权力不平衡等状况时，社会工作者可以提供家庭治疗，帮助有需要的成员减缓痛苦和失望感，从而学习新的家庭沟通方式改善家庭关系，获得家庭幸福感和存在感。

（四）案例解析

小金的回家之路

——运用“结构家庭治疗法”做妇女个案服务

1.个案描述

小金（化名），女，26岁，从外地来到A市打工从事家政服务，工作期间认识了A市本地户籍的一名36岁的物业管理人员小李（化名）。两个年轻人很快自由恋爱，小李看上了小金的漂亮，小金感受到小李的热情，而且认为小李在A市有户口、有房子，两个人很快同居。相处3个月后小金怀孕了。小李在单亲家庭长大，一直跟母亲生活在一起，突然听说比自己小10岁的女朋友怀孕、自己可以当爸爸了很开心，回家跟母亲商量结婚的事情。小李的母亲赵阿姨对于儿子要娶一个外来的又做“保姆”职业的女孩子很不满意，但是听儿子说小金已经怀孕，她也就默认了这门亲事。小金和小李匆匆忙忙地去领证结婚，赵阿姨以“小金怀孕不适合大操大办婚礼，避免累到孕妇”为理由，给儿子简单办了几桌酒席。小金的父母和兄弟姐妹由于在外地，路程远，没能来A市参加女儿的婚礼；但小金的家人也按照风俗向女婿小李家要了8万元的彩礼。赵阿姨对于儿媳妇小金家索要彩礼、不参加婚礼、不给陪嫁等做法很不高兴，但是看在儿子的面子和对未来孙子的期待上也没有多说什么，只是在婚礼上对儿媳妇表现得并不热情。后来，小金生下一个女儿。赵阿姨对于孙女的到来很不满意，她认为家里只有小李这根独苗，自己含辛茹苦地一个人养大儿子，满心期待儿媳妇能生一个孙子，结果未能如愿，因此经常跟儿子唠叨。小金坐月子期间，听到婆婆对丈夫的唠叨，也看到婆婆对孙女的不满意，她很生气，也很郁闷，时不时地发脾气，也会难受哭泣。因为心情不好，所以小金奶水也不好，孩子就经常饿到哭，但是婆婆还坚持一定要小金母乳喂养，不能用奶粉喂孩子。面对家里的混乱局面，小李刚开始会劝劝小金，让她放宽心别和母亲计较，忍忍就过去了，他也悄悄去买了奶粉来喂孩子。后来，小李被自己母亲唠叨得多了，想来想去也觉得小金和丈母娘家确实有很多礼节不到位，于是对小金也就没有以前那么上心了。赵阿姨本来就对儿媳妇不太满意，又看到小金没有奶水，说出来的话也越来越不好听，小李看到小金和自己母亲之间的关系越来越紧张，不知道如何面对，看到女儿哭也手足无措，就经常找各种借口减少在家的时间，然后和同事喝酒。3个月后的一个周末下午，小李没在家，孩子的哭声把婆婆吵醒了，赵阿姨站在小金卧室门口不停地骂。小金忍无可忍，抱起女儿出了门。因为小金原来就是妇联下属的家政服务公司培训出来的家政工，所以小金知道妇联能帮妇女，她直接就去了妇联权益部的信访接待室。

妇联干部接待了小金，并派车把小金和孩子送到了妇联和流浪救助站合作设置的家暴庇护所，同时也找来了专职社工帮助小金。

2.社工介入过程

（1）接案与建立关系

接案：小华（化名）是A市救助站的专职社工，她接到主任的电话，让她尽快到庇护所办公室接待妇联转过来的小金和孩子。小华带上接案表和笔，和小金见面了。

关系的建立：在见到小金和孩子的时候，社工小华稍微有些吃惊。因为她看到前来求助的是一个抱着幼儿的年轻妈妈，几乎和自己的年龄不相上下。于是小华选择了一种很自然的方式，摸了摸小金怀里孩子的脸蛋，大声对小金说："这个宝宝真的好漂亮好可爱呀！长得像妈妈哦！"一直都心情不好的小金，听到了社工小华充满善意和诚意的夸奖，竟然笑了。

（2）案主的资料收集与问题界定

社工小华和小金第一次面对面接触，主要分为几个步骤：

①表格填写：由于小金抱着孩子，社工小华一边慢慢询问小金的基本情况，一边帮助她完善申请救助表的信息，最后让小金签字；

②信息收集：社工小华和小金进行了晤谈，小金告诉社工7个方面的信息，分别是不想待在家里了；婆婆太气人了；自己在家里总是被骂；被婆婆嫌弃生了女儿；自己奶水不好孩子吃不饱，背着婆婆偷偷喂奶粉，被发现了继续被骂；丈夫小李在自己出了月子后总是找借口不在家或者晚回家；自己是外地的，娘家没人撑腰，只好带着孩子向妇联求助。

③问题界定：通过信息收集和对话，社工小华初步诊断，小金的问题是遇到了较为严重的家庭冲突。

（3）目标与计划制订

经过与小金的会谈，社工小华分析出小金和她家人所存在的问题及其产生原因。小金现在离家出走而求助妇联，与其所处的家庭环境及婆婆和丈夫等家庭成员的行为习惯有关。一方面，婆婆不仅重男轻女，而且有排斥外地人的心态。针对这一点，社工可以从性别平等角度去邀请婆婆参与家庭冲突解决，力所能及地纠正婆婆传统的传宗接代观念和歧视女孩的心态。另一方面，社工也看到，婆婆即使对外来儿媳妇心有排斥也一再隐忍个性，慢慢转为接纳外来的儿媳妇，只是在未能如愿抱得孙子的情况下，其挑剔变本加厉并表现为语言暴力，但反过来看，赵阿姨自始至终坚持照顾儿媳妇坐月子，帮助抚养孙女的行为也是一种家人关系存在感的体现。由此可见，婆婆和儿媳妇之间可能是缺少正向沟通。

小金的丈夫小李对家庭矛盾的态度，也是从劝和转变为逃避。这是典型的中国式同住一屋的婆媳关系中儿子的“夹心”状态。社工希望可以找合适的机会做一下小金丈夫的工作，让其逐渐放弃逃避态度而继续增进妻子和母亲的正向沟通。

小金带着女儿来到了庇护所，其问题界定为“遭遇家庭冲突及语言暴力”，但仍然属于可调和的状态，没有达到家庭成员关系变质或有一方提出离婚的状态，所以，社工在制订计划时，与案主商定当前目标以“促进家庭互动”为主，继而商定了帮助小金的计划。

如果要从根本上解决小金的问题，必须以其家庭作为工作对象。基于此，社工小华决定采用“结构家庭治疗法”这一治疗模式。

结构家庭治疗法以家庭作为治疗单位，以改变案主与家人的交往方式为目标，运用系统理论、沟通理论、学习理论去了解案主的个人心理状态。在治疗方面，不采用直接的、单对单的谈话方式，而是多元的、多层次的、面对面地介入案主与家庭成员的交往过程当中，通过改变家庭的结构与组织，使家庭的功能得到正常发挥，从而解决困扰案主的问题。

（4）服务提供与治疗

结构主义学者假定寻求治疗的个案及家庭正经历着已经超出其系统适应和处理机制的一些压力，这些压力妨碍家庭成员在其过程中发挥最佳功能。基于此，确定工作者的任务为帮助案主及其家庭重建支配家庭互动的系统，以使家庭更有效地运作，并使每位家庭成员的发展潜能达到最大化。

方法是让家庭成员在治疗时展示典型的冲突情景，重新认识和看待问题，改变家庭结构，重新建构家庭沟通规则。对于小金而言，要先解决婆媳沟通的问题。在婆婆和儿媳妇都各自从不同视角认识到自己的问题之后，尝试着从新的角度看问题，改变原有思维方式，两个人的沟通就容易多了。在解决了婆媳认知及互动方式的问题之后，再由社工小华支持小金帮助丈夫小李重新寻找和确认回家的安全感，鼓励小金和丈夫多沟通，主动提出想法，希望丈夫小李尽量多回家陪伴老婆孩子，关心家人。

在庇护所住了2天的小金接到丈夫的电话询问并被催促回家，但小金遵守规定没有告知丈夫自己住在哪里。社工小华针对小金的愤怒和郁闷情绪，采用先倾听，再澄清，再鼓励其释放情绪的方式，最后给小金提出了大家面对面互动，适度改善婆媳关系、夫妻关系的建议。小金通过和社工沟通，觉得可以回家试一试，于是有了一家人第一次坐在一起面对面的对话。

针对赵阿姨的状态：社工小华当着小金、小李夫妻俩的面，先肯定赵阿姨照顾儿媳妇和孙女的行为，然后再和她讨论“男孩女孩都一样”“赵阿姨自己作为单亲妈妈，把儿子养大很了不起”等话题，然后再探讨一家人如何更好地互动，尊重各自的感受，保持身体健康和心情愉快，同时也利于小孙女的成长。

针对小李的状态：社工小华引导小李当场回应他对母亲和老婆的不同感受，并表达了作为家中唯一的男性在家庭硝烟口水战中的尴尬。小李表达了自己对妻子的内疚，不应该找借口逃避家庭矛盾。

互动模式改变后的家庭沟通结果：

①赵阿姨第一次听到儿子因为家里婆媳关系有压力而逃避回家的表达，于是很快表示自己也会调整好说话的方式，不再对小金骂骂咧咧，还特别跟儿媳妇小金说了声“对不起”；同时认为自己虽然特别想抱孙子，但孙女也是自己家的孩子，心里也疼她，看到儿媳妇奶水不好自己也着急才控制不了情绪的。最后也说出了对小金娘家的一些想法，但赵阿姨希望现在一家人处理好关系好好过日子，将来还有机会再要个二宝。

②小金对婆婆这一次面对面把心里的不满坦诚地说出来表示理解，对于自己娘家索要彩礼等行为也感到无奈，因为自己老家的女孩出嫁风俗都会要彩礼。同时也感谢婆婆对自己怀孕、分娩前后的照顾。小金表示以后会好好学习如何和老人相处，并当着社工的面，主动跟婆婆说了声“谢谢”。小金也希望丈夫小李多回家陪陪自己和孩子，对老婆和女儿付出正常的爱，体现

出一个男人对家的责任。

③小李看到社工帮助自己家缓解了婆媳关系压力，现在一家人可以讨论问题，而不是互相指责和冷言冷语了，于是表示自己将尽力做好儿子、丈夫和父亲的角色，不让母亲担心，也希望妻子小金不要再离家出走，遇到困难有情绪要像今天这样和家里人好好面对面商量。

（5）总结与评估

①本案例中的案主小金，属于妇联接待的寻求庇护个案，社工接案及介入的过程符合要求，服务规范。

②这是一个典型的结构式家庭治疗服务案例。案主小金从离家求助妇联，到倾诉心事和家事，最后回到家庭主动参与家庭互动的改变。案主及其家庭在互动过程中充分参与，从个体到家庭都有各自的表达，谅解和合作。即使是3个月的幼儿，也成为增进家庭互动沟通的纽带。

三、小组工作在妇联工作中的运用

（一）妇女社会地位服务

从古至今，妇女地位一直是学者重点关注的研究热点。如何帮助21世纪的女性提升她们的社会地位，女性实现经济地位的独立是必要的前提。

随着社会主义市场经济体制改革的不断深入和国有企业改革的进一步深化，下岗失业人员群体逐渐引起人们的关注。其中，年龄偏大、竞争能力弱的下岗失业妇女，她们的生存和发展问题成为妇女工作面临的挑战之一。

除了通过一些政策性的帮助措施，保障下岗失业妇女的生活，还可以通过小组工作的方式，建立技能学习互助小组。在小组中，工作者先了解组员的需求，征求组员的建议，然后外请教师教授家政服务、手工艺品制作、老人照顾等各个方面的技能。更好的状况是，由小组中具有某项技能特长的组员来教授其他组员，使组员认识到自己的价值，同时也促进小组中互相学习、互相交流的良好氛围。除了技能分享外，重要的是，小组成员之间彼此提供心理支持。下岗所面对的压力可能来自社会、家人、朋友等各方面，工作者可以让组员表达自己的委屈甚至不满，进行合理的情感宣泄后，工作者以真诚、尊重、接纳的态度，运用倾听、同理等技巧，鼓励组员之间的经验分享与支持理解，营造互助温暖的小组氛围。同时，也协助小组积极寻找组外资源，列出行动计划，大家一起为更好的生活努力。

（二）妇女家庭地位服务

妇女在家庭中的地位变化，从历史发展可见。中国古代，夏朝开国是母系社会，“游牧性”和“从妻居”是两大特征；商朝的婚姻关系为多个父和多个母共娶；周礼规定，男性贵族可娶妾多人，但只能由一个正妻；秦代受商鞅变法的影响，妻子和丈夫权利相对平等，婚内女性可以杀死通奸丈夫，丈夫殴妻与妻殴夫同等处罚；魏晋南北朝的妇女在婚姻中有较为宽松的界定，妇女可以再婚；隋唐鼎盛，受北方异族文化和中原文化融合影响，妇女地位较高，对婚姻自由有较大的包容性；宋元时代受程朱理学的影响，妇女在婚姻家庭方面被套上枷锁，“饿死事小，失节事大”，妇女再婚问题被限制了；明清时代对妇女的压迫可以用残酷形容，乡规族约充斥着迫害妇女、剥夺妇女再婚的种种条款；民国时期中国社会剧变，婚姻法开始出现一夫一妻制，但有名无实；中华人民共和国成立后，男女平等，妇女地位极大提高，女性获得更多机会，社会性别主流化的倡导不断增进人们对妇女地位的认知。经历了社会变迁的中国女性，其婚姻家庭观念面临着多重文化的冲击。妇女在家庭中发挥重要作用，但不可避免也要面对婚姻家庭的压力。

与妇女家庭地位提升相关的小组可以分为五种：

1.婚恋关系辅导小组

婚恋关系的辅导小组属于预防功能小组，面向有结婚意向的年轻男女适用。“90后”的婚姻生活也像他们的父母一样可能遇到一些阻碍，社会工作者开设婚恋关系辅导小组，可以帮助那些即将进入婚姻的女性获得更多的自我认知和人际交往学习机会。此小组的内容可以设置为：婚姻的价值和意义，婚姻的责任和义务，婚后的幸福或难题，家庭问题的共同应对，不同家庭角色的扮演，夫妻的公共空间和独立尊重，个体在婚姻中的学习和成长等。

2.单亲妈妈支持小组

单亲家庭属于正常家庭结构的一种，目前这个观念已经被多数人所接纳，人们不再歧视单亲家庭。为了帮助单亲母亲更好地适应单亲生活，社会工作者可以考虑为单亲母亲开设支持小组。其内容设置可包括：单亲妈妈生活信息支持、情感支持、社会适应支持，单亲妈妈的亲子互动，单亲妈妈的身心健康，单亲女性再婚调适，单亲女性的自我重建等。

3.亲子关系小组

一个有子女的家庭在家庭生命周期的不同阶段，会遇到不同的子女教育问题。当夫妻二人面对孩子的到来，随之而来需要面对的就是儿童的养育、学业辅导、家庭沟通等问题。社区工作者面对社区中的家庭教育，可以招募组员开展亲子关系小组。有孩子的家庭会有独生子女家庭、二孩家庭、隔代抚养家庭等类型，如何针对不同的家庭女性，按需提升她们的亲子沟通能力，可以将亲子游戏、绘画活动、健身操、音乐放松等不同方式融入小组设计，借此提高亲子小组的趣味性，增进参与成员和孩子们的情感交流和相互信任，缓解部分女性面对青春期孩子的压力，获得更多的自信和沟通能力。

4.女性健康管理小组

尽管医学发达，人均GDP也越来越高，但是人们仍然不可避免地面临疾病和伤痛。妇女在面对生殖健康和环境风险时，需要有专业的社工帮助她们认识女性健康的问题，比如开设乳腺癌预防讨论小组、备孕女性营养小组、哺乳期妈妈经验分享小组、监护人参与儿童保护小组、快乐老奶奶生活体验小组等。

5.妇女危机干预小组

自然灾害、人为意外等突发事件，婚姻压力、抑郁、焦虑、失眠等个体危机，中老年妇女丧失孩子、女性丧偶、家庭经济变化、家庭成员重大疾病等家庭危机，这些不同的事实可能导致女性处于危机之中。如何帮助遭遇个体或家庭危机的女性面对危机，可以让她们获得生活秩序重建的自信，需要社会工作者有能力提供一些小组危机干预的机会，比如震后妇女压力释放小组、离异女性情绪管理小组、单身女性兴趣小组、更年期女性舒压小组等。

（三）女性生殖健康服务

健康包括身体健康与生殖健康。女性生殖健康，即女性在生命所有阶段的生殖功能和过程中的身体、心理和社会适应的完好状态，而不是没有疾病和功能失调。女性生殖健康包括：成年女性能够进行负责、满意和幸福的性生活，而不担心传染疾病和意外妊娠；育龄期女性能够自愿选择生育，并有权决定是否、何时生育和生育间隔；妇女能够安全地通过分娩和妊娠，妊娠结局是成功的，婴儿成活并且健康成长；女性及其亲密关系的伴侣能够知情、选择并获得安全、有效和可接受的节育方法。基于此，女性生殖健康服务的小组可以包括：爱情与安全性行为讨论小组、女性生育权利学习小组、准妈妈学习小组、胎教学习小组、残障女性生殖健康小组、老年女性健康管理小组等。

（四）案例分析

中华女子学院教师张静于2019年7月底到四川“7 · 18”长宁地震灾区开展灾后心理援助工作。在这次一线援助过程中，一方面帮助宜宾妇联做了所有区县的妇联干部培训，一方面采用社会工作专业方法之小组工作的方式，协助当地的妇女解决灾后的自我认知、生活压力和工作压力问题，帮助她们联合起来用自己的不同资源和力量支持妇联工作，拓展个人职业能力，致力于家乡的灾后重建。

1.小组的背景

2019年7月18日，四川省宜宾市发生了地震，长宁县和珙县两个县属于重灾区。中国妇女基金会、中国科学院心理研究所、中国心理学会在珙县灾区的下萍洞社区安置点合作建立了震后的心理援助工作站。

四川省宜宾市妇联、珙县妇联非常支持心理援助工作，邀请心理专家和社会工作者对全市妇联干部进行心理危机干预和专业服务的培训，并对部分重要个案提供心理支持。

珙县位于宜宾市正南面，是一个很漂亮的山区县城，一条名叫“巡场河”河流从珙县城区穿过。珙县之“珙”，即得名于洛浦河中一种名叫“珙石”的黑石头。巡场镇即位于珙县的最北端，与长宁县紧邻。巡场河上有“十子桥”，分别以春秋战国时期百家中的十位名家命名。除了孔子桥（信步桥）为新建桥，其余9座桥均为老桥改名，分别是老子桥（无名桥）、孟子桥（中心桥）、管子桥（彩虹桥）、孙子桥（僰都桥）、庄子桥（便民桥）、韩非子桥（安民桥）、墨子桥（八处桥）、荀子桥（友谊桥）、晏子桥（鞍子桥）。“十子桥”将中华传统文化、社会主义核心价值观与现代建筑相结合，每座桥都代表一种核心文化思想，桥栏上雕刻着精美的图案，还有那些精辟的思想哲学。

在这样一个颇具人文景观情怀的县城，地震给人们带来了一些伤害和压力。部分干部本身就是亲历者，比如当地妇联主席和副主席，她们的房子也成为危房，但是她们的工作却要面对更多需要帮助的女性。很多女干部、知识分子自发集结起来，主动进行灾后心理危机应对演练，在忙碌的灾后家园重建工作中，不断寻找心灵家园的重建学习机会。在与珙桐花开公社见面后，心理援助工作者张静，被女干部、女老师们的精神所感动，她将危机干预知识和社会工作的小组工作方法结合，组合了一个“珙桐花开——力量与自我”的灾后危机干预及女性成长小组。

2.理论架构

在小组设计中，设计者将优势视角的理论运用到小组中去，同时注意将危机干预理论融合到小组环节，根据组员的需要展开压力辅导。小组设计思路主要贯穿以下理论及概念。

(1) 危机干预及其相关理论

危机有两个含义，一是指出乎人们意料发生的突发事件，如地震、水灾、空难、疾病暴发、恐怖袭击、战争等；二是指人所处的一种紧急状态。当个体遭遇重大问题或变故而难以应对时，生活平衡就会被打破，正常的生活秩序被干扰，人们内心的紧张不断积蓄最终进入失衡状态，也就是危机状态。当人们处于危机状态时，需要一些危机干预技术与支持以帮助个体或群体顺利度过心理危机，这就是危机干预。

心理学家对危机干预有不同的看法：林德曼帮助干预者提高处理针对那些被诊断并无特别的疾病却有症状的人的干预水平，关注悲伤反应的解决。卡普兰将危机干预结构扩大到整个创伤事件，认为危机属于因生活目标实现受阻而造成的一种状态，用常规行为无法克服。心理分析理论学者以获得进入个体无意识思想和过去情绪经历的路径理解伴随危机的不平衡状态，聚焦帮助求助者理解自己行为的动力和原因。系统理论并不强调处于危机中的个体的内部反应，而是基于人与人、人与事之间的相互关系和相互影响进行介入。当人们适应的不良行为改变了适应性行为时，则危机就会消退，这就是适应理论假设。谢里·科米尔的人际关系理论倡导将自我批评的权利交回自己手中，鼓励处于危机中的人相信自己、相信别人，培养自我实现和战胜危机的信心以缩短危机的持续时间，通过控制自己的命运而重新获得能力并采取行动应付危机境遇。贝尔金等提出了平衡模式、认知模式和心理转变模式三种危机干预模式。而折中的危机干预理论认为，应有意识地从所有危机干预的方法中系统选择和整合各种有效的概念和策略来帮助危机中的求助者。

（2）优势视角

美国堪萨斯大学社会福利学院的教授丹尼斯·萨利比最先提出“优势视角”，该理论着眼于个人的优势，以利用和开发人的潜能为出发点，协助个体从挫折和不幸的逆境中挣脱出来，最终走出困境达到其目标。他将优势视角定义为“一系列关于健康和潜力的假设和归因的组织化建构”，并指出“抗逆力是优势视角体现和操作化的特征”。抗逆力不是漠视个人困难和伤痛人生经验，也不是忽略生活中痛苦的天真，它是一种面对磨难而抗争的能力，能够引领个人在身处恶劣环境下，懂得如何处理不利的条件，从而产生正面的结果。

（3）自我概念

自我概念是人格结构的重要组成部分，即一个人对自身存在的体验。它包括一个人通过经验、反省和他人的反馈，逐步加深对自身的了解。自我概念的发展水平标志其人格健全程度，与个体的心理健康密切相关。李靖宇等学研究发现，个体处于危机程度高的情境时，其自我控制水平的下降会增加利他行为；而个体处于危机程度低的情景时，其自我控制水平对利他行为没有影响。

3.小组设计的过程

（1）问题的发现

在开组前，北京心理援助专家、中级社工张静在珙县妇联的支持下，对灾后的妇女干部进行了访谈，访谈的主要焦点在于她们在“7·18”地震后的生活改变和工作压力，以及是怎样解决这些问题的。主要针对妇女进行半结构式访谈。通过对访谈资料的分析，我们发现，震后女干部及老师的主要压力表现为：

①情绪反应：郁闷、烦躁、不确定的忧伤、紧张和担心等。

②经济困难：部分女性由于住房变成了危房，需要另外租房过日子，工资并没有增加的前提下导致手头拮据。

③认知反应：认为地震后所获得的外界资源较少，多数靠自救，干部80%的时间在忙房屋重建和疫情防控等，无暇顾及自己家孩子的状态，出于各种原因把孩子都送回宜宾亲戚家。人们害怕余震，没有安全感，但这些都是阶段性的、暂时的。

④行为反应：很多在珙县做生意的外地人都被地震吓跑了，部分街道变得比较冷清。大家不太待在家中，反而更多地出来聚会，在街道上和人群中寻找安全感。

⑤自我认知：自己作为一名公务员或教师，应该为自己的家乡作一些贡献，所以希望能有参加小组的机会，进一步提升自己作为女干部的能力，同时也让自己和家人受益。

这些问题成为“珙桐花开”小组中需要解决的问题，并为小组目标的制订提供了参考。

（2）组员的筛选标准

通过对问题的分析和研究，我们决定按照下列原则进行组员的筛选：

①自愿参加灾后骨干小组学习；

②有主动参与意识和分享意识；

③经历过地震现场和正参与重建；

④尽可能可以全程参加小组培训；

⑤愿意带着问题或困惑参与小组学习；

⑥小组结束后愿意利用所学为本地服务。

（3）小组目标

①在小组活动过程中，女性能够对自身处境重新认识，实现自我提升，释放潜在的能力；通过小组活动，小组成员可以学会肯定自己对灾后重建的付出，发现并欣赏自己的优点。

②鼓励经历了“7 · 18”地震现场的女性说出自己的声音，并从其他组员的分享中获得支持，例如，分享如何减缓余震到来造成的紧张和焦虑情绪，

如何寻找更合适的住房，如何安排休息时间和休息方式等。

③鼓励灾后女性表达自己的家庭压力和工作压力，并协助小组成员通过小组动力来讨论这些压力的应对方式。

④在小组活动过程中，鼓励灾区女干部和女教师挖掘自己的优势资源，尽可能形成灾后跨单位的女性合作支持网络。

（4）小组设计

对于这个珙县灾后的活动，在了解了妇联和相关部门的灾后重建需要之后，张静作为震后的援助工作者为这些妇女骨干设计了六节小组活动，主题为“珙桐花开——力量与自我”。课程的内容分别是①倾诉：我的需要；②寻找：我是谁？③回顾：过去的我；④观察：现在的我；⑤行动：力量的我；⑥展望：未来的我。整个小组设计关注不同组员自身面对灾后的应激反应，观察组员震前震后的生活改变，结合家庭和工作情况对自我压力的诠释，目前对于家园重建所持有的想法和行动，组员的灾后成长和资源链接的建议等。

小组课程开展过程中不断融入了破冰游戏、冥想训练、成员才艺展示、绳结游戏等环节，鼓励小组成员互相支持互相欣赏，自主选择担当一部分压力应对的讨论和归纳训练，快速地为当地灾后重建培养一批兼职妇女社会工作的骨干。

（5）小组活动内容安排

四川宜宾“7·18”震后珙县灾区妇女儿童心理援助骨干小组

小组设计：中科院心理所、中国妇女发展基金会合作的心理援助宜宾工作站专家张静

小组主持：张静

活动地点：珙县党校

主题：珙桐花开——力量与自我		
时间	主题	授课环节
2019年7月29日下午	倾诉：我的需要（招募组员）	结合一个灾后妇女座谈会，了解不同妇女骨干的想法，招募了一些组员。
2019年8月5日晚	寻找：我是谁？	1.游戏：风雨狼 2.开组：组名、契约 3.太空泥塑自我 4.分享彩泥与我 5.小组成员回应 6.归纳与点评 7.你一言我一语
2019年8月6日晚	回顾：过去的我	1.点将表演 2.意念自我：小蝴蝶的旅行 3.原来的自我：自我评价优点与不足 4.找到我的朋友：他人评价和分享 5.乔韩窗口理论 6.你一言我一语
2019年8月7日晚	观察：现在的我	1.即兴组句朗诵 2.家庭教养四模式 3.家谱图绘制与分享 4.原生家庭与我 5.生态系统理论 6.人际互动圈 7.你一言我一语
2019年8月8日晚	行动：力量的我	1.游戏：椰子树、蒙娜丽莎 2.心理韧性 3.压力绳结（10大压力） 4.压力应对主持及讨论 5.后续话题

续表

主题：珙桐花开——力量与自我		
时间	主题	授课环节
2019年8月9日晚	展望：未来的我	1.游戏：对对碰 2.8日晚压力绳结分享 3.压力辅导情景模拟 4.危机干预理论 5.优势视角理论 6.社会支持理论 7.组中组关于资源的讨论 8.讨论结果汇报及归纳点评 9.结组，颁发结业证书

（6）“珙桐花开”小组的评估和反思

“珙桐花开”小组是社工张静第一次将危机干预和自我成长融合在一起的灾后应急人才培育小组，在珙县震后对当地妇联工作和女性心理健康起到了较好的帮助作用。在整个小组过程中，小组创意人充当了主持人、倾听者、引导者、治疗者、使能者等多个角色，帮助15个珙县当地的女干部、女教师有效地减缓了自己的工作和生活压力，促进她们自我认知和自我成长，并成长为一个可以更有力量参与灾后重建、支持当地妇女儿童发展的骨干。

危机干预理论的应用，帮助组员认识到如何正常化和合理化应对地震及余震的一些反应；优势视角理论的应用，帮助妇女骨干认识到各自的价值和资源优势；自我概念的认知，帮助组员增强了自信心，链接了更多的互助资源。此外，这个小组中除了有妇女干部、女教师，还有1名在珙县当地休假的大学生和1名小学生加入进来，他们的组员身份丰富了小组的成员特质，也给大家对于儿童参与灾区服务提供了直接的观察视角。

社工对“珙桐花开”小组的反思为：一是由于女干部组员受白天参与灾后重建工作的时间限制，小组培训时间只能在晚上进行，造成有些组员会感觉比较疲惫。但是组员们却很积极地赶着来，因为她们非常渴望精神上的放松，也希望自己从小组成员相处中找到更多的安全感。二是小组的经费也比较少，对于大家参加小组培训只能提供一些教学用具的支持，无法补贴大家的交通费用，社工对于灾后妇女工作的资源缺乏表示遗憾。但是组员都表示学习是为了自己，为了工作，为了将来可以服务珙县的妇女儿童。时至今日，“珙桐花开”的第一批妇女骨干们至今仍然活跃在本地的妇女儿童工作中，成为珙县妇联工作志愿大军中的一道亮丽的风景。

四、社区工作在妇女工作中的运用

（一）社区和社区工作的界定

社区工作是社会工作方法之一。妇女工作需要了解社区和社区工作，并在实际工作中充分应用这种专业工作方法，使之更好地为妇女服务。

国内外的学者对社区概念有相对不同的界定。目前，国内普遍认同，社区是由地域、人口和组织机构及文化维系力等要素构成的生活共同体。当代社会的社会性本身表现出开放性，且不断处于被塑造和再塑造的变动过程。社区研究需要超越传统理论关切议题，提供反思和变革取向来处理人类社会的共同性问题，人们需要思考“社区”是否仍然是一个有生命力的概念？

社区工作是以整个社区为工作服务对象的社会工作的专业介入方法。其工作内容主要通过组织社区居民参与集体行动，共同确定居民及社区的需要，协调社区各界力量和资源，制定工作目标和计划，合力解决社区问题，从而改善社区经济、社会和文化环境，提高居民生活质量，促进国家整体建设。社区工作的核心就是“群众参与，自助互助”。

（二）妇女与社区工作

随着经济社会发展和科技的日新月异，妇女解放和独立的道路取得了一定的胜利，女性的独立意识和社会地位有所提升。19世纪出现了女性主义，中国倡导将性别平等纳入决策主流。但受历史传统观念的影响，21世纪对妇女的歧视和压迫并没有停止。在主流的男女两性文化中，多数妇女仍然被视为男人的附属物和从属者，受到父权和性别不平等的制度压迫。传统的性别分工模式将妇女束缚在家庭、土地，甚至是部分不同的家族控制中，照顾家庭、生育孩子、依从丈夫等因素的限制，使得女性依然与社会的公众事务部分隔离，女性在市场上比男人拥有较少的资源，平等接受教育和参与就业及公共事务管理的机会也存在明显的性别歧视，这样反过来影响妇女及其家庭的发展，导致女性在认知、情绪和行为上所能发挥潜能的机会并不多。

社会工作教育学家、性别研究学者刘梦教授曾指出：妇女的问题不是个人或家庭的问题，而是制度的问题。要从根本解决妇女问题，必然要从宏观社会环境、社会制度的调整和社区层次入手。这就是说，在妇女工作中运用社区工作模式对于制度性改变妇女的不平等地位有更重要的意义。

妇女参与社区建设的意义在于提升社区居民参与社区事务的凝聚力，促进部分残障或边缘女性获得社区照顾。

将社区工作应用到妇女工作中，需要结合现代的社区界定和妇女需要去做好全人、全方位、全程的妇女服务，以促进社区面对服务提供服务的环境改善。

（三）社区发展与妇女工作的转型

1.社区发展促进妇女服务转型

2019年11月27日，北京市第十五届人民代表大会常务委员会第十六次会议通过《北京市街道办事处条例》（以下简称《条例》），《条例》将从2020年1月1日起施行。该条例规定了与街道所属社区的职责。北京的每个街道办事处都管辖若干个划片的社区，条例的颁布直接宣布了北京各个社区下一步的服务转型和功能整合。该条例规定，街道的职责包括7个方面：

（1）组织实施辖区与居民生活密切相关的公共服务工作，落实卫生健康、养老助残、社会救助、住房保障、就业创业、文化教育、体育事业和法律服务等领域的相关法律法规和政策；

（2）组织实施辖区环境保护、秩序治理、街区更新、物业管理监督、应急管理等城市管理工作，营造辖区良好发展环境；

（3）组织实施辖区平安建设工作，预防、排查、化解矛盾纠纷，维护社会和谐稳定；

（4）组织动员辖区单位和各类社会组织参与基层治理工作，统筹辖区资源，实现共建共治共享；

（5）推进社区发展建设，指导居民委员会工作，支持和促进居民依法自治，完善社区服务功能，提升社区治理水平；

（6）做好国防教育和兵役等工作；

（7）法律、法规、规章及市、区人民政府作出的决定、命令规定的其他职责。

此条例意味着街道和社区的权力更大了，再也不像原来那样，社区需要接受各个上级主管部门一竿子到底的各种服务项目的试行和落实。但同时，与民生直接相关的公共事务部分增大了，与社区妇女相关的工作也要相应转型。比如卫生健康、养老助残、社会救助、住房保障、就业创业、文化教育、体育事业和法律服务，这些与社区老百姓直接相关，尤其与女性地位、女性发展和家庭发展直接相关。由此可见，社区工作在妇女工作中的运用，可以围绕上述公共服务开展归类的社区服务。

2.社区工作在妇女服务中的实施

我们可以将社区工作方法应用到《条例》所规定的各类服务中针对妇女群体开展社区服务。主要可以分为社区妇女教育和社区妇女服务。综合的社区活动形式可以包括以下几类。

（1）社区妇女健康宣教活动：社区工作者结合卫生健康宣教任务、健康中国行动使命，面向社区居民开展关于健康养育、女性生殖健康、老年女性健康等不同内容的社区健康宣讲。

（2）老年妇女优惠体检活动：社区卫生中心针对老年女性开展优惠的健康体检及基本医疗卫生服务宣讲会。筛查妇女重大疾病风险，增进女性的慢性病管理和精神疾病管理。

（3）残障女性健康与发展：社区工作者基于身体残障、智力残障等不同女性的需求，结合相关福利政策，为残障女性提供与健康、就业、生活与发展相关的社区服务。

（4）保家庭社会救助服务：社会救助即社会对低收入，失去劳动能力或遭受自然灾害的公民给予物质帮助或精神救助，以维持救助人员基本生活需求，保障其最低生活水平的各种措施。社区需要收集低保及失业女性的信息，纳入低保救助服务范围，并开展相关活动。

（5）家政企业女工培训：社区工作者协助相关的家政企业开展家政及家庭服务的女工培训。将家庭伦理和职业道德，社工服务理念融入相关职业教育中开展培训，帮助女性带着专业服务理念进入家政市场。

（6）社区女性参与公益创投：鼓励部分有爱心、有能力的女性参与社会组织孵化服务，通过公益慈善服务项目进入公益创投，引导妇女参与社区公益事务。

（7）社区女性健康与康复运动：针对社区部分孕产期女性、围绝经期女性、慢性病女性等群体。

（8）妇女权益维护与服务座谈：社区建立妇女权益维护与服务平台，聘请公益律师及公证人员参与社区女性权益维护支持，定期为有需要的、潜在的遭遇家庭暴力女性及儿童提供婚姻家庭、财产及监护等法律支持和服务。

（9）女性参与社区自治调查：对社区环境管理、平安社区建设、公共空间治理等社区事务参与自治。

3.社区工作应用于妇女工作的注意事项

（1）社区中的妇女服务需要基于妇女的需要设置。当妇女相信自己参与社区事务或活动能够或多或少受益时，妇女参与积极性就会增强。比如，女性健康的议题活动，很容易受到女性欢迎，也能提升社区凝聚力。

（2）社区中的妇女服务基于所在社区的文化和人口特质。有的社区老龄女性人口多，有的社区外来务工的流动妇女多，有的社区属于城市拆迁过程中的回迁户多，有的社区为农转居社区，有的社区外籍女性人口多。不同社区的人口特征和历史文化，影响社区中的妇女服务活动设计。

（3）社区工作者利用社区工作的赋权理论和社会系统理论引导社区女性分析个人问题和社区问题成因，去除潜在的自卑感和无能感，挖掘潜能，帮助自己发现个人和社区、社会资源网络，提高对社区参与和问题解决的信心与能力，推进妇女参与社区发展。鼓励更多的女性发展为社区领袖，为进一步提升妇女社会地位作出积极的努力。

（4）妇女参与社区照顾成为一个新的角色。一方面，部分妇女是直接为特殊群体提供照顾的服务者；另一方面，妇女本身也是社区照顾的服务对象。她们之间组成的互助小组及正式的社区资源网络都会为她们提供实现社会民主参与和顺利进行家庭照顾的共同发展的机会。社区照顾可以通过社会组织和政策保障等获得介入。此外，社区工作者需要发动大量的志愿者及义工参与社区志愿服务，为女性身心健康和发展提供更多机会。

（四）案例分析

“M社区：闲置农具之家”计划

1.案例呈现

M社区是一个回迁小区，有9栋楼。这些楼房都是正南正北朝向、没有电梯的6层板楼。居民90%属于10年前的拆迁回迁住户，10%属于某自来水集团的单位宿舍楼。由于这片小区所在地当初都是农村用地，所以这些回迁的居民属于农转居居民。多数农转居群体的最大特点是物品多，甚至多到家里放不下。很多人就开始划分楼道区域堆放一些家里不用却舍不得扔的家具或物品，有的竟然把农具摆放在廊道里，一层的住户把物品堆放在公共绿地，看上去像一个农家大院。很多在廊道摆放农具的住户告诉居委会，现在虽然用不上锄头了，但是把它放在廊道里，开门就能看到，看着舒服也是个念想。这些农转居居民的生活习惯对于居民的出行和社区环境造成不利的影响。那些不方便在社区带小孩的，不方便在社区小广场跳舞的、下棋的，不方便停车的和骑车的，不方便跑步的和健身的，还有堆放杂物容易引发火灾风险的，各种各样的投诉都集中到社区来了。这些安全隐患和社区环境治理的问题让新上任的社区王书记（化名）很头疼，于是王书记找来社区社工小张（化名）商量。

2.社区调查

（1）了解社区情况收集相关资料

①社工通过与书记聊天，共同查找社区资料，走访各栋楼层及观察居民生活节奏，结合社区资料绘制社区地图，确定需要干预的居民参与者。

M社区的楼层分布：社区有9栋楼，其中1—3栋为某自来水集团的员工宿舍及家属楼，有单独的围墙院门及传达室管理者，管理比较规范，相对封闭，不开放给其他社区居民。4—9栋为回迁住户，都属于农转居居民。

M社区的人口特征：M社区常住在册人口约1100人，其中老年人（含投亲靠友的流动老人）约350人，占社区居住总人口的31.8%；成年女性（含流动妇女）人口约500人，占社区居住总人口45%；儿童（含流动儿童）约260人，占社区居住总人口的24%。其中，部分居民属于人户分离，房东将房屋出租，所以每栋楼都有20%～30%不等的流动人口，这部分人群为在京工作但没有北京户口、有固定经济收入的中青年群体及其家庭，据社区登记约有流动人口400人（含外籍人口50人），占社区居住总人口的36%。

M社区的环境资源：社区仅有一条纵贯南北的主干道，其余的道路都是各栋楼之间的通道和停车位。社区内没有大型企业和大商场，有1个残疾人创业的书包售卖亭，1家综合蔬菜市场，1家理发店兼美容店，1个中国邮政储蓄银行的营业网点，1家外地人开的小饭店主营城隍庙小吃，1个自行车修理铺，马路对面有1家老牌的KTV营业点挨近社区南门，还有1家汽车修理铺挨近社区北门右侧的自行车车棚。社区内没有幼儿园也没有小学，M社区的住户需要把幼儿送到对面社区的幼儿园入托和学习，儿童上小学则需到街道办事处附近的小学就读。社区有一个小广场，经常有居民在那里跳舞、下棋、哄孩子，老人围在一起晒太阳。

M社区的居民经济和政治特征：社区居委会位于第4栋楼的底层一单元，有两套面对面的房间，里面被布置成多个接待居民的办公桌位，有一间约20平方米的社区活动室，挂着道德讲堂的牌子，平时主要用于小型的社区培训或会议。还有一间10平方米的屋子被布置成了“党员之家”活动室。社区有将党员组织关系放在社区的中共党员15人，有一个社区党支部，接受街道社区书记的指导。有民主党派人士3人，他们只参与自己单位或党派的相关活动，同时接受街道相关统战部门的指导。

M社区的常住回迁户约有20%从事一些零工工作，10%的住户中家庭成员有固定的工作单位，除了老年人和儿童之外，多数的回迁居民依靠房屋出租的租金生活，一般来说，有2套回迁房的户主会将房屋出租1套；也有的户主自己及家人住一套房子中的1～2间，腾出闲置的卧室和公共空间合租给一些有需要的青年或小家庭。

②访问社区居民针对社区问题的看法及建议。

确定被访的目标人群的方式和标准：本次社区干预的服务对象是社区中的回迁妇女，社工小张敲定了挑选服务对象的标准，分为A组和B组两类女性，同时欢迎男性参加座谈。

第一类A组：本地回迁户女性标准为：a.各栋楼里的回迁女主人；b.单元门口及楼道有堆放杂物及农具的户主；c.年龄在45～70岁之间，身体健康的本地户籍女性。选择目标人群的原则是建立在以上标准基础上的目的性抽样和方便性抽样相结合的方法。在社区书记的帮助下，有15个本地回迁户的中老年女性被选为本次调查研究的主体对象。

第二类B组：因为M社区有36%的流动人口居住，所以也邀请15个在社区居住2年以上的流动妇女作为本次调查研究的对象。

分成两个焦点小组在社区活动室进行访谈，每个焦点小组的访谈约1.5小时，访谈提纲主要分为五个主题：a.家庭人口情况；b.家庭住房及经济情况；c.在单元门口、绿地等公共区域及楼道摆放闲置农具及杂物情况；d.对堆放闲置农具或杂物的看法及风险认知；e.对停止杂物堆放及社区治理的建议；f.是否有意愿参与社区环境治理？

在这次社区调查中，参加焦点小组的成员情况如下表：

表1　参加焦点小组成员情况表

调查对象组别	邀请女性计划人数	实到人数	男性参与人数	备注
A组 （本地居民）	15	17	2	2个老年男性陪妻子参加
B组 （流动人口）	15	18	3	1对年轻夫妻、2对老年夫妻参加

（2）界定问题或了解居民需要

在完成社区调查后，社工小张就对这些信息进行了处理分析，然后总结出被访者小组座谈中的问题或建议。

表2 社区调查情况表

问题	想法	
	本地居民（17人）	流动人口（18人）
家庭人口情况	受访者17人，女性15人，男性2人，来自15个家庭。其中，独生子女家庭8户，占比53.3%；二孩家庭7户，46.6%。空巢老人2户，占13.3%。 在13户有孩家庭中，三代合住的大家庭有9户，占有孩家庭的69%。	受访者18人，其中男性3人，女性15人，来自15个家庭。其中，独生子女家庭6户，占40.1%；二孩家庭8户，占53.3%；丁克家庭1户，占6.6%。 在14户有孩家庭中，三代合住的大家庭有13户，占有孩家庭的92.8%。
家庭住房及经济情况	15户家庭中，10户有两套房子，出租1套；5户有1套房子，3户有合租，2户自住。 经济收入主要靠房租，男主人会外出打零工，或在家政帮忙干活。空巢老人主要靠退休金和子女支持。	15户流动租住家庭中，有12户夫妻俩都有固定工作和工资作为经济来源，但依靠老家的父母来帮自己带小孩。有3户做小生意，其中1户还是社区小吃店的老板。另外有2户不想介绍自己的家庭经济和职业。
在单元门口、绿地、楼道等公共区域摆放闲置杂物情况	15户家庭中，有10户也堆放了杂物，占用公共区域放置闲置的农具等；5户无堆放。	外来15户家庭有2户在楼道放置儿童自行车，其余均无杂物堆放，但有5户合租的房东有楼道杂物堆放情况。
对堆放闲置农具或杂物可能引发一些意外风险的想法	15户家庭中，10户有堆放物品行为的妇女认为堆放闲置物及农具很正常，因为原来用惯的东西不想扔掉，但是楼房里又不适合放，所以放在公共区域合适，而且认为自己属于勤俭节约的人；陪同前来参加座谈的男性也认为无伤大雅。另外5户则认为楼房和原来拆迁前的民居不同，要提高自己的素质，不要占用公共空间。 对于堆放物品所存在的风险，80%的人认为有一定的风险，20%的人认为不可能就自己家那么倒霉会摊上火灾或路障伤人等意外风险；自己家的孩子上学都有人接送，时刻提醒安全问题。 有老人提出，社区马路对面的 KTV太吵，半夜总有一些醉酒的年轻男女在社区外马路上喊叫影响睡眠。这种情况才是社区要管的正事。	15户流动人口家庭的受访者认为城市居住面积小，房东堆放杂物可以理解；对于其他本地居民到处堆放闲置农具在公共区域，表示不满意，严重影响了出行便利，也给儿童在社区玩耍带来了风险；尤其是送孩子到对面上学，要绕过一些违章搭建的障碍物比较麻烦。

续表

问题	想法	
	本地居民（17人）	流动人口（18人）
对停止杂物堆放及社区治理的建议	如果社区堆放物品，要帮助解决这些物品放到哪里去的问题； 自己家的东西舍不得扔掉，带有太多的感情，即使不用了留着也是回忆； 下雪天的时候，自己还用锄头、铲子帮助社区铲雪，关键时刻这些农具或杂物还用得上。	受访的外来女性认为，可以想想有什么办法能保持本地居民的文化，也能解决杂物堆放的现状。
是否有意愿参与社区环境治理	有4个本地的受访女性认为，自己没有工作，有时间服务，愿意参加社区环境治理，但眼下也要先解决自己家堆放农具和杂物的问题。	社区城隍庙小吃店的老板小丽（化名）是个二孩妈妈，她提出自己愿意捐出一笔钱，在社区东墙下支持居委会修建一个小平房，给居民集中放置农具。 有2个外来的老年人提出希望有机会参加社区的老年活动。

社工在结束观察和焦点小组访谈后，提炼出有价值的信息如下：

①社区本地居民的经济主要源自房租和零工；外来人口常住社区的居民经济收入较为稳定。社区儿童较多，三代家庭较多，外来老人帮助子女抚养的也较多。

②社区生活资源基本满足居民买菜、读书看报，但是提供给社区儿童和老人的环境并不好，因为有杂物及闲置农具堆放，给防火、意外撞伤、急救车进入社区等带来潜在的风险。

③小吃店老板小丽提出的方法是否可行，需要社区再进一步考虑。

④对于本地4个愿意参加社区治理小组的受访女性，是很好的资源，需要进一步结合相关培训进行引导和培育。

⑤社区老人活动，如何邀请外来老年人参与，也是一个需要考虑的问题。

（3）查找M社区既往的社区服务经验或资源

M社区前几年也多次做过杂物清理的宣讲和劝导，但收效甚微。原因可能有两个：一是回迁的居民认为自己世代都住在这片土地上，即使经历了拆迁和回迁，但还是老地方，有亲切感，自己的地盘自己做主，放点东西没有什么了不起；二是社区环境并不大，实在无法找到可以更好妥善安置限制农具的地方，因为外来人口在社区居住终究是弱势，租户为了保持租房稳定，也不想和房东有矛盾，大家都睁一只眼闭一只眼。

3.社区干预

根据社区调查所收集的资料，社区工作者决定采用地区发展模式来开展工作。

（1）理论基础

美国学者杰克·罗斯曼提出地区发展模式，强调在一个较大社区范围内鼓励社区居民通过自助或互助的方式，参与社区事务，解决社区问题和推动社区发展。

地区发展是社区工作干预的一种模式，其基本假设是社区居民应该并愿意参与社区事务。社区问题主要是由于资源不足，及居民间、居民与社区组织间缺乏有效沟通和合作造成的。地区发展模式的社区干预为一是完成某些具体工作或解决社区某些具体问题；二是推动居民参与及合作，借此帮助居民达成自助互助，发现社区范围内的居民之间、社区组织和居民之间合作解决问题的潜能。地区发展模式的实施取向包括创新改革、习俗改变、行为改变和工作过程。

黎温的场地论，主要用来解释人的行为与周围环境之间的交互关系。该理论认为人类的行为表现由整体环境中的各种可意识到的因素所决定，个体所在环境中可意识到的因素，都会与个体产生交互作用，进而影响个体的行为表现。依据场地论，个体无时无刻不受到周围整体环境与个人交互作用的影响，这些影响有正面的，也有负面的。这些影响因素包括个人因素和环境因素，环境因素则包括社会的与自然的一切条件，也包括人与人的互动。人们的行为是动态的，生活在一个不停变化的环境中的人，都可能会受到环境中所有的变动的影响。

赋权理论是社会工作理论中适用实践较多见的理论之一，赋权既是理论，也是方法。作为理论，赋权认为个体拥有能力去控制自身的生活，拥有能力获取自身所需的资源，拥有能力进行自我发展与自我抗争。作为方法，赋权包括挑战那些压制性的个人与体系，这些体系阻碍了个体、团体或社区获得满足自身基本需求的重要资源，并由此再将权利与控制回归到边缘化与被压制的群体的手中。赋权是一个动态的过程，它的实务介入包括：第一，个人层面的介入，指的是激发个体的动机，提升解决问题的技巧。第二，人际和社会政治层次的介入，在人际、社会政治层面的介入策略不仅包括意识提升，还应有政策倡导。

（2）工作过程

在地区发展模式下的工作过程，社工不是聚焦任务目标，而是强调经过工作过程，促进社工和社区居民的沟通和互动，促进社区居民态度、行为和生活方式上的改变，使得居民更积极主动地参与社区建设。

①设立社区干预目标

社工在资料收集阶段已经与M社区的部分受访妇女建立了专业关系，有部分妇女表现出参与社区环境治理的意愿和热情，为了进一步调动社区妇女的参与积极性和能力，社区王书记、社工小张邀请有参与意愿的几位女性及家人，与他们一起讨论决定了干预M社区堆放闲置农具和杂物问题的目标，主要包括：

a.建议参与社区环境治理的女性成立一个小组，并针对组员开展妇女领导力的培训；

b.小组成员邀请各个楼长参与进来，大家集中调查社区各栋楼及公共区域的闲散物品堆放情况，做好统计；

c.着重讨论社区是否采纳小吃店老板的建议，接受捐赠建立社区农具集中放置点；

d.对于社区妇女、儿童、老人的文化生活，进一步丰富多样化。

②动员居民参与，开展社区活动

在接下来的过程中，社工小张完成了以下步骤。

步骤一：定场地和计划。社区王书记召集社区党员、民主党派人士、各楼长及受访的社区环境治理小组的妇女骨干，召开了一个关于集中存放回迁户居民的闲置农具的社区自治扩大会议，会议通过了3点。第一，社区各楼层及公共区域的闲置农具和杂物，在2个月的限期进行分类清理；第二，制订“M社区：闲置农具之家”计划，接受社区小吃店小丽的5万元捐赠款，社区跟街道办事处汇报，利用5万元，将社区东墙处的杂草区进行清理，建起2间小平房，用于社区集中存放各回迁户的闲置农具，并供大家参观；第三，在社区小广场增设活动宣传栏，由社工小张不定期策划，招募居民参与社区老人、儿童和妇女的多样性文化活动，鼓励社区所有居民知情自愿选择性参加，借此扩大社区工作者在社区内的工作影响。

步骤二：招募社区志愿者参与社区自治。通过海报招贴、公众号发布、上门邀请、小广场活动参与互动等方式，动员社区青年参加社区环境治理活动。历时两周，50%的社区青年及父母带着孩子们参与到杂物清理协助活动中来，使得社区呈现了颇为热闹的三个景象：第一，回迁户受访女性中的骨干，率先带动家人主动清理了自家的楼道杂物，并在社区小广场设置了废旧物资临时回收点，楼长和志愿者挨家挨户去宣传和动员，各家各户清理出大批的纸箱废旧书籍，变卖废旧物资成了社区一景；第二，建立社区儿童跳蚤市场，孩子们在大人的陪同下，拿出了自己不再使用的玩具和书籍，在社区广场进行义卖和交换；第三：对农转居居民闲置农具进行登记，志愿者为所有居民登记集中存放农具的名称和数量，并拍照留念。

步骤三：社区环境自治小组骨干培训和社区志愿者培训。通过前期的访谈、宣传和实际参与社区行动，社区妇女们的归属感进一步增强，也培养了一定的自治能力和服务热情。随着社区居民互动的增强，越来越多的妇女和男性加入到社区环境治理行动中来，社区妇女骨干的队伍在不断扩大，从最初的5人增加到11人。环境的变化在切实地影响居民的个体行为，这一点与黎温的场地论比较映衬。M社区的居民活跃起来了，大家彼此见面都会互相打个招呼，邻里关系从以往的陌生变得相对熟悉起来。有一些本地的奶奶主动当起了文明社区宣传和监督的志愿者。

针对11人的妇女骨干小组，社工小张为他们提供了能力提升的小组培训。该培训分为6次进行，每一次设置一个主题。

第一次培训主题：我是谁？我们是谁？服务的目的？

第二次培训主题：我们想为自己的社区做些什么事情？

第三次培训主题：如何发动不同居民主动参与社区自治？

第四次培训主题：如何合力创新和正向宣传社区活动？

第五次培训主题：如何争取机会为社区链接更多资源？

第六次培训主题：如何评估我们的小组行动及其影响？

在这部分的社区干预中，社工依据赋权理论开展了妇女骨干的小组培训，在一定意义上提升了妇女骨干的自信心和领导力，支持他们的人际关系和团队合作。这个培训不仅为妇女赋权增能，鼓励这些社区中的领袖妇女成为活动的组织者和策划者，同时为后续居民参与志愿服务提供引导，为群众主动参与社区自治提供了自助互助的模式学习。在后来的系列活动中，这些第一批参加了小组培训的妇女和她们的家人，都成了社区特色文化展览馆的策划者和积极分子。

步骤四：社区资源链接的升级。社区小吃店小丽对社区农具收集点的平房建筑提供了5万元的资助，这一好人好事激发了居民的热情。社区也新接待了一些居民，退休的美术家们表示愿意免费为社区平房设计墙面文化；回迁的老人们拿出自己手中的老照片，希望社区可以在平房里增加摆放老照片的区域，让社区居民了解M社区的历史；街道附近的S小学校长建议社区和学校合作，建立课外活动社区项目点，让孩子们可以来参观学习农具展览，作为体验和合作，学校派出美术老师和学生志愿者，根据美术家的建议图纸，轮流绘制社区小平房的墙面文化图；马路对面的KTV老板也说因为营业可能影响到居民的休息，而自己也是M社区的居民，为了支持社区发展，他也捐赠5万元，希望把“农具集中存放点”的小平房升级为“社区文化驿站”，不仅存放这些回迁户的农具，也可以作为历史物件陈列展区，让居民和学生参观学习，同时设置社区图书角，社区居民可以免费借阅图书或交换图书。

通过这些人的参与，社区内部资源也活起来了，社区环境治理小组的妇女骨干们忙得不亦乐乎。社区居民看到越来越通畅的社区道路，越来越整齐的公共绿地和楼道，越来越和谐的社区环境，大家的笑容都挂在了嘴上，真正地感觉到社区的凝聚力增强了。

步骤五：社区社会组织的孵化。社区王书记和社工小张经历了从困惑到努力，最后见证了社区居民踊跃参与社区建设的过程。妇女骨干的热情也越来越高，社区居委会经常热闹非凡，大家充分利用社区活动室开展讨论出谋划策。社区的卫健专干，民政人员都很高兴工作中增加了这么多的工作帮手。社工小张和王书记商量，跟街道办事处汇报，批准成立了挂靠社区的两个团队——M社区妇女创新之家和M社区星星志愿队。尽管这些都只是初级的社区社会组织，但是通过上述活动的举办，初步的社区组织将来是有机会注册为正式社区社会组织的。

在“社区文化驿站”落成剪彩的那一天，居民们不约而同地来到了社区东边，连自来水集团的宿舍楼居民都参与到社区文化驿站建设中来，有居民自发提供了水和自来水相关的一些知识挂图。数百名社区居民为社区文化驿站的建成而激动，他们见证了社区环境的改变，享受了他们共同建设的文化家园。尤其是那些社区环境自治小组的妇女骨干，她们惊讶于自己的改变，更惊讶于用自己的能力，一步步推进了社区的环境改善和文化发展。社区参与的概念牢牢地进入了她们的脑海，不仅让她们走出家门认识了更多的人，也生发了她们发自内心更多的联合动力，想要在未来给M社区做出更多的事情。

4.社区干预的评估与反思

社工小张在这一阶段的社区干预结束后，走访了妇女骨干、老人骨干，跟踪观察了社区文化驿站和社区小广场一周，获得了不同人群和个体的反馈和认可。大家认为，不论是本地居民还是外来租户，都看到了社区的改变和社区的活力，每个人都喜欢现在的M社区，大家都受益了。正如学者吴越菲所言，从“社区问题”到“问题社区”的研究迷思中，社区“生命力”是否还是一个活力的概念？透过此案例，可以看出居民参与社区问题解决力量的强大。

M社区的服务案例，采用了地区发展模式开展社区调查和社区干预，借助赋权理论培育妇女骨干，依托场地论增进了社区改变对居民的实际影响。这些动态的干预过程，不仅提升了居民参与率，对社区的杂物进行了有针对性的治理，也借助妇女骨干和社区居民合作资源，衍生了社区文化驿站，增强了社区凝聚力，提升了社区共治共建共享的影响力。

在社区工作实务的评估过程中，涉及社区的骨干及其家庭。社工小张也在反思：参与社区农具之家活动的本地妇女，她们如何协调了各自的时间来参与社区活动？有没有可能设置一些相对稳定的社区公益岗位，为社区妇女骨干提供一些适当的补贴？在这些女性的家庭成员中，那些默默支持妻子的男性的心路历程如何？这一次的计划几乎是出乎意料地顺利达成，将来在社区可能遇到新问题的时候，居民是否还会像现在这样主动参与进来？是否有成立社区基金会的可能？

社区工作是一个长期的工作，社区发展也直接关系到社区居民的利益，未来如何使得M社区的发展可持续，社区工作者需要和骨干们更深层次地思考与实践。

参考文献

[1] 习近平.习近平同全国妇联新一届领导班子集体谈话[N/OL].新华社，（2013-11-1）[2020-7-18].http://politics.people.com.cn/n/2013/1101/c1024-23397065.html

[2] 习近平.习近平强调推动老龄事业全面协调可持续发展[N/OL].人民网，(2016-5-29)[2020-7-18].http://cpc.people.com.cn/n1/2016/0529/c64094-28387539.html?from=singlemessage&isappinstalled=1

[3] 习近平.习近平总书记同全国妇联新一届领导班子成员集体谈话时的重要讲话[N/OL].新华社，（2018-11-2）[2020-7-18].http://www.gov.cn/xinwen/2018-11/02/content_5336958.htm

[4] 习近平.在会见第一届全国文明家庭代表时的讲话[M].北京：人民出版社，2016.

[5] 李明舜，林建军.妇女法学[M].北京：法律出版社，2015.

[6] 国务院妇女儿童工作委员会办公室.男女平等基本国策的贯彻与落实[M].北京：人民出版社，2016.

[7] 李明舜，林建军.妇女法研究[M].北京：中国中国社会科学出版社，2006.

[8] 袁锦秀.妇女权益保护法律制度研究[M].北京：人民出版社，2006.

[9] 信春鹰.中华人民共和国妇女权益保障法释义[M].北京：法律出版社，2007.

[10] 全国妇联.全国妇联关于组织实施“家家幸福安康工程”的通知：妇

字〔2019〕26号[A].(2019-05-13)[2020-07-18].

[11] 北京市妇女联合会.北京市妇联关于组织实施北京市“家家幸福安康工程”的通知：京妇发〔2019〕19号[A/OL].(2019-07-22)[2020-07-18].http://www.bjwomen.gov.cn/fnw_2nd_web/static/articles/catalog_184/article_000000006e629000016ece87198c0634/000000006e629000016ece87198c0634.html

[12] 全国妇联，教育部，中央文明办，民政部，文化和旅游部，国家卫生健康委员会，国家广播电视总局，中国科学技术协会，中国关心下一代工作委员会.全国家庭教育指导大纲（修订）：妇字〔2019〕27号[A].(2019-05-14)[2020-07-18].

[13] 张荣丽，刘永廷，苗苗.反对针对妇女的家庭暴力——两岸及香港相关法律制度与实践比较研究[M].北京：知识产权出版社，2019年.

[14] 刘梦.社区工作[M].北京：中国劳动社会保障出版社,2007.

[15] 芮洋.社会工作方法[M].北京：中国轻工业出版社，2011.

[16] Dennis Saleebey.优势视角——社会工作实践的新模式[M].李亚文，杜立婕，译.上海：华东理工大学出版社，2004.

[17] 赵映霞.心理危机与危机干预理论概述[J].安徽文学，2008（03）：382-383.

[18] 李靖宇，宋弋，谢晓非.低自我控制状态增加危机情景中的利他行为[A].第十七届全国心理学学术会议论文摘要集[C],2014.

[19] 吴越菲.从“社区问题”到“问题社区”：当代社区研究的理论困境及其反思[J].中国社会科学,2019（03）：89-99.

后 记

妇联组织作为党和政府联系妇女群众的桥梁和纽带，要成为妇女信得过、靠得住、离不开的“娘家人”，就必须加强妇联干部队伍建设，努力培养高素质妇联干部队伍。一方面，建设一支高素质专业化的妇联专职干部队伍，另一方面，将一大批有热情、有能力、有影响的优秀女性充实到妇联干部队伍，成为妇联兼职、挂职副主席以及执委。这样就能充分发挥作用，更好地为广大妇女群众服务。

如何做好基层妇联主席、副主席和执委的培训工作，强化她们的身份意识、组织认同、履职能力，使她们真正成为知妇女群众、懂妇女群众、爱妇女群众，能够做好妇女群众工作的行家里手，是我校承担的一个重大任务。

为了让初任妇联干部能尽快熟悉了解妇联工作、妇女工作，有效推动工作的开展，我校与全国妇联干部培训学院组建团队，编写北京市妇女干部教育培训系列基础教材。经过深入调研和探讨，将第一本基础教材的开发方向定为初任妇联干部履职能力培训教材。在此感谢参与了本教材编写工作的老师，他们是刘梦、李明舜、张黎明、张霁、张荣丽、龚超、黄宾莉（按姓氏笔画排序），感谢在本教材出版过程中付出辛劳的各位同仁。

最后，由于时间和经验，本教材难免有不足和疏漏，恳请各位批评指正。